D1662808

kelile ve dimne
BEYDEBA

Bu kitap
Emine Eroğlu'nun yayın yönetmenliğinde
yayına hazırlandı.
Kapak tasarımı Kenan Özcan
tarafından yapıldı.
14. baskı olarak 2005 Şubat ayında yayınlandı.
(ISBN) : 975-362-257-0

İrtibat : Alayköşkü Cad. No: 11
Cağaloğlu / İstanbul
Telefon : (0212) 513 84 15
Faks : (0212) 512 40 00
www.timas.com.tr
timas@timas.com.tr

TİMAŞ YAYINLARI/342

kelile ve BEYDEBA
dimne

Yayına Hazırlayan:
SADIK YALSIZUÇANLAR

kelile ve BEYDEBA
dimne

Bu kitap
Emine Eroğlu'nun yayın yönetmenliğinde
yayına hazırlandı.
Kapak tasarımı **Kenan Özcan**
tarafından yapıldı.
14. baskı olarak 2005 Şubat ayında yayımlandı.
Kitabın Uluslararası Seri Numarası
(ISBN) : 975-362-257-0

Baskı ve cilt:
Kelebek Matbaacılık
Litros Yolu 4/1 A Blok
Topkapı/İstanbul
Tel: (0212) 612 48 35

TİMAŞ YAYINLARI

İrtibat : Alayköşkü Cad. No: 11
Cağaloğlu / İstanbul
Telefon : (0212) 513 84 15
Faks : (0212) 512 40 00

www.timas.com.tr
timas@timas.com.tr

TİMAŞ YAYINLARI/342
ŞARK KLASİKLERİ DİZİSİ/03

kelile ve BEYDEBA
dimne

Yayına Hazırlayan:
SADIK YALSIZUÇANLAR

TİMAŞ YAYINLARI
İSTANBUL 2005

İÇİNDEKİLER

Kalbi
Uyaran
Işık

Yıllar boyu, halkını mutluluk içinde yönetmeyi başarmış her hükümdarın başucunu, hikmetli bir kitap süsler.

Bu, aydınlığın, insanı uyaran sesidir.

Işığıdır.

Değil mi ki, zaman da bir aydınlıktır.

Özünde ışıl ışıl şiirin belirdiği, hikmet dolu öğretici metinler, zamanın yıpratıcı etkisinden uzaktır. Bir bakıma, zamanın özetidir onlar. Gün olur, güzelliğini farkedenlerin elinde taçlanır. Gün gelir, çağının yalancı tanıklarının karanlığında gizlenir.

Kelile ve Dimne bu metinlerden biri.

Aslı, Sanskritçe.

Hayatı sisler içinde kalan bir Hind hükümdarı için yazılmış. Debşelem Şah.

Debşelem Şah, hikmet tutkusuyla, bir mâcerâya atılır. Düşünde gördüğü ışığı izler. Duygularının çizdiği ve ay ışığının yıkadığı patikada, uyurgezer gibi gerçeğin peşindedir.

Gide gide, gerçek bilginin kalbi uyaran ışığına ulaşır.

Yaşlı bilge Beydeba beklemektedir orada.

Kralı, yüzünden eksik olmayan sıcak gülümsemesiyle karşılar.

Ve günler, kimbilir belki de haftalar boyu süren söyleşiler sonunda yüzlerce öykü çıkar ortaya.

Hükümdar, ayrılırken filozofa unutulmaz bir armağan vermek ister.

Kanaatın zenginliğinde yaşayan bilge kabul etmez hiç bir armağanı.

Sadece, "bu söyleşimizi belgele" demekle yetinir.

O gündür bu gündür, Kelile ve Dimne, bilgiye tutkun insanların elindedir.

Fabl türünün en başarılı örneklerini buluruz onda. Arslan, Kaplan, Tilki, Çakal, Yılan, Tavşan, Kelebek, Güvercin, Keklik, Karga, Serçe, Fare, Kaplumbağa ve diğerleri... Birbiri içine gizlenmiş sonsuz güzellikteki öyküler, geniş bir coğrafyada, ilgi çekici ilişkileri ve olayları canlandırır. Uçarı bir hayâlin peşisıra biz de dolaşır dururuz. Sonuçta, aptal, kurnaz, saf veya talihsiz hayvanlar, unutamayacağımız bir ders verirler bize.

Kelile ve Dimne'nin Tibetçe dışında asıl metinden yapılmış çevirisi yok.

M. 9. yüzyılda İbn-i Mukaffa başarıyla çevirmiş Arapça'ya.

Daha sonra, İngiliz, Almanca, Latince, Farsça, Yunanca, İtalyanca, İspanyolca, Türkçe, İbranice, Danimarkaca, Felemenkçe, Fransızca gibi birçok doğu ve batı diline çevrilmiş.

Doğulu ve batılı bir çok hükümdar, Kelile ve Dimne'nin etkileyici üslubundan yararlanmış.

Paylaşılmayan sevgili gibi, herkesten gizlemişler onu. Yalnızca çocuklarına okutmuşlar.

Kelile ve Dimne, fabl ustası La Fontaine'e de esin kaynağı olmuş.

Zevkle okunan masallarındaki bazı öyküleri Kelile ve Dimne'den almış.

Türünün en başarılı örneği olan Mesnevi'sinde Mevlâna da aynı yola başvurmuş.

Herkesin kalbi gerçek için çarpar.

Vişnu mezhebine bağlı bir brehmen olan Beydeba, Hind Kralı Debşelem'i, aklın mekanik alanından kalbin sınırsız alanına çekmişti.

Ve hep birlikte Kaf Dağı'na bir yolculuk yapmışlardı.

Arkada birbirinden güzel masallar bıraktılar.

Sadık Yalsızuçanlar

Masalın kanat çırptığı yere doğru

....

Hindistan ülkesinin ünlü hükümdarı
Debşelem Şah'ın Bilge Beydeba'dan öğrendikleri.

Arıların İlhamı

YÜZYILLAR ÖNCE Çin ülkesinde Hümayun Fal adında bir padişah yaşardı. Oldukça zengin bir halkı vardı. Yönetiminden herkes memnundu. Üzerine düşeni büyük bir dikkatle yapardı. Bilgindi.

Hümayun Fal'ın Haceste Ray isminde bir veziri vardı. Padişahına bağlılıkta eşine zor rastlanır bir vezirdi. Devlet yönetimini ilgilendiren konularda ilginç düşüncelere sahipti. Padişah, Haceste Ray'ın görüşlerine çok önem verirdi. Karar verirken onun düşüncesini almayı ihmal etmezdi.

Günlerden bir gün Hümayun Fal ava çıkmak istedi.

Yanına Haceste Ray'ı da aldı.

Maiyetinde bir çok insanla ava çıktı.

Av isteği sönene kadar avlandı.

Yanındaki insanları geri gönderdi. Kendisi veziri Haceste Ray'la birlikte saraya dönecekti.

Hava sıcak mı sıcaktı.

Çöl sıcağı gibi. Bunaltıcıydı.

Haceste Ray,

– Bu sıcağa dayanmamız çok güç padişahım, dedi. Güneş batıncaya dek bir gölgede dinlensek, ne dersiniz, sonra serinlikte saraya döneriz.

Padişah da sıcaktan bunalmıştı. Vezirin önerisini kabul etti.

Haceste Ray, padişahı, bulundukları yere yakın bir dağa götürdü.

Dağ, yemyeşil bir ormanla çevriliydi. Ormanda bereketli bir fışkırmayla yükselen büyük ağaçlar, çevreyi yeşilliğe boğmuştu.

Kalın gövdeli bir ağacın yanında konakladılar. Kovuğunda bir arı yuvası vardı. Binlerce arı üşüşmüştü.

Padişah çok şaşırdı. Vezirinden bu hayvanların niçin kovuğa doluştuklarını sordu.

Vezir Haceste Ray,

— Bu hayvanlar toplu halde yaşarlar padişahım, dedi, çok temizdirler. Yasub adında bir bey vardır, bütün arılar ona bağlıdır. Hiçbiri sözünden dışarı çıkmaz. Arı beyi, diğerlerine göre daha büyüktür. Ayrıca, topluluğun yönetiminde ona yardım eden pek çok arı vardır. Padişah gibidir o. Çevresinde vezirleri, komutanları, yardımcıları bulunur.

Padişah Hümayun Fal, vezirin anlattıklarını ilgiyle dinliyordu.

Vezir, konuşmasını şöyle sürdürdü:

— Arıların işlerini görürken ilginç bir yardımlaşma örneği sergilediklerini biliyoruz.

Bal için gerekli peteği kurarken, önce her deliği altı köşeden oluşan düzgün gümeçler yaparlar. Bu altıgen evcikleri balla doldururlar. Bal, çok şifalıdır. Arılar, çiçekten çiçeğe konarak toplarlar bu özü.

Padişah, arıların çalışkanlıklarını öğrenince çok şaşırmıştı.

Vezir Haceste Ray, daha ilgin çekici bir ayrıntıdan söz etti:

— İşin ilgi çekici bir yanı da, padişahım, arıların temiz olmaları. Doğrusu, bu kadar çok gezen hayvancıklar üzerlerinde en küçük bir pislik dahi taşımazlar. Şaşırtıcı bir şeydir bu. Zaten, ayağında veya kanadında bir pislikle dönen bir arı içeri hemen alınmaz. Kovanın girişinde bekçi arı bulunur. Sıkı bir temizlik kontrolü yapılır. Bal özü toplamaktan dönen her arıya bu inceleme uygulanır. Eğer yanında yabancı bir madde varsa içeri alınmaz.

— Allah Allah, dedi Padişah şaşkınlıkla.

– Ola ki, diye sürdürdü konuşmasını vezir, içeri üzerinde pislik olan bir arı yanlışlıkla girse, hemen belirlenir. Ve diğerlerine ibret olsun diye öldürülür. Bu emri de bey arı verir.

Padişah Hümayun Fal, kovandaki düzeni merak etmişti.

Vezir:

– İlk saltanat binasını kuran Cemşid'in arılardan esinlendiği söylenir, dedi.

Padişah, bunun üzerine kovanı incelemek istediğini söyledi. Arıların çalışmalarını görünce hayranlığı daha da arttı. İlginç olan bir başka konu daha vardı. Arıların hepsi silahlıydı. Yani iğneleri vardı. Fakat bunu birbirlerine karşı kullanmıyorlardı. Ancak, kovanın güvenliği için dışardan gelecek bir tehlikede kullanıyorlardı.

Padişah Hümâyun Fal, artık hayranlığını gizlemedi:

– Nasıl olur! dedi şaşkınlıkla, arılarda görülen bu düzen insanlarda yok. Asıl insanlarda olması gerekmez mi? Büyüğe saygı, küçüğe sevgi... Silahını toplumun huzuru için yabancı saldırılara karşı kullanmak... Evini temiz tutmak. Görevini kusursuz yerine getirmek. Arılarda görülüyor, fakat insanlar arasında önemli ölçüde yerleşmemiş bu kurallar!

Vezir Haceste Ray, padişahın zihninde oluşan soruyu cevaplamağa çalıştı:

– Bu hayvanların hepsi aynı özellikte yaratılmıştır padişahım, dedi; oysa insanların her biri farklı kişiliğe sahip. İlk insanın yaratıldığı balçıkta melek özelliği vardı. İnsanlar buna göre davransalardı, kimbilir belki de melekten üstün bir yaratık olurlardı. Fakat insanda bir de kötülük yanı var. Yani hem iyiliğe hem de kötülüğe eğilimli.

– İyiler her zaman daha az, diye vezirin sözlerine ekledi Padişah,

– Evet, dedi Vezir, sürekli iyilik yapan insanlar çok az.

Padişah bir süre düşünceye daldı. Vezir'in söyledikleri çok doğruydu.

– Madem, dedi Padişah, iyiler az, o halde yardımcı olmalıyız onlara. Kötülerden de uzak durmalıyız. Onlarla dost olmak, yılanlarla dost olmak kadar tehlikelidir.

Vezir Haceste Ray, Padişah'ın sözlerinde halktan uzaklaşmak düşüncesinin uzaktan uzağa kendisini gösterdiğini hissetti:

– Yüce ruhlu insanlarla görüşmek, onlardan yararlanmak iyidir, dedi. Bunun yanında, kötüleri de kendi başlarına bırakmamak gerek Padişahım. Özellikle bir padişahın halkından uzak durmaması çok önemli.

– Kuşkusuz, dedi Padişah.

Vezir devam etti:

– Kaldı ki insanın yalnız yaşaması da imkânsız. Birçok ihtiyacımız var. Yalnız yaşarsak bunlardan birini bile kendi başımıza karşılamamız güçtür.

Padişah, "vezir çok doğru söylüyor" diye geçirdi aklından.

Vezir Haceste Ray, sözünü ettiği konuya bir de örnek verdi:

– Sözgelimi, çiftçilik yapmak istiyoruz. Bunun için öncelikle bazı araçlara gerek duyarız. Bu aletleri yapmak için bir demirciye, bir marangoza başvurmamız gerekir. Ancak bundan sonra ekim ve hasat yapabiliriz. Yalnız yaşasak bütün bunları yapamayız.

– Çok doğru, dedi Padişah.

– Nitekim, diye sürdürdü konuşmasını Vezir; bir düşünür şöyle diyor: "Bir insanın bir lokma ekmek yiyebilmesi için bin kişinin çalışması gerekir."

– Haklısın, dedi Padişah Vezir'e.

Padişah Hümayun Fal, farklı bir konuya girdi:

– İnsanlar, birbirinden apayrı kişilikte yaratılmıştır diyorsun. İnsanda hırs denilen bir duygu var. Gözü kolay kolay doymuyor. Bu durumda, daha fazlasını elde etmek için güçlüler zayıfları ezmez mi?

Vezir, Padişahın amacını kestirmişti:

– Padişahım, dedi; bunu önlemek, ancak adaletli bir yönetimle mümkün olur. Bunun için de öncelikle güçlü kanunlara ihtiyaç var.

Padişah, adaletin ne demek olduğunu biliyordu. Fakat, vezirin düşüncelerini kanatlandırmak için tekrar sordu:

– Peki bu kanunları nasıl gerçekleştireceğiz?

– İçinde yaşadığımız dünyaya bakınız. Her şey bir kurala bağlı. Hiç bir şey başıboş değil. En küçük varlıktan en büyük yaratığa kadar herşey bir düzen içinde. Yüce Yaratıcı evrenin işleyişini bazı yasalara bağlamış. Bununla da kalmamış insanların uyması gereken birçok kurallar koymuş. İnsanın mutlu olması bunlara uymasıyla mümkün.

– Bu kuralları nereden öğreniyoruz? diye sordu Padişah.

– Yüce Allah, dedi Vezir, elçileri aracılığıyla peygamberlerine bildiriyor. Onlar da bize duyuruyor.

– Peki, dedi Padişah, bu kanunların korunması nasıl gerçekleşecek?

– Toplumu yönetenler tarafından, dedi Vezir.

Padişah konuyu istediği noktaya getirmişti.

– Yöneticilerin ne gibi özelliklere sahip olması gerekir sence? diye sordu.

– Öncelikle bilgili olmaları, dedi Vezir. Yetenekli insanları çevresine toplamalı. Onların düşüncelerinden yararlanmalı. Çıkarcı kişileri de yönetimden uzaklaştırmak gerekir.

– Çıkarcı kişiler mi? diye sordu Padişah.

– Evet, dedi vezir. Çıkarcılar. Sadece menfaatını düşünenler. Biliyorsunuz, saltanat güç demektir. Bunu elinde bulunduran bir insanın çevresinde çıkarcılar bulunur. Bunlar gerçekte olmamış şeyleri olmuş gibi padişaha bildirirler. Yalan söylerler. Çıkar sağlamak için yapmayacakları yoktur. Bazen padişah yanılabilir. Çevresindekilerin onu uyarması gerekir. Çıkar düşkünleri padişaha dalkavukluk yaparlar. Padişah onların yanıltmasıyla adaletsiz işler yapabilir.

– Çok doğru, dedi Padişah.

– Eğer Padişah, diye sürdürdü konuşmasını Vezir, uyanık davranırsa, bu çıkarcıları yanından uzaklaştırabilir. Yalanla doğruyu ayırabilir. Böylece haksızlığı önlemiş olur.

Vezir Haceste Ray daha sonra Hindistan'ın ünlü padişahı Debşelem'i örnek verdi. Debşelem, filozof Beydeba'nın düşüncelerine çok önem vermişti. Ondan adaletli yönetime ilişkin bir çok şey öğrenmişti. Beydeba'nın yol göstericiliği padişahı başarılı kılmıştı. Ülkesi gelişmiş, halkı mutlu olmuştu.

Padişah Hümayun Fal Debşelem ile Beydeba'nın öyküsünü çok merak etmişti.

Vezirine anlatması için emir verdi.

Vezir Haceste Ray, emir üzerine hikâyeyi anlatmağa başladı.

Bir Varmış
Bir Yokmuş

Masalcı mavi kanatlı bir kuştur,
dünyayı taşır kanatlarında

V AKTIN BIRINDE Hindistan ülkesinde Debşelem Şah
adında bir hükümdar yaşardı.

Halkı ve ülkesi için çalışmayı çok severdi.

Gecesini gündüzüne katardı.

Bu yüzden ülkesi geliştikçe gelişmişti. Halkı da oldukça mutluydu.

Debşelem'in ilginç bir özelliği vardı. Çok çalışmanın yanısıra eğlenceden de çok hoşlanırdı.

Günlerden bir gün bir eğlence kurdurdu. Yediler, içtiler. Sofrada kuş sütü bile vardı.

Çalgıcılar türlü şarkılar çaldılar, söylediler. Padişah eğlence bittikten sonra bazı bilgin ve düşünürleri huzuruna çağırttı. Onlarla söyleşmek istedi.

Konu cömertliğin yararlarıydı.

Bilginler ve düşünürler eliaçık olmak gerektiğini savundular.

Bu konuda çok ileri gittiler. O denli övdüler ki cömerdi, padişah Debşelem heyecanlandı, bütün hazinelerinin kapısını açtırdı.

Ne varsa hazinesinde halka dağıttı.

Yoksullar zengin oldu. Zenginler daha da zenginleştiler.

Ülkede bir tek yolsul kalmadı.

Padişah Debşelem o gece bir rüyâ gördü.

Düşünde nur yüzlü bir ihtiyar Debşelem'e şöyle diyordu:

– Ey yüce padişah! Hazineni Allah yolunda halka dağıttın. Bundan Allah çok hoşnut kaldı. Ve seni ödüllendirecek. Sabah kalkar kalkmaz atına bin. Doğuya doğru git. Orada seni bir hazine bekliyor. Dünyanın bütün hazinelerinden daha büyük bir armağandır bu sana.

Debşelem Şah sabah uyanır uyanmaz yola düştü.

Doğuya doğru yol almağa başladı.

Günlerce at sürdü.

Sonunda yüce bir dağa kavuştu. Dağın eteğinde karanlık mı karanlık bir mağara gördü. Önünde güleç yüzlü, ak sakallı bir ihtiyar oturuyordu.

Debşelem, ihtiyarın yanına gitti. Halini hatırını sordu. Gönlünü sevindirdi. İhtiyar da Padişah'a derin, anlamlı sözler söyledi.

Tatlı bir söyleşi başladı aralarında.

Debşelem Şah, hazineyi unutmuştu. Ayrılmak üzereyken Yaşlı Bilge, Padişah'a seslendi:

– Padişahım! Bu mağaranın çevresinde eşsiz bir hazine gizli. Benim dünya malında gözüm yok. Adamlarınıza emredin, hazineyi buldurun.

Debşelem, ihtiyar bilgenin bu sözleri üzerine rüyâsını anlattı.

İhtiyar Bilge'nin sözünü ettiği hazine, Debşelem'e düşünde vâdedilen hazineydi.

Derhal adamlarına haber gönderdi. Geldiler, aramaya başladılar gömüyü.

Dört bir yandan kazıya başlandı. Günlerce sürdü kazı. Sonuçta altın, gümüş ve türlü mücevherlerden oluşan eşsiz bir hazine ortaya çıkarıldı.

En çok mücevher, mahzendeydi.

Mahzende ayrıca, değerli taşlarla süslü bir sandık da bulunmuştu. Sandığın çelikten bir kilidi vardı. Usta bir çilingir getirildi, sandık açıldı. Mahfaza içinde bir hokka çıktı. Hokkayı Padişah Debşelem'e verdiler. Padişah hokkayı açtı. İçinden beyaz renkte ipek bir levha çıktı. Levhada İbranice yazılar vardı. Padişah İbranice bilmiyordu, yazıda neler olduğunu ancak bir çevirmen bulunduktan sonra anlayabildiler. Tercümen levhadaki yazının anlamını şöyle özetledi:

"Ben, hükümdar Hoşing Cihâdâr'ım. Bu hazineyi Hindistanlı büyük hükümdar Debşelem Ray için gömdürdüm. Ona hazineye sahip olacağı düşünde bildirilecek. Hazineyle birlikte ona bir de vasiyet bırakıyorum. Bu öğütleri dikkatle okusun. Mücevherlere kalbini bağlamasın.

Dünyada herşey gelip geçicidir. Üzerinde fena damgası olan hiçbir şeye bağlanmamak gerekir.

Bir gün insanı bırakır gider. O bizi bırakmadan biz kalbimizden onu söküp atmalıyız.

Bu vasiyetteki gerçeklere bağlananlar dünya durdukça saygıyla anılırlar."

Vasiyetnâme ondört bölümden oluşuyordu. Debşelem ve çevresindekiler çevirmenin okuduklarını ilgiyle dinliyorlardı.

Birinci Bölüm

Bir padişah kendisine bağlı kimselerden birini çok fazla sevebilir. Ona çok güvenebilir. Bunu gören bazı kişiler rahatsız olabilirler. Padişahın o adama yakınlığını kıskanırlar. Sevgisini çok görürler. Ve o kişiyi padişaha kötülerler. Onun hakkında çeşitli yalanlar uydururlar. Böyle bir durumda padişah söylenenlere inanmamalıdır. Kişiliğini iyi tanıdığı, kendisine yakın hissettiği o adamı korumalıdır.

İkinci Bölüm

Bir padişah kötü niyetli insanlardan uzak durmalıdır. Yalancılarla düşüp kalkmamalıdır. İki yüzlüleri huzuruna almamalıdır. İnsanları birbirine düşürenlere fırsat vermemelidir. Çünkü bu huyları olan insanlar ortalığı karıştırmak için fırsat kollarlar. Yönetimde haksızlık yapılmasına neden olurlar.

Üçüncü Bölüm

Bir padişahın çevresindeki adamlarının içi ile dışı bir olmalıdır. Birbirlerini gerçekten sevmelidir. Saymalıdır. Yoksa devlet yönetimi aksar. Toplumun huzuru için gerekli kararlar çıkmaz.

Dördüncü Bölüm

Bir padişahın, düşmanı yüzüne güldüğünde dikkatli olmalıdır. Bundan dolayı kendisini gurura kaptırmamalıdır. Daima uyanık bulunmalıdır. Eski düşman her zaman dost olmayabilir.

Beşinci Bölüm

Öyle şeyler vardır ki korunması elde edilmesinden daha güçtür. Bu yüzden kazanılan bir şeyin korunmasına daha çok önem verilmelidir. Önem verilmezse elden çıkar, gider.

Altıncı Bölüm

Yöneticiler, devlet işlerinde aceleci olmamalıdır. Karar verirken çok dikkatli davranmalıdır. Uzun süre düşünmeli, fakat çabuk karar verilmelidir.

Yedinci Bölüm

Bir padişahın düşmanları birbirleriyle anlaşabilir. Padişaha karşı ortak hareket edebilirler. Bu durumda padişah onlardan biriyle anlaşma yoluna gidebilir. Ona güleryüz gösterebilir. Bu, ona karşı alçalmak değildir. Düşmana karşı düşmanla anlaşmaktır.

Sekizinci Bölüm

Bir padişah kendisine kin besleyenlere karşı çok dikkatli olmalıdır. Onlara güvenmemelidir. Kin, girdiği kalpten kolay kolay çıkmaz.

Dokuzuncu Bölüm

Bir padişahın belki de en önemli özelliği acıma duygusuna sahip olmasıdır. Adaletle davranmalıdır. Yönettiği insanların önemsiz, küçük suçlarını affetmelidir. Güleryüzle davranması, suçlunun onu bir daha işlememesini sağlayabilir.

Onuncu Bölüm

Bir kimsenin suçu olmadığı halde onu cezalandırmak doğru

değildir. Gerçek bir yönetici başkasını zarara sokmak için cezalandırma yoluna gitmez. Ancak, başkalarına zarar veren bir suçluyu cezalandırır.

Onbirinci Bölüm

Bir padişah kendisine yakışmayan basit işlerle uğraşmamalıdır. Boş ve sonuçsuz işlere girmemelidir.

Onikinci Bölüm

Padişah, daima alçakgönüllü olmalıdır. İnsanlara karşı kendini beğenmişçesine davranmak doğru değildir. Hele başkalarını küçük görmek bir yöneticiye hiç yakışmaz.

Onüçüncü Bölüm

Hükümdara bağlı kişiler güvenilir olmalıdır. Bir yöneticinin çevresine kötü kişiler toplanırsa ülkenin yararına iş yapılmaz. Çıkarları için birbirleriyle kavga ederler. Kötülüklerin ardı arkası gelmez. Sonuçta ülke çok güçsüz düşer.

Ondördüncü Bölüm

Ümitsizlik ve karamsarlık bir hükümdar için çok zararlıdır. Çünkü o, birçok konuda halkına örnek olmak zorundadır. Hükümdar kararlı olmalıdır. Doğru bildiği yoldan ayrılmamalıdır.

Tercüman okumayı sürdürdü.

Padişah Debşelem ilgiyle dinliyordu.

Vasiyet, dinleyenleri çok etkilemişti.

Yazıyı çeviren adam, bu öğütlerin bir eki olduğunu söyledi.

Onu da dilimize çevir dediler.

Tercüman vasiyetin ekini de okudu:

– Bu öğütleri daha iyi anlatmak için ondört tane öykü vardır. Eğer hükümdar Debşelem onları da öğrenmek istiyorsa, Serendip Dağı'na gitmelidir.

Debşelem Şah:

– Çok ilginç, dedi.

Derin bir düşünceye daldı. Öğütler kendisini çok etkilemişti. Mağaradan çıkan hazinenin hepsini halka dağıttı. Kendisine hiçbir şey kalmamıştı.

Serendip Dağı'nı düşünüyordu.

Levhada yazılanların ne anlama geldiğini tam olarak kavramayı çok istiyordu. O hikâyeler... Onları mutlaka öğrenmeliydi.

Yola çıkmak isteğini açıkladı.

Bu konuda vezirlerinin düşüncelerini öğrenmek istedi. Onları çağırttı.

Düşüncelerini sordu. Vezirler, bu konuda karar verebilmek için bir gün süre istediler.

Padişah izin verdi.

Ertesi gün vezirler tekrar huzura geldiler. Başvezir söz aldı:

– Padişahım! dedi, vasiyetteki öğütleri daha iyi anlamak güzel bir şey. Bunun için de Serendip Dağı'na yolculuk yapmanız gerekecek. Çileli bir yolculuk olacak bu. Doğrusu gönlümüz razı değil.

Vezir konuşurken Padişah'ın zihninde hep Serendip Dağı vardı. O öyküleri öğrenmek istiyordu.

Başvezir ilginç bir öneride bulundu:

– Eğer uygun görürseniz, İki Güvercin hikâyesini size anlatayım. Konuyla ilgisi olduğunu sanıyorum.

Padişah, vezire öyküyü anlatması için izin verdi.

Başvezir iki güvercin hikâyesini anlatmağa başladı.

◈

İki Güvercin Hikâyesi
Ya da Gezmenin Bedeli

VAKTIN BIRINDE bir ülkede iki güvercin vardı. Yuvalarında güven içinde yaşıyorlardı. Birinin adı Bazende, diğerininki

Nevâzende'ydi.

Yuvaları o kadar güvenliydi ki, doğrusu oradan ayrılmayı düşünmek düpedüz aptallık olurdu. Buna rağmen Bâzende'nin içine bir gün gezme arzusu düştü. Nevâzende'ye bu isteğini açtı:

– Sevgili arkadaşım, daha ne zamana kadar yuvamızda oturup duracağız. Ben uzak ülkeleri, masmavi denizleri çok merak ediyorum. Gezip tozmak istiyorum. Bilgimi, görgümü artırmak niyetimdeyim. Ne dersin?

Nevâzende, onun bu düşüncesini kaygıyla karşıladı:

– Güzel, dedi, gezmek, değişik yerler görmek çok güzel. Fakat tehlikelerden emin olamazsın. Bir fırtına, bir rüzgâr, yırtıcı bir hayvan... Bütün bunlar olmasa...

Bazende, söze girdi hemen,

– Doğru, haklısın, ben de o tehlikeleri hesaba katmıyor değilim. Fakat sıkıntı çekmeden rahata kavuşulmaz. Yolda çekeceğim çilelere karşı bilgimi, görgümü artıracağım.

Nevâzende, arkadaşının kararının kesin olduğunu gördü:

– Yine de gel şu düşünceden vazgeç dostum, dedi. Yanında yakınların olsa ya neyse. Böyle yalnız başına tehlikelere nasıl göğüs gerebilirsin? Boşver! Vazgeç bu sevdadan. Yuvamızda mutluyuz. Bunu bozmayalım.

Nevâzende'nin öğütleri Bazende'yi bir türlü etkilemedi. O, kararlıydı. Her türlü tehlikeye rağmen gezme düşüncesinden vazgeçemiyordu. Kararını kesin vermişti. Uçacaktı.

Uzak ülkelere gidecekti.

Sonunda hazırlığını yaptı, Bazende.

Arkadaşıyla vedalaştı.

Yuvadan havalandı. Yükseklere doğru kanat çırptı.

Ufukta kayboldu.

Nice denizler aştı. Nice dağlar dolaştı.

Günlerce yol aldı.

Havada süzülürken ayaklar altında kayan güzelliği zevkle seyrediyordu.

Günlerce kanat çırptı.

Fakat keyfi o kadar yerindeydi ki, yorgun oluşu aklının ucundan geçmiyordu.

Günler günleri kovaladı.

Bazende, arada bir dinlenerek sürekli uçtu. Sürekli yol aldı.

Bir gün yüce mi yüce bir dağın doruğuna ulaştı. Cennet gibi bir yerdi burası. Zümrüt gibi yemyeşildi. Ağaçlar, çiçekler, aşağıda akarsular, dereler... Mis gibi bir koku vardı. Şırıl şırıl sular akıyordu.

Bir süre dinlenmek istedi. Hem bu cennet güzelliği de seyredecekti.

Fakat birden büyü bozuldu.

Sessizliğin ortasına bir fırtına düştü.

Kuvvetli bir rüzgâr sanki sessizliği yırtar gibi esiyordu. Gökyüzünü yağmur bulutları doldurdu bir anda. Ortalık kararıverdi. Şimşekler çakmaya yıldırımlar düşmeye başladı.

Bazende neye uğradığını şaşırmıştı.

Fırtına sağnak bir yağmurla sürdü gitti.

Bardaktan boşanırcasına yağan yağmur altında zavallı Bazende sığınacak doğru dürüst bir yer bulamadı.

Hele şimşek ve yıldırım gürültüsü! En çok onu korkutan buydu.

Bâzende yağmur altında sırılsıklam olmuştu. Üşüyordu. Fırtınaya karşı uçmaya çalışmış, çok yorgun düşmüştü. Kanatlarını kaldıramaz bir haldeydi.

Fırtına biraz yavaşladığında kalın gövdeli bir ağacın kovuğuna sığındı. Bir an sevgili arkadaşı Nevazende ve yuvası aklına geldi. Sessizce iç geçirdi. "Ah!" diye inledi, "İnsanın kendi yuvası gibi var mı?" Şimdi yuvasında olsaydı! Kendisini güvende hissedecekti.

Bazende, gurbete çıkmanın ilk pişmanlığını duyuyordu.

Neden sonra fırtına dindi.

Sabaha doğru artık hava normale döndü. Güneş açtı. Tekrar zümrüt güzellik ortaya çıktı. Çiçekler gülüşmeğe, böcekler ötüşmeğe başladı. Kelebekler kesik, zarif danslarıyla zümrüt güzelliği süslediler. Kuşlar şarkılar söylemeğe başladılar.

Bazende sığındığı kovuktan çıktı.

Kendisini müthiş yorgun hissediyordu.

Çaresiz, uçmalıydı.

Tekrar havalandı.

Öğleye dek uçtu Bazende. Yine halsizleşmişti. Güneş de iyice yükselmişti.

Bir de ne görsün. Aman Allah'ım! Koskocaman bir şahin! Büyük bir iştahla üzerine doğru gelmiyor mu? Şahinin heybetinden çok korktu Bazende. Neydi bu başına gelen. Korkudan gözleri karardı. Başı dönmeğe başladı. Kulakları uğulduyordu. Kanatlarında artık güç kalmamıştı.

Ölümün yaklaştığını hissetti. Şahin hızla üzerine geliyordu. Bâzende'nin gözünün önüne yuvası ve arkadaşı geldi. Bu tehlikeyi de atlatırsa hemen yuvasına dönecekti.

Şaşılacak bir şey oldu bu sıra. Kocaman bir tavşancıl kuşu ortaya çıktı. O da şahin gibi Bazende'yi gözüne kestirmişti. Üzerine doğru geliyordu.

Şahin'le tavşancıl avı paylaşmaya yanaşmadılar anlaşılan ve birbirlerine düştüler. Aralarında amansız bir döğüş başladı. Bazende kavgadan yararlanarak oradan uzaklaştı.

Kuytu bir yere sığındı. Korkudan tir tir titriyordu zavallı güvercin. Kalbi duracakmış gibiydi.

Sabaha dek orada sessizce bekledi Bâzende.

Sabahın diri ışıklarıyla çıktı gizlendiği yerden. Tabiat cıvıl cıvıldı. Herşey tatlı bir güzellik içindeydi.

"Oh! Çok şükür" diye mırıldandı, "yaşamak ne güzel şey"

Dünkü kararını unutmuştu.

Hiçbir şey olmamış gibi yine havalandı. Yorgun kanatlarını boşluğa bıraktı. Süzülmeğe başladı.

Uzak diyarlara doğru yol almağa durdu.

Uçtu, uçtu; günlerce uçtu.

Yoruldu, dinlendi, tekrar havalandı.

Bir hayli acıkmıştı, yorulmuştu.

Süzüldüğü yerden aşağı doğru baktı. Yemyeşil bir bahçe gördü.

Aşağıda güzel bir çimlik vardı. O da ne! Kendisi gibi bir güvercin çimende tatlı tatlı yem yiyordu.

Yanına doğru süzüldü onun.

Çimliğe kondu. Konar konmaz taneleri yemeğe başladı. Sağına soluna bakmadan yemeğe koyulduğu çimenlikte bir tuzak vardı, Bâzende bundan habersizdi. Sonunda "şark!" diye kurulan tuzağa düşmesin mi!

"Eyvah! bir tuzak galiba" diye bağırdı.

Çaresiz çırpınmaya başladı. Yerdeki yemin oraya mahsustan konulduğunu anladı. O güvercin de av çekmek için duruyordu orada. Anladı ama, iş işten geçmişti. Yapılacak bir şey yoktu.

Güvercin yanına yaklaştı. Bâzende, sitemli bir biçimde konuştu:

– Güvercin kardeş, sen de benim cinsimdensin. Burada bir tuzak olduğunu insan söylemez mi?

Güldü diğer güvercin:

– Yapılacak hiç bir şey yok, dedi. Bizde bu hırs olduktan sonra. Bırak bizim gibi zavallı kuşları, insanları bile tuzağa düşürür bu duygu. İnsanların ilk atası Hazret-i Âdem'in de Cennet'-ten çıkarılması hep bu hırs yüzünden değil mi?

Bâzende, güvercinin sözlerine hak verdi. Fakat yapılacak bir şey yoktu. Kendisine ancak o yardım edebilirdi.

– Haklısın, dedi Güvercin'e. Fakat bu tuzaktan kurtulmam gerek, bana yardım edebilir misin? Eğer bunu yaparsan ömrüm boyunca sana minnettar kalırım.

Çağırtkan Güvercin de çaresizdi:

– Ayağıma baksana, dedi.

Bâzende, baktı ayağı bağlıydı.

– Görüyorsun, dedi Çağırtkan Güvercin, ben de bağlıyım.

Kendi isteğimle burada durmuyorum. Gücüm olsaydı, önce kendim kurtulurdum.

Bir de öykü anlattı Çağırtkan Güvercin.

ભ

Çaresiz Deve

ZAMANIN BIRINDE, bir deve yavrusu annesinin arkasında gidiyormuş. Fakat anne deve o kadar hızlıymış ki, yavru bir türlü yetişemiyormuş. Hızlı gideceğim diye de kendisini paralıyormuş. Annesine yalvarmış, "Anneciğim, n'olur biraz yavaş yürü sana bir türlü yetişemiyorum" demiş. Bunun üzerine anne deve, "Ah! yavrum" demiş, "yular bende değil ki, başkasının elinde, o beni hızlı yürütünce hızlı gidiyorum"

Bazende Çağırtkan Güvercin'in anlattığı öyküyü çok beğendi. Derin bir anlamı vardı. Fakat şimdi bunun sırası değildi. Bir an önce kurtulmalıydı tuzaktan.

Sevgili, eşi Nevâzende'yi düşündü. Yuvasında yaşadığı mutlu günler geçti gözünün önünden. İç geçirdi. Çaresizliğine ağladı.

Baktı, ayağındaki tuzağa, kararını verdi.

Şansını denemeliydi.

Kanatlarını gerdi. Bütün vücudunu gerdi.

Olanca gücüyle çırpındı, kanatlanmağa çalıştı.

Tuzağın bağlı olduğu ip çok zayıflamıştı, eskimişti. Ansızın kopunca ip, Bazende havalanmıştı.

Çağırtkan Güvercin'e kanat salladı, göğe yükselirken.

Bâzende, özgürlüğe kavuşmuş olmanın sevinciyle daha da yükseğe havalandı.

Artık yuvasına dönmek istiyordu. Eşini çok özlemişti.

Uça uça bir köye vardı.

Köyün kıyısındaki ekin tarlasına kondu. Yorulmuş ve acıkmıştı. Hem dinlenmek hem de birşeyler yemek istiyordu.

Burada da kendisini bir tehlikenin beklediğinden habersizdi. Tarla sahibinin oğlu elinde bir okla bekliyordu. Bazende'nin tarlaya konduğunu görünce, okunu germiş ve ona doğru bırakmıştı. Zavallı güvercin yan tarafından yaralanmıştı. Kanlar içinde nereye, nasıl uçtuğunu bilmeden çırpınarak kaçmaya çalışmıştı. Gözü dönmüş çocuksa ardından izlemişti onu. Bazende, bir kuyuya kendisini atmış, çocuk da geri dönmüştü.

Kuyu derin ve karanlıktı.

Yaralı bir halde, geceyi burada geçirdi.

Sabah olunca, güç duruma karşın evine dönmek için tekrar uçmaya başladı.

Yuvasına ulaştığında artık gücü takati kalmamıştı. Bitkindi. Çok yorgundu.

Nevâzende, yaralı eşinin durumunu görünce çok üzüldü. Bir kaç ay içinde nasıl da zayıflamıştı.

– Bu sana ders olsun, dedi, artık yuvanı terketmek yok. Sonu belirsiz gezilere çıkmak da yok.

* * *

Başvezir hikâyeyi burada bitirdi.

Padişah Debşelem, vezirin anlatmak istediğini kavramıştı.

– Ey başvezirim! dedi, doğrudur, gezmenin güç yanları çoktur. Fakat doğduğumuz, yaşadığımız yerden hiç dışarı çıkmazsak bilgisiz kalırız. Miskinleşiriz. Şayet doğan ve atmacalar yuvalarından çıkmasalardı, hiç hükümdarların omuzları üzerinde oturabilirler miydi? Çaylak palazlarıyla birlikte büyüyen Şahin'in hikâyesini bilir misiniz? Şahin çaylağın yuvasında kalmış olsaydı Padişah'ın elini öpebilir miydi?

Başvezir, Padişah'ın sözünü ettiği hikâyeyi bilmiyordu. Orada bulunanlar da hikâyeyi merak ettiler. Padişah'tan anlatması için ricada bulundular.

Padişah Debşelem Şah, Şahin yavrusunun öyküsünü anlatmağa başladı.

Şahin Yavrusu

Herşey aslına döner

OLDUKÇA dik ve yüksek bir kayanın tepesi...

Günlerden bir gün iki şahin buraya bir yuva yaptılar.

Gel zaman git zaman, sevimli bir palazları oldu. Özellikle anne şahin sevinçten çıldıracak gibiydi.

Yuvalarını rengârenk tüylerle süslediler.

Yavrularına türlü türlü yiyecek getirdiler.

Mutluluklarını artıran bu olaya çok sevindiler.

Yavru şahin büyümeğe başlamıştı. Gün geçtikçe gerçek tüylerine kavuşmuş, gagası, pençeleri gelişmişti. Kanatlarının da iyiden iyiye büyüdüğünü hissediyordu.

Yine günlerden bir gün... Anne ve baba şahin yavruya yiyecek bulmak için uçtular. Onu yuvada yalnız bıraktılar.

Yavru sıkılmıştı.

Kalktı. Yuvanın ucuna çıktı. Kanatlarını gerdi. Esnedi.

"Çok güzel bir gün" diye geçirdi içinden.

Uzaklarda bulutlar...

Güneş, ışıklarını dört bir yana salmıştı. Berrak mı berraktı gökyüzü.

"Ben de annem ve babam gibi uçamaz mıyım acaba?" diye düşündü.

Canı da çok sıkkındı, sürekli oturmaktan....

Kararını vermişti. Uçacaktı. Uçmayı deneyecekti. Kanatlarını iyice gerdi. Gözlerini kapadı. Kendini boşluğa bıraktı.

Fakat zavallı şahin yavrusunun uçmaya gücü yetmedi. Kanatlarında kendisini taşıyacak kuvvet yoktu henüz. Bir süre çırpındı havada sonra hızla düşmeye başladı. Panik içinde bağırıyor, çırpınıyordu.

Yavru şahinin hızla yere doğru düştüğü bu sırada, yerde bir başka yuvadan bir anne dışarı çıkmıştı. Anne Çaylak, yavrularına yiyecek bulmak için yuvadan çıkmıştı ki, yukarıdan gelen bir bağırtı işitti. Hızla bir şey düşüyordu yere...

"Şahinin pençesinden düşen bir fare olmalı" diye düşündü Anne Çaylak.

Ve koşarak yavru şahinin düşeceği noktaya gitti.

Orada durdu ve bekledi.

Şahin yavrusu tam düşeceği sıra Anne Çaylak kanatlarını açtı. Yavruyu kanatları üzerine aldı.

Fare diye beklediği şeyin bir yırtıcı kuş yavrusu olduğunu görünce şaşırdı.

"Yüce Allah" dedi, "bu yavrunun ölmemesini takdir etmiş, buna da beni araç yaptı. Bu yavru artık benim yavrumdur, onu diğer çocuklarımla birlikte büyüteceğim."

Anne Çaylak'ın düşüncesi gerçekleşti.

Yavru Şahin, çaylak yavruları arasında büyüyordu.

Günler günleri aylar ayları kovaladı.

Yavrular büyüdü.

Şahin yavrusu, çaylaklara bakarak, kendisinin onlardan farklı olduğunu düşünüyordu.

Anne Çaylak, yırtıcı bir kuşun annesi olmayı kendisi için önemli bir özellik olarak görüyordu. Bu yüzden gerçeği anlatmıyordu.

Fakat gün geçtikçe yavru şahin kendisinin farklı olduğunu anladı.

Kalbini derin bir üzüntü kapladı.

Yalnızlaştı. Çevresinden iyice koptu.

Anne Çaylak, Şahin'e üzüntüsünün sebebini sordu.

Şahin:

– Kendimi garip bir üzüntünün kollarında hissediyorum. İzin verseniz, değişik yerler gezsem. Farklı kişiler tanısam, kederimi biraz dağıtabilirim.

Anne Çaylak, şahinin ayrılmayı düşündüğünü görünce şaşkına döndü. Birden beyninden vurulmuş gibi, gözleri yerlerinden fırladı, ne söyleyeceğini şaşırdı, başladı dil dökmeye:

– Bak yavrum, insan gurbete iki nedenle çıkabilir: Biri, geçimini sağlamak, diğeri, kendi ülkesinde kalamayacak kadar rahatsız olmak. Çok şükür bunların hiçbiri sende yok. Sana diğer yavrularımdan daha çok sevgi besliyorum. Onlara yedirdiğimden fazlasını yediriyorum. Elimden başka ne gelir bilmem ki...

Şahin, sessizce önüne bakıyordu.

Anne, şahinin içinde kesin bir ayrılma düşüncesi olduğunu hissetti.

Ona, gurbete çıkmanın tehlikeli olduğuna dair bir hikâye anlattı.

❧

Açgözlü Kedi

Yokluğa açılan pencere: Açgözlülük

BIR ZAMANLAR yoksul mu yoksul bir nine yaşardı...
Miskin bir kedisi vardı.

Kendisi yemek için doğru dürüst bir şey bulamayan nine, kedisine artıkları veriyordu. Ciğer, et, ekmek, işkembe gibi yiyecekleri kedi rüyâsında bile göremezdi yoksa.

Bazen bir fare yakalıyor, kendisini şanslı görüyordu.

Günler böyle geçip giderken... Bizim miskin kedi, iyice zayıflamış, çelimsizleşmişti. Bir gün evin damına çıktı. Baktı, orada, iri yapılı, semiz mi semiz bir kedi var. Doğrusu onu kendisinin yanında bir kaplan gibi gördü. Zayıf kedi, hayıflandı, "Niçin ben böyle güçsüz, bakımsızım, sen böyle şişman, semizsin?" diye...

Semiz kedi:

– Sen de her gün Padişah'ın sarayında bulunursan türlü türlü yemekler yersin, benim gibi olursun, dedi.

Güçsüz kedi'nin aklına yattı bu.

Her gün miskin miskin oturuyordu. Yoksul ninenin evinde

ne vardı ki... Ne yiyecek, ne içecek...

Semiz kediye,

– Ne zaman gidersen haber ver birlikte gidelim, dedi.

Semiz kedi bunu kabul etti.

Güçsüz kedi, akşam olduğunda durumu nineye anlattı. Nine,

– Vah vah, dedi, çok üzüldüm. Hırs insana zarar verir, şimdi sen bunu düşünemiyorsun.

Kedi nineye gülüp geçti.

Ertesi gün yiyeceği türlü türlü yiyecekleri düşünüyordu.

Sabah oldu. Semiz kedi, pencereden, "miyaav miyaaav!" diye seslendi, zayıf kedi de çıktı, birlikte saraya gittiler.

Fakat sarayda durum hiç de tekin değildi. Padişah yüzlerce kedinin miyavlamasından bıkmış usanmıştı. Adamlarına, "bundan sonra gelecek yabancı kedileri öldürün," diye emir vermişti. Bunun için özel olarak okçular hazırlatılmıştı.

Semiz kediyle, ninenin kedisi iştahla yemek artıklarına saldırdılar.

Bunun üzerine okçular harekete geçti.

Bizim zavallı kedi, tam midesinden bir ok yedi. Acı acı bağırarak oracıkta ölüverdi.

Anne Çaylak, bu hikâyeyi şahine anlattıktan sonra:

– Bu hikâyeyi sana ders alasın, diye anlattım. Sen de elindekiyle yetinmezsen sonun ninenin kedisi gibi olur.

Şahin yavrusu, Anne Çaylağın anlattığı hikâyeyi ilgiyle dinledi. Çaylak, kendisini çok seviyordu. Şefkatliydi. Üzerine titriyordu. Hikâyede anlatılanları kendisini sevdiği için örnek olarak vermişti. Fakat şahin yavrusu, herşeye karşın kalmak niyetinde değildi.

– Mutluluk, sadece yiyip içmek değildir. Gerçek mutluluk erişilmesi güç şeyleri elde etmekle olur.

Şahin Yavrusu, Çaylağa bu sözlerin ardından bir öykü daha anlatmaya başladı.

Hayalin Çizdiği Başarı

ZAMANLARDAN bir zaman çalışkan bir adam yaşardı bir ülkede.

Çok çalışırdı. Çok para kazanırdı.

Fakat harcaması fazla olduğu için bir türlü yoksulluktan kurtulamazdı.

Gün geldi, bir erkek çocuğu oldu.

Adamcağız buna çok sevindi. Çocuğun dünyaya gelişiyle birlikte evine bolluk ve bereket gelmişti.

Artık yoksul adamın durumu değişmişti. Geliri harcamalarından fazlaydı. Para artırmış, zengin olmağa başlamıştı.

Çocuk, henüz küçük yaştayken ok atmak, kılıç kullanmak istiyordu.

Okuldan kaçıyordu. Atış meydanlarına gidiyor, ok atıyor, kılıç kuşanıyordu.

Bütün ilgisi silah kullanma yolundaydı.

Aradan yıllar geçti. Çocuk büyüdü, genç bir delikanlı oldu. Babası, kendisini evlendirmek istedi.

Oğluyla konuştu. İsteğini ona açtı.

Çocuk kabûl etti. Fakat bir şart ileri sürdü.

– Nedir? diye sordu babası.

– Düğün giderlerini ben karşılayacağım. Gelini de ben seçeceğim. Evleneceğim kızı kendim belirlemeliyim.

Babası çok şaşırdı:

– Sende düğün yapacak para var mı ki evladım?

Delikanlı ok gibi fırladı yerinden, kılıcını eline aldı:

– Benim, dedi evleneceğim gelin, ancak bir sultan olabilir. O da ancak kılıçla gelir!

Babası, oğlunun bu durumuna çok üzüldü.

"Sonu karanlık bir yola girdi" diye düşündü.

Fakat aradan yıllar geçti, oğlu o ülkeye padişah oldu ve sultan bir gelin aldı.

Şahin yavrusu, Anne Çaylağa bu öyküyü anlattıktan sonra;

– Ben, artık bir lokma için buralarda kalamam, dedi.

Başka ülkelere gitmek istiyorum. Gönlümde başka iklimler yatıyor. Beni burada tutmayın, diye yalvardı.

Anne Çaylak, sonunda Şahin'i yuvada tutmanın imkânsız olduğunu anlamıştı.

Çok üzülmesine rağmen gitmesine izin verdi.

Padişah Debşelem, şahin hikâyesini anlatmaya devam ediyordu:

– Şahin, yola çıktıktan sonra bir hayli uçmuştu.

Durup dinlenmeden epeyi kanat çırpmış çok yol almıştı.

Yolu gide gide yüce bir dağa vardı.

Karnı acıkmıştı. Av peşinde koştu bir zaman, ve ilk olarak bir keklik avladı.

Keklik eti çok lezzetliydi. Şahinin hoşuna gitmişti. Tadı damağında kaldı.

– Şimdiye dek nasıl da avlanmadım! diyerek hayıflandı.

Anne Çaylağı düşündü bir süre. Gurbete çıkmaması için çırpınıp duruyordu. Oysa değişik yerler gezmek ne kadar da yararlıydı.

– Gurbete çıkmasaydım, şimdi bu lezzetli eti yiyebilir miydim? diye söylendi şahin.

Kimbilir ilerde daha neler bekliyordu kendisini? Bunu düşününce, bir an önce dinlenip yola çıkmak istedi. Ve kısa bir aradan sonra yola koyuldu.

Havada süzüldü. Aşağıda gördüklerine inanamıyordu. Yemyeşil tepeler, görkemli dağlar... Şırıl şırıl akan sular...

Yol boyunca soğuk pınarlardan içti. Türlü türlü hayvan avladı.

Kendisini oldukça rahat hissediyordu. Havada süzüldükçe aşağıda yemyeşil tabiatın sürüp gitmesinden sonsuz tatlar almaktaydı.

Gezisi unutulmaz anılarla sürüp gidiyordu. Bir ara yorulmuştu. Çevreyi kolayca izleyebileceği yüksek bir kayaya konmuştu.

İlerde, ağaçların arasında kalabalık gördü. Bir padişah sarayındaki adamlarıyla birlikte ava çıkmıştı. Kolunda da alımlı bir Doğan vardı.

O anda ansızın ortaya çıkan bir kuşun ardına doğan'ı salıverdi, Padişah. Doğan, avı yakalamak için uçarken, bizim şahin harekete geçti. Doğan'dan önce, avı yakalayıverdi.

Padişah kendi doğanından önce avı yakalayan Şahin'e sahip olmak istedi.

Bunun üzerine evcil bir şahin'i bizim şahin'e doğru gönderdiler. O da saraya gelmesi için çağrıda bulundu.

Yavru şahin bunu bekliyordu zaten. Hemen kabul etti ve Padişah'ın omzuna çıktı.

Debşelem Şah, hikâyeyi burada bitirdi. Başvezir, düşüncesinin Padişah tarafından geçersiz kılındığını gördü. Bunun üzerine ikinci vezir Padişah'ın huzuruna çıktı.

O da, başvezir gibi geziye çıkmanın kötü yanlarından söz etti.

– Ülkenin huzuru padişahın sağlıklı ve güçlü olmasına bağlıdır. Seyahata çıkarsanız rahatsızlanabilirsiniz. Çok sıkıntı çekersiniz, dedi.

Debşelem Şah, ikinci vezirin sözlerini de beğenmedi.

– Padişahın yorgunluğu halkın mutluluğu içindir. Gezmekten korkmamak gerekir. Gezmek, değişik farklı yerler görmek iyidir. Ülkem ve halkım için ben bundan yanayım, dedi.

Debşelem Şah, yavru bir kaplanın hikâyesinden söz etti danışmanlarına.

Vezirler, padişahın başka ülkelere geziye çıkmasını istemiyorlardı.

Padişah ise, anlattığı hikâyelerle gezi düşüncesini benimsetmeye çalışıyordu.

Söyleşi gele gele yavru bir kaplanın hikâyesine geldi.

Yavru Kaplan

Ateş Sıcağında Dürüstlük Sınavı

– BIR ZAMAN Basra'da ormanla kuşatılmış bir ada vardı. Ada değil sanki bir cennetti burası. Yemyeşil ağaçlar... Berrak sular... Kuşlar... Çiçekler... Birbirinden güzel canlılar yaşardı, ormanda. İçlerinde birisi vardı ki, oldukça değişikti. Keskin dişleri vardı. Güçlü pençesi...

Çok çevikti.

Kaplandı bu.

Gücü sayesinde ormanın kralı olmuştu. Suçluları hemen cezalandırırdı.

Haksızlığı önlerdi. Yoksullara yardım ederdi.

Hayvanlar onu hem seviyorlar hem de korkuyorlardı. Kaplanın miniminnacık bir de yavrusu vardı. Gözü gibi koruyordu onu. Ormanın yönetimini ölünce ona bırakacaktı.

Yönetime ilişkin bilgilerle donatmıştı onu.

Haklı ile haksızı nasıl ayırdedeceğini öğretmişti. Suçlunun nasıl belirleneceğini... Nasıl cezalandırılacağını... Haklıya hakkının ne şekilde verileceğini... Toplum yararına çalışanın hangi biçimde ödüllendirileceğini...

Her ölümlü gibi Kaplan da göçüp gitti bu dünyadan.

Yavru henüz büyümemişti. Babası sağlığında onu ormanın yönetimine getirmemişti.

Bu durum, ormanda karışıklığa yol açtı. Vahşi hayvanlar birbirine girdiler. Herkes liderlik peşindeydi.

Büyük kavgalar oldu. Birçok hayvan birbirini hırpaladı. Bazıları öldü.

Sonuçta galip çıkan aslan oldu.

Dev pençeleriyle herkese korku verdi. Hiçkimse karşısına çıkamadı.

Yavru Kaplan çaresizdi. Bir süre ortalıkta görünmedi.

Kimsenin olmadığı ıssız yerlerde gezindi.

Epeyi bir zaman başıboş, serseri gibi dolaştı. Sonunda pençesi kuvvetlenmişti. Oldukça güçlenmiş, dişleri de keskinleşmişti.

Gitti, yaşlı kaplanlara danıştı. Arslana karşı bir harekete girişmek istiyordu. Yaşlılar deneyimlerini anlattılar.. Onu yüreklendirdiler... Fakat herhangi bir eyleme giriştiğinde onu destekleyemeyeceklerini söylediler.

Yavru Kaplan, Arslan'a bizzat kendisi gitti.

Arslan, iyi kalpli biriydi.

Kaplan'ı sarayına aldı. Yakınında bir görev verdi. Her defasında ona güvendiğini belirtiyordu.

Günler böylece geçip giderken...

İlginç bir olay oldu.

Hava sıcak mı sıcaktı. Bunalmıştı herkes. Uzak bir yerde görülmesi gereken bir iş çıktı.

Arslan sarayda düşünceli düşünceli geziniyordu.

"Bu görevi kime verebilirim? Kim bunun üstesinden gelebilir?" diye koşuşturuyordu.

Kaplan içeri girdi.

– Sizi bu düşünceye düşüren nedir? diye sordu.

Arslan,

– Hava çok sıcak olduğu için kimse görev istemiyor, dedi.

Kaplan,

– Havanın sıcak olması göreve koşmaya engel değildir, dedi; izniniz olursa bu işe ben gitmek istiyorum.

Arslan çok şaşırdı.

"Nasıl olur" diye düşündü. Kimse gitmek istemezken... Gerçi kaplana güveniyordu. Onun bu işi başaracağına da inanıyordu.

– Beni çok sevindirdin, dedi.

Kaplan hemen davrandı. Yanına birkaç asker de alarak yola çıktı.

Havada ateş sıcaklığı vardı. Güneş yeryüzünü ateş yalımı gibi yakıyordu.

Epeyi yol aldılar.

Artık yürümek imkânsızlaşmıştı.

Kaplanın yanındakiler daha fazla dayanamayacaklarını söylediler.

Biri atıldı,

– Şurada, serin bir yerde dinlensek dönüp gitsek arslanın ne haberi olacak? diyecek oldu.

Kaplan, kestirip attı:

– Sizler dayanamıyorsanız geri dönün. Ben tek başıma devam ederim. Padişahımızın bize güvendiğini biliyoruz. Bu güvene layık olmalıyım.

Kaplanın bu sözleri Arslanın kulağına gitti. Sevincine diyecek yoktu. Kaplan'a o olaydan sonra önemli görevler verdi. En yakınına aldı. Hayatı boyunca çok güvendi.

* * *

Padişah Debşelem, hikâyeyi burada bitirdi.

Vezirlerine Serendip'e gitme niyetinde olduğunu açıkladı. Yaşlı Bilge'nin söylediği hikâyeleri öğrenmek istiyordu.

– Ben, dedi; geziden kaçarsam, bilgiden yoksun kalırım. İnsanı doğru yola ulaştıran bilgi, hikmettir. Hikmet ise, Serendip'e gitmeme bağlı. Vasiyetlerin anlamını ancak bu şekilde çözebilirim.

Vezirler, Padişahın düşüncesinde kararlı olduğunu anlamışlardı.

Yol hazırlığı başladı.

Padişah Debşelem, vezirlere ülke yönetimiyle ilgili bazı emirler verdi.

Gerekli hazırlıklar yapılmıştı.

Debşelem Şah, yanındakilerle birlikte yola çıktı.

Bazen karadan bazen denizden gitti.

Günlerce, aylarca yol aldı.

Dağ dağa kavuştu. Düz düze uzandı.

Çok ülkeler geçildi, çok iklimler aşıldı.

Debşelem Şah, gördüğü her yerden ilginç bilgiler edindi. Çok dersler aldı.

Yoruldukça dinleniyordu. Gördüğü güzel manzaralar yorgunluğunu alıyordu.

Dinlenerek tekrar yola koyuldu. Tekrar dağlar aşıldı. Ovalara düşüldü. Denizler geçildi.

Sonunda Serendip Adası'na vardılar.

Adanın ortasında yüce bir dağ yükseliyordu: Serendip Dağı... Dağın eteğinde bayındır şehirler kuruluydu.

Debşelem Şah, kentlerde gezindi bir süre. Çevreyi seyretti. Şimdiye dek bilmediği şeyler öğrendi. Görmediği şeyler gördü.

Bilgisini, görgüsünü daha da artırdı.

Aradan bir kaç gün geçmişti.

Padişah, yanına birkaç adamını alarak dağa gitti. Dağın eteğinde bir mağara vardı.

Burası, ünlü düşünür Beydeba'nın eviydi.

Beydeba, hikmet bilgisinin önemli bir bilginiydi. Bir çok ilimde uzmandı. Düşünce alanında tartışmasız büyük bir düşünürdü.

Padişah, tıpkı bir hükümdarın huzuruna giriyormuş gibi izin isteyerek yanına gitti Beydeba'nın.

Hazineden çıkan vasiyetten söz etti.

– Vasiyette sözü geçen düşünceleri yorumlar mısınız? diye ricada bulundu.

Beydeba, uzun ve yorucu bir yolculuktan gelmiş olan Padişah'a baktı bir süre. Bilgi aşkıyla yanıp tutuşan adama gülümsedi.

– Acele etme Sultanım, dedi.

Günlerce mağarada kaldılar. Beydeba, Padişah'ın isteğini yerine getirecekti.

Günler süren söyleşmeden hikmet dolu bir kitap ortaya çıktı.

Kelile ve Dimne.

HAYALİMİZİN TAÇLANDIĞI GÖKYÜZÜ

Padişahların fitnecilerin sözlerine kulak as-
mamaları hakkındaydı.
Padişah Debşelem, bu sözün anlamını sordu.
Düşünür Beydeba, bunu bir öyküyle açıkladı.

Arslan, Öküz ve Çakal

Her türlü aşağılama ve kendini büyük görme
somut âlemin depremidir.

V AKTIN BIRINDE oldukça çalışkan bir tüccar vardı. Kazanç sağlamak için gezmediği ülke kalmamıştı. Pek çok işe girmişti. Çok yorulmuştu.

Günlerce uykusuz kalmış, aç yatmıştı.

Daha çok kazanmak için ne gerekirse yapmıştı.

Aradan yıllar geçti. Tüccar çok zengin oldu.

Serveti padişahların hazinesinden daha çoktu.

İki de oğlu vardı. Onları en iyi şekilde yetiştirmek istiyordu. Bu uğurda elinden geleni esirgemiyordu. Ne gerekirse yapıyordu.

Gel zaman git zaman tüccar yaşlandı. Saçı sakalı ağardı. Beli büküldü.

Çocuklarının durumu değişmişti. Har vurup harman savuruyorlardı. Bolluk içinde yaşıyorlardı. Geleceği düşünmeden ellerine geçeni harcıyorlardı. Eğlenceler düzenliyorlar, israf içinde yüzüyorlardı.

Tüccar, çocuklarının durumuna çok üzüldü. Bu gidişle, bir ömür boyu elde ettiği serveti bir anda tükenecekti. Çocuklarına bir ders vermek istedi.

Onları yanına çağırdı.

Servetin önemini anlattı.

– Oğullarım, dedi; insanlar için servetin üç anlamı vardır. Birincisi, dünyada rahat etmek. Güçlü bir hazineye sahip olmakla sağlanabilir bu.

İkincisi, ün sahibi olmak. Bunu da ancak mal sağlayabilir.

Üçüncüsü, dünyayı ahiretin tarlası bilmek. Dünyada, öte dünya için çalışmanın bir yolu da mal ve mülkten geçer. Zengin insanlar, dünyada inançları için eserler yaptırırlar. Bu da onların öte dünyasını aydınlatır.

İşte servet bu denli önemlidir. Malı mülkü kazanmak zordur. Böylesine güç elde ettiğimiz bir şeyi kolay harcamak doğru mudur?

Sizin bu durumunuz beni çok üzüyor. Siz, hazır serveti rahatça harcıyorsunuz. Yerine yenisini koymuyorsunuz.

Çocuklar babalarını dikkatle dinlediler.

Büyük oğul, söz aldı:

– Ben, dedi, babasına; senin anlattığını doğru bulmuyorum. Mal mülk insana Allah tarafından verilir. Eğer, Yüce Allah onu vermezse insanın yapabileceği bir şey yoktur.

Bu konuda bir hikâye biliyorum.

Tüccar, büyük oğluna, bu hikâyeyi anlatmasını söyledi.

Büyük oğul, "İki Şehzâde" hikâyesini anlatmağa başladı.

İki Şehzâde

HALEP'TE bir zamanlar bir padişah yaşardı. İki de oğlu vardı.

Çok zengindi. Büyük bir hazineye sahipti. Servetinin geleceği konusunda kuşkuluydu. Oğullarına güvenmiyordu. Bir çare aramaya başladı. Halep'te yaşayan oldukça dindar bir dervişle anlaştı. Bütün hazinesini sarayda bir mahzene gömdürdüğünü söyledi. Gerçekte bu doğru değildi.

Çocuklarına,

– İşte hazinem burada, dedi. Ben öldükten sonra gerektiğinde bu mahzeni açarsınız. Ülkenin paraya ihtiyacı olursa buradan karşılarsınız.

Hazineyi geceleri, Derviş'in bulunduğu yere taşıdılar. Derin bir kuyu kazdılar. Bütün parayı mücevheri buraya gömdüler.

Padişah öldükten sonra Derviş koruyacaktı hazineyi. İlerde ancak devlet için harcanacaktı. Bir de şehzâdeler güç durumda kaldıklarında.

Aradan yıllar geçti.

Padişalı bu dünyadan göçüp gitti.

Ardından derviş de ölmesin mi!

Hazinenin yerini kimse bilmiyordu.

Çok geçmeden şehzâdeler kavgaya başladılar. Birbirlerine girdiler. Kıyasıya dövüştüler.

Şehzâdelerden biri diğerini yendi. Tahta geçti. Hazineye el sürmedi. Gerektiğinde açacaktı.

Tahta geçen şehzâde görkemli bir yaşayış içindeydi.

Diğeri tacı tahtı terketti. Sadece ahireti için çalışma düşüncesiyle kenara çekildi. Aklına o dindar adamın evine gitmek geldi. Gitti ve orada yaşamaya başladı.

Günlerden bir gün, kuyunun suyu çekildi.

Şehzâde su bulmak için kuyunun dibine indi.

Kazması, sert bir cisme takıldı. Merak edip baktı ki ne görsün! Babasının hazinesi.

Çok sevinmişti şehzâde.

Durumu kimseye duyurmadı.

Tahtta olan kardeşi kendisini adeta kaybetmişti. Zevk içinde yaşıyordu. Elindeki parayı harcayıp tüketmişti.

Ülke yönetimi başıboş kalmıştı.

Bunu fırsat bilen komşu ülkenin hükümdarı saldırıya geçti.

Şehzâde ordu kurmak için babasının hazinesini açtırmak içtedi. Aradılar aradılar, babasının sözünü ettiği yerde bulamadılar. Hazırlıksız girişilen savaşta şehzâde öldürüldü. Saldıran ülkenin padişahı da bir okla vurulup ölmüştü. Bunun üzerine iki taraf anlaşma yoluna gittiler. Ve bir hükümdar seçmek istediler.

Düşündüler taşındılar.

Birçok kimseye sordular, danıştılar.

Sonunda diğer şehzâdeyi padişah olarak seçtiler.

Tüccar, oğlunun anlattığı hikâyeyi dinledi.

– Bu hikâyede etkileyici bir düşünce yok, dedi.

Tüccar'ın oğlu sustu.

Babası haklıydı.

"Ben de haklıyım" diye geçirdi içinden. Doğrusu baba mı haklıydı, yoksa oğlu mu, kestirmek zordu.

Tüccar, bunun üzerine, Şahin ile Kuzgun arasında geçen bir hikâyeyi hatırladı.

Onu anlatmaya başladı.

Şahin ile Kuzgun

Sevgi sessiz bir kuştur, uçar kalp denizinde

YILLAR, belki yüzyıllar önceydi.

Yemyeşil bir orman köyünde, garip bir derviş yaşardı. Gece

gündüz Allah'a ibadette bulunurdu Derviş. Bir parça ekmek bulsa yer, bir yudum su bulsa içerdi. İçinde sonu gelmez istekler yoktu...

Bir gün ormana gitmişti.

Kalın gövdeli dev ağaçlar... Kayaları delmiş incecik kökler... Çiçekler... Kelebekler...

Şırıl şırıl kaynayan pınarlar...

Bir yandan gizemli güzellikte kendisini yitirerek yürüyor, bir yandan da;

"Allah ne güzel yaratmış!" diyerek duygularının ayaklandığını hissediyordu.

Derken, bir şahin gördü, Kalın ağacın gövdesinin çevresinde dönüp duruyordu. Garip sesler çıkarıyordu.

"Allah Allah, bu hayvanın bir derdi var galiba" diye söylendi.

Şahinin gagasında et parçası vardı.

Derviş iyice meraklandı. Kenara gizlendi. Şahini izlemeye başladı.

"Çok ilginç" dedi kendi kendine, "acaba ne yapmak istiyor?"

Şahin bir süre ağacın çevresinde dolandı durdu. Sonunda, ağaçtaki yuvaya kondu.

O da ne! Derviş baktı yuvada bir kuzgun var. Gözleri görmüyordu kuzgunun. Tüyleri de dökülmüştü.

"Zavallı kuzgun" diye söylendi Derviş. Hayvanın miskin haline çok acımıştı.

Şahin, yuvaya konar konmaz gagasındaki et parçasını çöplerin üzerine koydu. Kuzgun bağırıyordu. Aceleyle et parçasını daha küçük lokmalara böldü. Ve teker teker kuzguna yedirmeye başladı.

Derviş beyninden vurulmuşa dönmüştü.

"Nasıl olur!" diyerek şaşkınlığını belirtti.

Gözleri görmeyen miskin bir hayvanın yiyeceği bir yırtıcı kuşun eliyle kendisine gönderiliyordu.

"Ben de oturup beklesem Allah bana yiyecek gönderir" diyerek orada beklemeye başladı.

Gece oldu.

Vakit bir hayli ilerledi. Derviş hâlâ bekliyordu.

Sabah oldu. Kuşlar cıvıldaşmaya başladı.

Derviş bekliyordu. Ne gelen vardı ne giden.

Güneş ışıklarını çekti yeryüzünden.

Karanlık bir perde çöktü.

Ay ışıldadı.

Yıldızlar göğün yüzünü lacivert bir kıra dönüştürdüler.

Ay sessizce çekilde neden sonra.

Gün tekrar gülümsedi.

Aradan kaç gün geçti, bilinmez.

Biz diyelim on siz deyin yirmi gün... Derviş beklemekten bıkmıştı. Açlıktan da güçsüz düşmüştü.

Aklı başına geldi neden sonra.

"Çalışmayınca Allah bir şey vermiyor insana" diye düşündü.

Neredeyse açlıktan ölecek gibiydi.

Kalktı yiyecek aramaya koyuldu. Tüccar öyküyü anlattı. Oğullarına bu hikâyeden çıkardığı dersten söz etti.

Küçük oğlu çok etkilenmişti.

– Öğütlerin çok güzel babacığım, dedi. Ancak benim bir sorum daha var. Kazandığımız serveti nasıl koruyacağız?

Tüccar, küçük oğlunun sorusunu dinledi. Bir süre düşündükten sonra:

– Kazandığımızdan fazla harcamamalıyız, dedi.

– Doğru, dedi küçük oğlan.

Babası devam etti:

– Elde ettiğimiz serveti iyi korumalıyız. Sermayemizi daima bırakmalıyız. Harcamalarımızı kârımızdan yapmalıyız.

– Böylece sermayemiz elimizden çıkmaz, dedi küçük oğlan.

– Elbette, dedi tüccar.

Baba'nın aklına bir hikâye daha geldi. Gereğinden fazla harcayan bir farenin hikâyesiydi bu.

– Anlatayım mı bu hikâyeyi? diye sordu tüccar.

Çocuklar:

– Çok iyi olur, dediler.

Baba, hikâyeyi anlatmaya başladı.

       ⊗

Yaramaz Fare
Ya da Hazıra Mal Dayanmaz Masalı

BIR ZAMANLAR bir köyde, tedbirli bir çiftçi yaşardı. Ne olur ne olmaz diyerek, ekinin büyük bir kısmını saklamıştı. Bunun için bir ambar yapmıştı. O yılki ekinden buğday, arpa, çavdar gibi ürünün yarısını ambara depolamıştı.

Bazen kıtlık olurdu köyde. Çiftçi, bunu düşünüp böyle davranmıştı.

Ambarın dışarı bakan duvarında delik açılmıştı.

Bunu yaramaz fare yapmıştı. Dışarı sürekli tahıl akıyordu.

Fare:

"Gökten yağıyor, arkası kesilmez nasıl olsa" diyerek har vurup harman savuruyordu.

Üstüne üstlük bir de pek çok arkadaşını çağırmıştı buraya. Ortalıkta ne kadar tembel varsa üşüşmüştü ambara. Hemen hepsi tıka basa yiyiyordu.

Gün geldi şiddetli bir kıtlık çıktı ortaya.

Bir tane buğdaya muhtaç oldu insanlar.

Sadece köylüler değil, fareler de kıtlığı hissettiler. Bizim çiftçi ambarına gidip baktı. Tahıl bir hayli azalmıştı.

"Kahrolası fareler!" diyerek söylendi. Ürünü daha güvenli bir yere taşımaya başladı.

Adam taşıyadursun, bizim tembel fare uyuyordu bu sıra.

Çiftçi tahılı daha güvenli bir yere taşımıştı bile. Tembel fare hâlâ derin uykudaydı. Çevresindeki çıkarcılar tahılın bittiğini görünce birer birer sıvışmışlardı.

Neden sonra fare uyandı. Çevresinde kimse kalmamıştı.

Kıtlık herkesi etkiliyordu.

Fare, yalnız kaldığına çok sevindi. "Nasıl olsa benim yiyeceğim var" diye düşündü.

Çok acıkmıştı.

Ambara gitti. Deliğe baktı. Eskisi gibi buğday yağmıyordu delikten.

"Nasıl olur! Bir yanlışlık olmalı!" diyerek çok kızdı. O kızgınlıkla delikten ambara daldı.

Daldı ki ne görsün! Bir tek tane bile kalmamış.

Az kalsın aklını kaybediyordu.

Oracığa yığılıverdi. Kahrolmuştu.

"Ben mahvoldum, ben mahvoldum!" diyerek ağlamaya başladı. Aklı başına gelmiş ama iş işten geçmişti.

Vaktiyle kendisi herkesi doyururken şimdi herkese muhtaç bir duruma düşmüştü.

Açlıktan ölecek gibiydi.

Pişmanlık duygusu içini kemiriyordu.

"Ben ne yaptım" diyerek başını taştan taşa vurmaya başladı.

Aradan çok geçmedi, müsrif fare ölüp gitti bu dünyadan.

●●●

Tüccar baba, hikâyeyi burada bitirdi. Çocuklarına, çalışmanın önemini anlattı. Kazanmak kadar harcamanın da güç olduğunu öğretti.

Oğulları, gerekli dersi almıştı.

Küçük oğlu:

– Ben de ticaret yapmak istiyorum, dedi.

Babası mutlulukla karşıladı bu kararını.

Elindeki bir çift öküzü oğluna verdi. Küçük oğul öküzleri bineceği arabaya bağladı.

Öküzlerden birinin adı Şetrebe, diğerininki Metrebe'ydi.

Bu hikâyeyi asıl anlatan ünlü filozof Beydeba'ydı. Padişah Debşelem'e anlattığı hikâyenin içine başka hikâyeler karışmıştı.

Beydeba, Debşelem Şah'a hikâyenin devamını anlatmaya başladı.

Tüccarın küçük oğlu, öküzleri arabaya koştu.

Ticaret yapmak üzere yola koyuldu.

Gece gündüz demedi yol aldı.

Az gitti uz gitti, dere tepe düz gitti.

Altı ay kış bir de güz gitti.

Öküzler çok yorulmuşlardı. Şetrebe hastalanmıştı. Yola devam edecek gücü kalmamıştı.

Adam, Şetrebe'yi bir arkadaşına teslim etti. Arabaya başka bir hayvan bağladı.

– Şetrebe iyileşince bize yetişirsiniz, diyerek yola devam etti.

Yine az gitti uz gitti.

Lale sümbül biçti. Soğuk sular içti.

Çok dağlar aştı, çok ovalar dolaştı.

Köyden köye ulaştı.

Diğer öküzü de hastalandı. Metrebe de güçsüz düşmüştü.

Adam, onu da yolda bıraktı. İyileşince yetişir, diyerek tekrar yola düştü.

Bu arada Şetrebe henüz iyileşmemişti. Yanına bıraktığı arkadaşı da sabırsızlanmıştı.

"Öküz öldü derim" diyerek Şetrebe'yi yalnız başına bırakıp ayrılmıştı yanından.

Çok geçmeden Şetrebe iyileşmişti. Kırlara, çimenliklere yayılmaya gitmişti.

Şetrebe'nin keyfi yerindeydi. O bahçe senin bu tarla benim geziyordu.

Yemyeşil çimenlerde yayılmaktan çok semirmişti.

Öyle bir duruma gelmişti ki, görenler tanıyamazdı.

Şetrebe'nin yaşadığı orman yemyeşildi. Çeşit çeşit ağaçlar

yükselirdi. Bitişiğinde gür otların fışkırdığı çayırlık uzuyordu. Şetrebe, burada karnını doyurdu. Buz gibi pınardan su içti. Keyif içinde gezinirken bağırmaya başladı.

Böğürtüsü dört bir yana ulaştı.

Ormanda hayvanların kralı Arslan'a kadar gitti sesi.

Arslan bu sesi daha önce hiç duymamıştı.

Korktu, tir tir titremeye başladı.

Fakat kimseye belli etmedi korkusunu.

Herkes onu korkusuz sanıyordu. Ormanın hakimiydi. Hiçbir şeyden korkmazdı. Fakat bu duyduğu ses garip bir şeydi...

Arslan, ormanın yüksek bir yerinde oturmaktaydı. Sarayı buradaydı. Çevreyi rahatlıkla görebiliyordu.

Saraya yakın bir yerde iki çakal yaşardı. Zeki mi zekiydi bu çakallar.

Saraya yakın olmalarına rağmen, öyle olur olmaz zamanlarda Arslan'ın yanına gidemezlerdi.

Birinin adı Kelile, diğerininki Dimne'ydi.

Dimne, bulunduğu yerden Arslan'ın korktuğunu gördü., durumu arkadaşı Kelile'ye duyurdu.

Kelile:

– Bizim üzerimize görev değil, dedi. Kralımızın nasıl bir durumda olduğundan bize ne. Onun emirlerine uymakla yükümlüyüz. Gerisi bizi ilgilendirmez.

Dimne:

– Haklısın, dedi Kelile'ye.

Kelile:

– Öyle olur olmaz işlere burnumuzu sokmamalıyız, diyerek sürdürdü konuşmasını. Bu konuda bir hikâye biliyorum, dedi.

Dimne, merak etti:

– Anlatır mısın? diye sordu Kelile'ye.

– Tabî, niye olmasın, dedi Kelile.

Ve anlatmaya başladı.

Hikâye, burnunu her işe sokan bir maymun hakkındaydı.

Her İşe Karışan Maymun

MARANGOZUN BIRi, büyük bir kütüğü ortadan ikiye biçiyordu. Fakat çok zor oluyordu bu iş. Kütük hem uzun hem de kalındı. Bir ucundan testereyle kesiyor, sonra kestiği yere bir odun parçası sıkıştırıyordu. Böylece kesilen yerin yarılması kolay oluyordu.

Bir aralık marangoz ihtiyaç gidermek için çalışmasına ara verdi.

Tam bu sıra Maymun çıktı ortaya. Meğer sabahtan beri marangozu gözlüyormuş.

Geldi, testereyi aldı, kütüğü biçmeye devam etti. Marangozun yardığı yere yerleştirdiği odun parçasını çıkardı. Çıkarır çıkarmaz yarılan kısım birleşti. Ve üzerine oturan maymunun kuyruğu oraya sıkıştı.

Zavallı maymun can havliyle bağırıyordu.

– İmdaaaat! Kurtarın beni! İmdaaat!

Bağırtısına marangoz yetişti ki ne görsün. Zavallının kuyruğu koca kütüğün yarılan kısmına sıkışmış...

Marangoz, maymunun kuyruğunu güç bela kurtardı.

Kurtardı kurtarmasına ama, bir güzel de azarladı onu.

– Bir daha olur olmaz şeye burnunu sokma, dedi.

* * *

Kelile, Dimne'ye bu hikâyeyi anlattıktan sonra:

– İnsan üzerine düşmeyen şeye karışmamalı, dedi.

Dimne:

– Çok doğru, dedi.

Kelile:

– Bazen insana layık olmadığı şeyler verilmek istenir. Bu durumda eğer layık değilse kesinlikte almamalıdır. İçinde bulunduğu duruma şükretmelidir, deyince; Dimne, sordu ona:

– Peki kralımızın durumuyla bu hikâyenin ilgisi var mı?

Kelile şaşırdı; sorusuna soruyla karşılık verdi.

– Sence var mı?

– Var, dedi Dimne, ben senin anlattığın hikâyeden şöyle bir sonuç da çıkarıyorum.

"Padişahlara yaklaşmak sadece çıkar için değildir. İnsan, dostlarına yardım etmek için bir güç bulabilir bu yakınlaşmaktan. Düşmanlarına karşı da. Padişahların gücünden yararlanabilir. Yoksa tembel tembel oturmak iyi değildir."

– Haklısın, dedi Kelile.

Dimne, devam etti konuşmasına. İnsan elde ettiği şeyle de yetinmemeli. Söz gelimi bir arslan bir tavşan avlasa. Sonra, bir yaban eşeği görse, tavşanı bırakıp onu avlamalı. Tavşan mı büyük yaban eşeği mi? Bir köpek kendisine verilen bir kemiğe bağlanıp kalmamalı. İnsan bir hizmet yapsa onunla yetinse sence iyi mi?

– Değil kuşkusuz, dedi Kelile.

Dimne:

– İnsan daima herşeyin iyisini aramalı, dedi.

Kelile:

– Ama insan gücünün sınırı var bir de, dedi. Bu sınırı zorlamak da boşuna uğraşmaktır.

– Hayır, dedi Dimne, ben senin gibi düşünmüyorum. İnsan daima yüce şeylere gözünü dikmeli. Bulduğuyla yetinmemeli. Bu konuda bir hikâye biliyorum, onu anlatmamı ister misin?

Kelile,

– Çok iyi olur, dedi.

Bunun üzerine Dimne, İki Arkadaş hikâyesini anlatmaya başladı.

İki Arkadaş

Dorukta uyanır insan gün ışığına

VAKTIYLE ülkelerin birinde Salim ve Ganim adında iki arkadaş yaşardı. Bir gün birlikte geziye çıktılar.

Az gittiler uz gittiler.

Dere tepe düz gittiler.

Gide gide bir çöle vardılar. Geniş, engin bir çöldü burası. Aç kaldılar susuz kaldılar. Güç bela çölü geçtiler.

Tekrar düştüler yola.

Sonunda yüce bir dağa ulaştılar. Eteğinde büyük bir havuz vardı.

Çevresi, rengârenk çiçeklerle donanmıştı. Ağaçlar yeşilliklerini havuza taşırmışlardı. Cennet gibiydi sanki.

İki arkadaş nasıl da yorulmuştu.

Havuzda bir süre dinlenmek istediler.

Kenara oturdular. Yanlarında getirdikleri azıktan biraz yediler. Havuzun suyu oldukça serindi. Ellerini yüzlerini yıkadılar.

Çevreyi seyrederken gözlerine bir şey ilişti. Gidip baktılar. Mermer bir levha. Üzerinde ilginç bir yazı.

Okudular. Çok şaşırdılar.

Şöyle diyordu yazıda:

"Ey yolcu! Bir yolculuğa çıkmak ister misin? Sonuçta seni sonsuz bir mutluluk bekliyor. Atılmak istersen eğer bu maceraya, önce havuzu, yüzerek karşıya geç. Orada taştan bir arslan heykeli göreceksin.

Şayet onu omuzlayıp bir çırpıda şu dağa çıkarabilirsen, sınırsız bir mutluluğa erişeceksin.

Fakat çıkacağın yol çok sıkıntılıdır, yorucudur. Yokuş diktir. Yolda ayağına dikenler batacak, çalılar takılacak. Yırtıcı hayvanlarla karşılaşacaksın. Onlardan kurtulmak güçtür. Bütün bunları yenersen, sonuçta mutlu olacaksın"

İki arkadaş donup kaldılar.

Bir süre sessizce durdular. Sessizliği önce Salim bozdu:

– Ben, dedi, böyle sonu belirsiz bir maceraya atılamam.

Ganim itiraz etti:

– Zahmetsiz bir şeye ulaşılmaz. Sıkıntı çekmeden insan mutlu olamaz.

Salim, düşüncesinde kararlıydı:

– Hayır, dedi, ben onca tehlikeyi göze alamam.

Ganim:

– Sen kabul etmezsen etme, dedi, ben şansımı deneyeceğim.

Salim korkmuştu.

Arkadaşına acıyordu.

– Bari, dedi, senin karşılaşacağın tehlikeleri görmeyeyim.

Ve uzaklaştı oradan.

Gani, korkusuzdu. Fakat, yine de bir ürperti duymuyor değildi yüreğinde.

Bildiği bütün duaları birer birer okuyarak atladı havuza.

Yüzmeye başladı. Gittikçe güçten düşüyordu. Güç belâ karşıya ulaşabildi.

Havuzun diğer ucuna varınca derin bir nefes aldı. Rahatlamıştı. Bir süre dinlendi, soluklandı. Çevreyi seyretmeye başladı.

Taştan yapılmış arslan heykeli karşısındaydı. Kuşkulu kuşkulu yaklaştı. Gücünü toplayıp heykeli sırtladı.

Yine, okuyarak bildiği bütün duaları, dağa yükselen dik yokuşa doğru yürümeye başladı. Yokuş soluğunu kesiyordu. Oldukça dikti.

Omzundaki heykelse sanki gittikçe ağırlaşıyordu. Nefes nefese kalmıştı. Durup dinlenmek istedi. Yokuşta durmanın tehlikeli olacağını düşünüp vazgeçti. Anasından emdiği süt burnundan gelmişti.

Sonunda dağın doruğuna varmıştı.

Oflaya puflaya heykeli taşıdı doruğa.

Yere koyar koymaz arslan dile gelip kükredi.

Öyle bir kükreyişti ki bu, dört bir yana korkunç bir gürültü halinde yayıldı.

Dağın arkasında büyük şehirler vardı.

Arslanın kükreyişi kentlere kadar ulaştı.

Sesi duyan bir grup insan Ganim'in bulunduğu yere doğru geliyordu.

Ganim şaşkınlık içindeydi. Bir arslana; bir de üzerine doğru gelen kalabalığa bakıyordu. Hiç bir şey anlamadı.

Kalabalıktan çok korkmuştu.

"Aman Allahım, nedir bu başıma gelenler?" diye söylenmeye başladı.

Kalabalık gittikçe yaklaşıyordu. Ganim'deki gerilim son sınıra ulaşmıştı.

Fakat korkusu boşunaydı. Topluluktan birkaç kişi öne çıktı.

Ellerinde süslü padişah giysileri vardı. Sessizce yaklaştılar.

Kaftan'ı Ganim'e giydirdiler. Başına büyük bir kavuk oturttular.

Güzel bir Küheylan'a bindirdiler ve şehre doğru yola koyuldular.

Ganim, şimdi çok sevinçliydi.

"Başıma devlet kuşu kondu galiba" diyordu.

Yine de hayretler içindeydi. Kalabalıktan birisine sordu.

– O gördüğünüz arslan ve havuz tılsımlı şeylerdir, cevabını aldı.

Bir başkası:

– Bizim padişahımız ölünce, dağdan arslanın kükremesini bekleriz. Arslan kükreyince yeni hükümdarımızın geldiğini anlarız, dedi.

* * *

Dimne'nin anlattığı bu hikâye Kelile'yi çok etkilemişti.

– Tamam, dedi, kabul ediyorum. Devlet yönetiminde önemli yerlere gelmek için soylu olmak zorunlu değil. Yetenekli ve akıllı olan bir kişi bu makama erişebilir. Fakat sonuçta başkaları yadırgamaz mı bunu?

– Sanmıyorum, dedi Dimne. Belki başlangıçta garip bulanlar olabilir. Ama, sen eriştiğin makamın gereğini yerine getirirsen bir sorun çıkmaz.

Kelile hâlâ kuşkuluydu;

– Diyelim ki padişaha yakın bir mevkie geldin. Seni kıskananlar olacaktır. Onların kötülüklerinden nasıl emin olabilirsin?

Dimne'nin kendine güveni sonsuzdu;

– Kolay, dedi.

Bazı kurallara uymalısın. Kızgın olmamalısın, sinirlenmemelisin. İnsanlara karşı yumuşak huylu olmalısın. Nefsinin istediğine karşı gelmelisin. Görevini düşünmelisin. Önüne hangi görev çıkarsa çıksın çekinmeden kabul etmelisin.

Serinkanlı olmalısın.

Kelile:

– Söylediklerin güzel şeyler, dedi. Peki padişaha kendini nasıl beğendireceksin?

Dimne:

– O da kolay, dedi. Onun da yolu yordamı var.

Öncelikle hükümdarına bağlı olacaksın. Ne olursa olsun buyruğundan dışarı çıkmayacaksın. Ülkenin ve padişahın yararına olan her işi destekleyecek, özendireceksin. Zararlı şeylerden kaçındıracaksın.

Ve sultanını gerçek bir sevgiyle seveceksin.

Kelile, Dimne'nin kararlı olduğunu anladı.

– Bari, dedi, padişahın yanında bulunmanın ateşten bir gömleği giymek kadar tehlikeli olduğunu aklından çıkarma.

Dimne, Kelile'ye hak verdi.

– Dediklerin doğru, dedi. Önerilerin için teşekkür ederim.

Dimne'nin gerçekten de kararı karardı. Dediği dedikti.

Ne yapıp yapıp Arslan'ın yanına gidecekti.

Sonunda dediğini yaptı.

Saraya gitti. Durumunu bildirdi.

Ve huzura kabul olundu.

Arslan önce Dimne'yi küçümsedi.

– Kimmiş, dedi benimle mutlaka görüşmek isteyen?

Dimne, ileri atıldı.

– Benim, efendim, dedi.

– Sen de kimsin?

– Ben, dedi Dimne, size vakti zamanında hizmet etmiş filan çakalın torunuyum.

Arslan hatırlamakta güçlük çekti. Fakat sonunda dedesini hatırladı Dimne'nin.

Ve aradan günler, haftalar, aylar geçti.

Dimne, öyle kolay bir lokma olmadığını Arslan'a kabul ettirdi. Arslan pek çok konuda düşüncesini sordu Dimne'ye. Her defasında şaşırtıcı cevaplar aldı.

Gün geçtikçe Arslan'ın gözüne daha da girdi.

Sözünü dinletti.

Övgüsünü kazandı.

Ve artık, Arslan; en küçük bir karar verirken bile Dimne'ye danışır hale geldi.

Dimne, kralın en yakın adamı oldu.

Günler böylece geçip giderken, bir gün, Arslan'ın huzurundayken;

– Efendimiz, dedi Dimne, sizi çok zamandır durgun görüyorum. Avlanmak, uzak diyarlara gitmek, gezip görmek çok yararlıdır. Siz de böyle bir istek göremiyorum. Eğer benim bilmediğim bir nedeni varsa söyleyiniz.

Arslan, yarasına dokunulmuş gibi oldu.

Korkuyordu. Gerçek nedeni buydu. Fakat Dimne'ye bundan söz etse miydi?

Bir süre sessiz kaldı.

Sonunda anlatmaya karar verdi.

Tam bu sırada, öküz Şetrebe'nin o korkunç böğürtüsü duyulmaz mı!..

Kral nasıl da korkmuştu.

Beti benzi atmış, tir tir titremeye başlamıştı.

Artık Dimne'den bunu gizlemesi mümkün değildi.

– İşte, dedi, beni korkutan şey bu.

Sesi böylesine korkunç olursa, kimbilir kendisi nasıldır?

Dimne, kurnaz kurnaz gülümsedi:

– Korktuğunuz şeye bakın! Doğrusu belki de en korkulma-yacak şey bu olmalı, diyerek Padişah'ı yatıştırmaya çalıştı.

Fakat bir anda korkuyu yenmek imkânsızdı.

Kurnaz Çakal, Arslan'a bir tilkinin hikâyesini anlatmaya baş-ladı.

Şaşkın Tilki

– BIR GÜN, dedi; bir tilki ormanda geziyordu.

Ağacın üzerinde semiz mi semiz bir horoz gördü.

Ağzının suyu aktı. Kenara sindi, saklandı, horoza saldıracağı sırada, garip bir ses:

– Güüm güm de güm güm!

Baktı, sesin geldiği yöne. Gördüğünden bir şey anlayamadı. Tilki, davulu ne bilsin. Saf saf düşündü. "Bu da ne acaba? Nasıl bir yaratık bu böyle?" diye... Fakat sesi böyle ilginç olur da tadı olmaz mı? Bu düşünceyle horoza değil ona saldırmayı kurdu ak-lından... Bir süre bekledi. Davul rüzgârın sallamasıyla, "Güm güm de güm güm!" diye sesler çıkarıyordu. Tilki, gerildi gerildi, davula doğru atıldı birden.

Fakat bir de ne görsün! İçi boş bir kasnak...

Yiyecek gibi değil.

Bu arada horoz da kaçmıştı.

Tilki, yaptığına pişman, önüne baka baka uzaklaştı oradan.

* * *

Dimne, Arslan'a bu hikâyeyi anlattıktan sonra,

– Doğrusu, dedi sizin gibi güçlü kuvvetli bir sultanın ne olduğu belirsiz bir gürültüden çekinmesi doğru değil efendimiz.

Arslan kuşkuyla baktı Dimne'ye.

Şetrebe'nin böğürtüsü kuşkulu bakışlarının üzerine bir kez daha düşünce, Arslan'ı tekrar aldı bir korku.

Dimne, Arslan'dan olayı öğrenmek için izin istedi:

– Buyruğunuz olursa, gidip araştırayım, bu sesin kime ait olduğunu öğreneyim.

Arslan istemeye istemeye razı oldu.

Bir yandan seviniyor, bir yandan üzülüyordu. Dimne, yanında birkaç kişiyle yola çıktı.

Kralsa, sabırsızlık içinde beklemeye başladı;

– İzin vermekle doğru mu yaptım acaba? diye hayıflanıyordu.

Neden sonra Dimne huzura geldi. Gülümsüyordu.

Arslan, şaşırdı.

"Aklını kaçırmış olmalı" diye düşündü.

Dimne, kurnaz kurnaz gülümseyerek,

– Sizi korkutan o korkunç sesin sahibi kim, bilin bakalım? dedi.

Arslan, tuhaf tuhaf baktı Dimne'ye.

Dimne:

– İnanmayacaksınız ama, bir öküz, dedi.

– Öküz mü? diye atıldı Arslan. Nasıl da şaşırmıştı.

– Evet, öküz, diye devam etti Dimne, otlamaktan semirmiş büyük bir öküz. Ama sevimli mi sevimli... Dilerseniz gidip hemen getireyim huzurunuza.

Arslan kulaklarına inanamadı.

Niye olmasındı, öküze sahip olmak güzel olurdu.

– Pekâlâ, getir bakalım, diye buyruk verdi.

Dimne, Şetrebe'nin yanına gitti.

Buralarda ne aradığını, ne zamandan beri bu ülkede yaşadığını sordu.

Şetrebe, başından geçenleri bir bir anlattı.

Dimne:

– Bu ülkenin sultanı var. Büyük ve güçlü bir Arslan. Şimdiye dek onun huzuruna niçin çıkmadın? Doğrusu anlayamadım? diye sordu.

Şetrebe:

– Eğer canıma kastı yoksa niçin gitmeyeyim? diye kuşkulu kuşkulu konuştu.

Kurnaz Çakal güldü:

– Canına niye kastı olsun, tam tersi, senin gibi güçlü kuvvetli hayvanları çok sever o, dedi.

Bunun üzerine Şetrebe'yle birlikte saraya döndüler.

Arslan Şetrebe'yi sevinçle huzuruna kabul etti.

Onu uzun uzun dinledi.

Çok iltifatlarda bulundu.

Bununla da kalmadı, sarayda yaşamasını istedi.

Şetrebe, artık Padişahın adamı olmuştu.

Nereden nereye... ˙

Artık kırlarda başıboş gezmek yoktu. Arslan'ın yanında ülke yönetiminde yardımcı olacaktı.

Aradan uzun bir zaman geçti.

Öküz, sarayda önemli görevler üstlendi. Kral, pek çok konuda ona danışıyordu. Toplantılarda yer alıyordu. Düşüncesine başvuruluyordu. Gün geçtikçe öküzün saraydaki durumu değişti, daha da iyiye gitti.

Öyle ki Dimne bile gölgede kalmıştı.

Kurnaz Çakal bundan rahatsızdı, kuşkusuz.

Gidip durumu, arkadaşı Kelile'ye anlattı.

– Sen, dedi Kelile, kendi elinle yapmışsın. Öküzü tut arslanın huzuruna götür. Onun has adamı yap. Sonra da şikâyet et.

Buna hakkın yok.

Dimne çok üzgündü.

Kelile ona bir öykü anlattı.

– Senin durumun öyküdeki adama benziyor, dinle de gör.

 @6

Bir Derviş Masalı

Çok sağlam surlu şehirlerden geçtim.
Beni tanımadılar.

BIR ZAMANLAR, şanı yüce Padişah, eşsiz güzellikteki kaftanını garip bir Derviş'e armağan etmişti.

Derviş, gece gündüz ibadet eden, kendi halinde sessiz sedasız yaşayan bir güzel insandı. Ne kaftanda gözü vardı, ne fistanda.

Meğer açgözlü bir hırsızın gönlü düşmesin mi Padişah'ın armağanına.

"Nasıl yaparım da bu elbiseye sahip olurum" diye düşünmeye başlamasın mı?..

Sonunda bir yolunu bulmuştu, Hırsız.

Gidip Derviş'e bağlandı.

Öğrencisi oldu.

Gerçekte olmamıştı. Gözü sırmalı kaftandaydı. Herşeyi o giysi için yapıyordu.

Derviş ne bilsin...

Günler böylece akıp gitmiş, Hırsız, Derviş'in gözde bir öğrencisi oluvermişti.

Ve bir gün, sessizce, bir yolunu bulup elbiseyi çalıvermişti.

Derviş ne yapsın, zavallı.

Günlerce düşünüp durdu. Sonunda kayıplara karışan öğrencisinin bu işi yaptığını anladı.

Ve onu bulmak için düştü yollara.

Yolda iki inatçı keçi gördü, kıyasıya dövüşüyorlardı. Öyle ki, kan revan içinde kalmışlardı. Bu arada bir de tilki vardı ortada, kavgayı fırsat bilen... Keçilerin kanı aktıkça tilki yalıyordu.

Kendi kendine, "çok garip" diye söylendi. Devam etti yoluna. Gide gide bir şehre vardı. Çevresinde surlar yükseliyordu. Surların kapısı henüz açılmamıştı.

Biraz dolaşmak istedi.

Gezerken surların yanında bir ev gördü. Penceresinde kadının biri oturmuş çevreyi seyrediyordu.

Kendisinin yabancı olduğunu anlayıp, eve davet etti.

Girdi Derviş.

Sessiz bir odaya çekilip ibadet etmeye koyuldu.

İlginç bir evdi burası.

Tekin bir yer değildi anlaşılan.

Kadın, genç kızları erkeklerle başbaşa bırakıyor, karşılığında da para alıyordu.

Derviş olup bitenlerden habersizdi.

Kadının çalıştırdığı genç kızlardan birisi, eve sürekli gelen delikanlının birine âşık olmuştu. Başkasıyla düşüp kalkmıyordu.

Kadın bundan çok rahatsızdı. Delikanlıyı öldürmek niyetindeydi.

Derviş evdeyken bunu fırsat bildi. Genç kızla birlikte uyuyan delikanlının ağzına bir boru yerleştirdi. İçine zehir koydu. Borudan üfleyecek böylece zehir gencin midesine kadar gidecekti.

Fakat tam bu sırada inanılmaz bir şey oldu.

Genç adam birden aksırdı. Ve borudaki zehir kadının boğazına kaçtı, acıyla bağırarak düşüp öldü oracıkta.

Derviş, gördüklerine inanamadı.

Evi hemen terketti. Kendini birden sokakta buldu. Sokakta gezinirken eski bir öğrencisine rastladı. Adam terlik satıyordu.

Hocasını görünce çok sevindi. Onu evine götürdü. Oturdular bir süre. Yiyip içtiler... Eskilerden konuştular, anılarını hatırladılar... Terlikçi daha sonra pazara gitmek üzere evden çıktı, giderken karısına da tembih etti...

– Misafirimiz benim hocamdır. Çok saygıdeğer, çok dindar bir insandır. Hizmette kusur etme.

Kadın,

– Olur, sen merak etme, diyerek terlikçiyi gönderdi.

Meğer kadının bir dostu varmış... Onunla haberleşmesini de yaşlı bir cadaloz kadın yapıyormuş.

Zâhid odasında yine ibadet ediyor, sessizce olup bitenleri seyrediyordu.

Haberci kadın geldi. Terlikçinin karısıyla bir süre konuştu. Kadının erkek arkadaşı gelmiş evin yakınında dolaşıyordu.

Akşam oldu.

Terlikçi evine geldi.

Gelirken karısının dostunu evin çevresinde dolaşıyor görüp çok sinirlendi.

Daha önce de görmüştü bu adamı. Ve içini bir şüphe kemiriyordu.

Terlikçi içeri girer girmez karısına bağırmaya, dövmeye başladı.

Hırsını alamadı, götürüp kadını mahzende bir direğe bağladı.

Ve yatağına girip uyumaya başladı.

Derviş odasında kaygıyla izliyordu olup biteni.

Gece vakit ilerlemişti.

Aracı kadın gizlice mahzene girdi. Kadını direğe bağlanmış buldu.

Yalvarıyordu zavallı:

– N'olur çöz beni. Akşamdan beridir dayak yiyorum kocamdan. Sevgilime de haber gönder gelsin onunla bir an olsun görüşeyim.

Kadın:

– Nasıl olur? dedi, sen bağlısın bir kere.

– Direğe ben sevgilimle görüşene dek seni bağlarım biraz durursun olur biter.

Aracı kadın kabul etti. Kadını çözdü, direğe kendisini bağlattı.

Terlikçi gece uyandı. Karısına seslendi. Siniri hâlâ yatışmamıştı. Direğe bağlı aracı kadın ses vermedi. Bunun üzerine terlikçi daha da kızgınlaştı. Ve karanlık mahzene girdi. Hışımla kadına doğru geldi. Karanlıkta yüzünü seçemiyordu. Elindeki bıçakla, kadının burnunu kesti;

– Al dedi, bağırarak bunu dostuna gönder, hediye olarak;

Aracı kadın çok korkmuştu. Canı fena halde yanmasına rağmen sesini çıkaramadı.

Terlikçi hışımla döndü yatağına, yattı.

Sabaha doğru karısı mahzene dönmüştü ki, ne görsün... Aracı kadının yüzü kanlar iinde! Çözdü kadını, kendisini direğe bağlamasını istedi.

Sabah oldu.

Gün doğdu.

Yeni gün neler saklıyordu, bilinmezdi. Dindar adam, odasında dehşet içinde olup biteni izlemeye devam ediyordu.

Ne garipti bu dünya...

Ne ilginç olaylar yaşanıyordu.

Terlikçinin karısı, sabah kocasının burnunun kesik olmadığını göreceğini düşününce telaşa kapıldı

Ve kendini temize çıkarmak için bir plan kurdu kafasından.

Kocası mahzenin kapısına geldiğinde bağırmaya başladı:

– El zulme uğrayanların Rabbi! Ey yerleri ve gökleri yaratan Yüce Allah! Benim günahsız olduğumu sen biliyorsun. Suçsuz olduğumu sen görüyorsun. Kocam, benim burnumu keserek güzelliğimi yok etmeye kalkıştı, sen yüzümü eski haline döndür...

Terlikçi mahzenin kapısında bir süre durdu, karısının sözlerini dinledi. Kızgınlık içinde;

– Vay utanmaz kadın, vay ahlaksız kadın! Hangi yüzle Allah'a dua ediyorsun, Cenab-ı Hak, hiç senin gibi bir ahlâksızın duasını kabul eder mi? diye bağırdı.

Kadın, kurnaz kurnaz gülümsedi karanlıkta.

Terlikçi, kadına doğru yaklaşmıştı ki ne görsün! Burnu yerinde duruyor. Önce gözlerine inanamadı. Sonra, karısının gerçekten iyi bir insan olduğunu düşündü. Ve özür diledi, kendisini bağışlamasını rica etti.

– Söz veriyorum sana, artık hiç şüphe etmeyeceğim senden, diye de söz verdi.

Gelelim aracı kadına.

Yüzü kan içinde evine dönen aracı kadın o gece yatamadı. Sağa döndü olmadı, sola döndü olmadı, ne yaptıysa gözüne uyku girmedi. Çektiği acı bir yana, "sabah ben insanların içine nasıl çıkarım?" diye telâşa kapıldı.

Kocası:

– Usturalarımı, neşterlerimi, bütün bıçaklarımı getir! deyince, Aracı Kadın bunu fırsat bilmişti.

Gidip sadece bir ustura getirdi.

– Bundan başka bıçağın yok, dedi.

Deliye dönen adam, usturayı fırlatınca, "Vay burnum! Vah yandım!" diyerek yere yıkıldı aracı kadın.

O denli bağırmıştı ki, konu komşu başlarına üşüşmüştü. Görenler kadına acıdılar.

Durum mahkemeye iletildi.

Hakim, tarafları ve şahitleri dinledi.

Adamın da burnunun kesilmesine karar verdi.

Tam ceza uygulanacaktı ki, bizim Derviş çıktı ortaya.

Olayları başından sonuna dek anlattı.

Böylece adam kurtulmuş, aracı kadınla terlikçinin karısı da cezasını bulmuş oldu.

* * *

Kelile öyküyü anlatmayı burada bitirdi ve arkadaşı Dimne'ye:

– Sen de sultanların yanına sokulmak için hırs göstermeseydin, bu duruma sürüklenmezdin. Ve bir öküz yüzünden kendi ellerinle gözden düşmezdin diye çıkıştı.

Dimne:

– Sen, dedi kuşların öyküsünü biliyor musun?

– Hangi kuşların? dedi Kelile.

– Düşmanlarından öç alan serçelerin.

– Hayır, dedi Kelile, lütfen bana anlatır mısın?

– Tabî, dedi Dimne, neden olmasın.

Ve intikamcı serçelerin hikâyesini anlatmaya başladı.

Serçe Kuşunun İntikamı

GÜN GELIR, ateş olur annenin umut ışığı

Anne serçe ne yapacağını bilmez bir haldeydi. Son günlerde yuvaya Yaban Kedisi dadanmıştı. Yavru serçeler göz açtırmıyordu. Yumurtadan yeni çıkmış zavallı yavrucakları gözüne kestiriyor, uygun bir ânı kollayarak yakalıyor, sonra da bir güzel afiyetle yiyordu.

Bir gün böyle, iki gün böyle... Derken diğer anne serçeler de durumdan tedirgin olmaya başladılar.

Hain kedi, onların da yavrularına göz dikmişti. Hatta bazılarının yuvasına zaman zaman geldiği görülmüştü.

Bunun üzerine bütün serçe kuşlar toplandılar. Ne yapmak gerektiği konusunda görüşmeler yaptılar.

Herkes düşüncesini söyledi.

Ortaya farklı görüşler çıktı.

İçlerinden biri şöyle dedi:

– Biz koskoca bir yabanî kediyle nasıl başa çıkarız? Gelin ondan daha güçlü biriyle anlaşalım, ortak bir cephe kuralım.

Diğer serçe kuşlar bu fikri benimsediler.

Doğru ya, kendileri başa çıkamayınca, kediden de güçlü birisiyle birleşmek en iyisiydi.

Düşünceyi ortaya atan serçe kuş elçi olarak seçildi.

Ve, bütün serçelerin ortak görüşüyle Semenderlerin ülkesine gönderildi.

Serçe kuş günlerce uçtu.

Sonunda Semerderlerin ülkesine ulaştı.

Başlarından geçeni anlattı. Yardım diledi onlardan.

Semenderlerin ileri gelenleri toplanıp konuyu görüştü.

Serçe kuşlara yardıma karar verdi.

Önce ağızlarına biraz neft aldılar, birkaç tane kibrit alıkoydular.

Serçe kuşların ülkesine geldiler. Durumu yerinde gözlediler.

Ve yaban kedisinin kaldığı yeri belirleyip ateşe verdiler. Alevler büyüdü büyüdü, ortalığı yoğun bir duman bürüdü. Yaban kedisi gafil avlanmıştı. Evinde yavrularıyla birlikte yanarak öldü.

* * *

Kelile, Dimne'den bu öyküyü dinleyince içinde bir sızı dolaştı. Dimne niyeti bozmuştu galiba. Öküz Şetrebe'yi saraydaki konumundan uzaklaştırmak için aklına geleni yapmakta kararlıydı. Korktu arkadaşından.

Gözünü hırs bürümüştü anlaşılan.

Fakat kararlıydı, yapılacak bir şey yoktu.

– Arslanın Şetrebe'ye bu kadar önem vermesi, diğer adamları arasında hoşnutsuzluk doğurmuştur. Sonuçta kötü şeyler olacağından korkuyorum dedi Dimne.

Kelile sustu.

Dimne, sürdürdü konuşmasını;

– Benim Şetrebe aleyhine çalışmam sadece kendim için değil, ülkenin ve sarayın çıkarı sözkonusu.

Kelile'nin aklına, olaylardan ders alan bir padişahın öyküsü gelmişti.

– Gel, dedi; sana bir öykü anlatayım, herşeyden ibret alan bir hükümdarın hikâyesi bu.

– Anlat bakalım, dedi Dimne.

Kelile hikâyeyi anlatmaya başladı.

Zulüm Bir Yaşama Biçimiyken Gün Gelir Ölümle Açılır Kapalı Gözler

– BIR VARMIŞ bir yokmuş.

Allahın kulu mısır tanesinden çokmuş bir zamanlar.

Büyük bir ülkenin yüce bir padişahı varmış.

Yüceymiş yüce olmasına ama, zamanla değişmiş, bambaşka bir insan oluvermiş.

Bir zamanlar halkına sevgiyle hizmet etmeyi bir görev bilen bu sultan gün gelmiş zulmetmekten zevk duyar olmuş.

Onun yüzünden canı yanmadık bir kul kalmamış ülkede.

Ölmesi için insanlar gece gündüz Allah'a yakarır olmuşlar.

Zulmünden bıkıp usanmışlar.

Herkes korkudan sinmiş bir yerlere.

Padişahsa her gün zulmüne bir yenisini ekliyormuş.

Ve bundan emsalsiz bir zevk duyuyormuş.

Günler su gibi akıp gitmiş. Geride sadece haksızlığa uğrayanların iniltisi ve korkusu kalmış.

Hiçbir şey kararında değildir dünyada. Herşey zamanla değişir. Bizim padişah da değişivermiş bir gün.

Ve bunu, yurdun dört bir yanına duyurmuş.

Sokaklarda tellal bağırıyormuş;

– Ey insanlar! Ben, bugüne dek zalim bir hükümdardım. Artık adaletli olmak istiyorum. Ülkemi tekrar eski mutlu günlerine kavuşturmak istiyorum.

İnsanlar duyduklarına inanamadılar. Bu tellal neler de söylüyordu böyle. Çılgın olmalıydı!

Fakat çok geçmeden tellalın söyledikleri çıkmaya başladı. Padişahın değiştiğini gösteren olaylar oldu. Artık zulüm günleri geride kalmıştı. Herkes mutluydu.

İnsanlar, bu mutluluğun uçup gideceği korkusu içindeydiler. Sanki yaşanan bir rüyâydı, bir düştü. Eski Padişah gitmiş, yerine bir iyilik meleği gelmişti sanki.

Hükümdarın yanındakiler şaşkınlık içindeydiler. Vezirlerden birisi sordu:

— Devletli Sultanım, izniniz olursa sizden bir şey sormak istiyorum. Sanırım maiyetiniz de bunu çok merak ediyor.

Padişah anlamıştı. Vezir önüne bakarak konuşuyordu.

— Sizdeki bu değişikliğin sebebi nedir?

Padişah gülümsedi.

— Beni bu duruma getiren ormanda gördüğüm bazı olaylardır, dedi.

Vezir meraklandı. Ormanda ne olabilirdi ki!..

Padişah devam etti:

— Bir gün ava çıkmıştım ormanda. Yolda bir köpek gördüm. Bir tilkiyi izliyordu. Zavallı tilkinin ayağını ısırdı, hayvancağız canını kaçmakla zor kurtardı. Köpek gezinmeye başladı, ben de izliyordum, tam bu sırada vahşî bir at, köpeği tepeleyince hayvanın ayağı kırıldı, bunun üzerine meraklandım, atı takip etmeye başladım, at gide gide bir çukura rast geldi ve bir anlık şaşkınlık sonucu düştü, onun da ayağı kırılmıştı...

Vezir ilgiyle dinliyordu Padişahın anlattıklarını.

— Bu olaylar bana iyi bir ders olmuştu. Kimsenin yaptığı yanına kalmıyordu. Mutlaka ettiğinin cezasını çekiyordu.

* * *

Kelile, anlattığı bu öykünün Dimne'yi intikam duygusundan vazgeçireceğini sanıyordu.

– Ben, dedi Dimne, öç almak peşinde değilim. Ayrıca Şetrebe'ye zulmetmek de istemiyorum. Sadece bana yapılan haksızlığı önlemek niyetindeyim.

Kelile, arkadaşına tekrar öğütte bulundu:

– Yine de karşındakinin güçlü kuvvetli bir öküz olduğunu unutma.

– Siz zahmet buyurmayın efendim, dedi; ben tilkiyle görüşüp geleceğim.

Tavşan kapıyı çaldı. Tilki aralıktan başını uzattı, hemen içeri daldı ve türlü diller dökmeye başladı:

– Aman efendim, nasılsınız? İyi misiniz? Size haberlerim var. Batı ülkesinden ünlü mü ünlü, şanlı mı şanlı bir bilgin geldi, benim de aklıma hemen siz geldiniz, böyle bilgisi görgüsü engin olanların tecrübelerinden yararlanmak istediğinizi bildiğimden onu hemen size getirdim. Şimdi dışarda sabırsızlık içinde bekliyor. İzniniz olursa içeri girmek istiyor...

Tilki, öyle hemencecik kanacak kadar aptal da değildi. Tavşanın telaşlı halinden zaten kuşkulanmıştı.

İşin içinde bir hile olduğunu sezdi, tavşana belli etmedi.

– Çok teşekkür ederim tavşan kardeşim, dedi. Böylesi yüce insanlarla görüşmek doğrusu herkese nasip olmaz. Fakat beni gafil avladınız. Biraz izin verirseniz ortalığı toparlayayım.

Tavşan sabırsızlanıyordu.

– Öyle hazırlığa filan gerek yok, evin hali hiç de fena değil, dediyse de tilki ısrar etti.

– Sen, dedi, tilki, bana birkaç dakika izin ver dışarda bekle, ben sizi çağıracağım.

Tavşan çaresiz çıktı dışarı.

Tilkinin evinin iki kapısı vardı. Arka kapıdan baktı ki ne görsün... Kurt iştahla bekliyor...

– Hıımmm, dedi, ben sana gösteririm tavşan efendi!

Hemen aceleyle evin girişine bir çukur kazdı, üzerini ağaç dallarıyla, yapraklarla örttü ve kapıyı açarak bekleyenleri buyur etti;

– Efendiim, buyursunlar, buyursunlar... dedi.

Önde kurt, arkasında tavşan içeri girer girmez çukura düşüverdiler.

Ve kendisini akıllı zanneden zavallı tavşan kurda bir güzel yem oldu.

* * *

Kelile, masalı bitirdiğinde, "ne demek istediğimi sanırım anladın" der gibi baktı arkadaşına. Dimne, artık itiraz etmiyordu:

– Kuşkusuz dediğin çok doğru. Ama bunun tersini de düşünebilirim.

– Elbette, dedi Kelile.

– Şimdi benim de Aldatan Tavşan hikâyesi aklıma geldi, onu anlatayım sana.

೭೨

Aldatan Tavşan

BAĞDAT'TA, hurma ağaçlarının yemyeşil bir çizgi gibi uzandığı alanda binbir türlü ağacın yükseldiği bir orman yer alırdı.

Gizemli bir güzelliğe boğardı çevreyi.

Yıllardır, içindeki hayvanlar huzurla yaşıyorlardı. Herkes birbirine yardım ediyor, birinin derdi de sevinci de diğerlerininmiş gibi, kardeş kardeş geçinip gidiyorlardı.

Bu benzersiz mutluluğa nazar mı değdi nedir, bir anda ormanda huzur diye bir şey kalmamıştı.

Ormanın kralı arslan, uzak diyarlarda avlanmıyor, kendi ülkesinin hayvanlarını yemek istiyordu.

Böylece orman bir tehlike yuvası olup çıkmıştı.

Hayvanlar ölüm korkusu içinde ne yapacağını bilmez bir haldeydiler.

"Bugün kimbilir sıra kimde?"

Bu soru herkesin zihnindeydi.

Hayat, çekilmesi güç bir ızdırap halini almıştı.

Nereye kadar böyle gidecekti?

Düne dek halkını koruyan, onlara hizmet etmeyi görev bilen Arslan, bugün bir canavar kesilmişti.

Ve, halkının korkulu rüyâsı olmuştu.

Her gün ölmektense, bir gün ölmek daha iyidir, diyerek bir kural koydular hayvanlar.

Arslanın yemini kura ile belirlemek!

Evet evet yanlış duymadınız, kura ile ölüm!

Çaresiz, "bu daha iyidir" diye herkes öneriyi kabul etti. Ve her gün kura çekerek, arslana yem olacak hayvanı belirlemeye başladılar.

Doğrusu bin yıl düşünseler akıllarına gelmezdi bu durum. Hem şaşkınlık hem de üzüntü içindeydiler. Bir yandan "ölüm sırası bende" kaygısı, öte yanda kura başkasına çıkınca arkadaşını kaybetmenin üzüntüsü.

Derken, gün geldi, kurada miniminnacık, sevimli mi sevimli bir tavşana çıktı yem olma sırası.

Tavşan, "Aman Allahım, daha çok gencim ben, ömrümün henüz baharındayım, kıymayın bana" diyerek ne kadar ağladıysa da kimseye dinletemedi. Hem, kendisi de benimsemişti bu kuralı, çaresiz kabullenecekti.

Tavşan saatlerce düşündü, taşındı, sonunda kurnaz bir öneride bulundu.

– Arslandan kurtulmak istemeyen yok herhalde aramızda.

Hayvanlar:

– Hayır, yok! diye bağırdılar.

Öyleyse, ben bir kez şansımı deneyeceğim, eğer başarırsam, bu hepimizin başarısı olacak, yok eğer başaramazsam, zaten işin sonunda ölüm var.

Hayvanlar iyice merak ettiler tavşanın planını.

Tavşan, onlara daha fazla birşey söylemedi.

Ve Arslan'ın bir öğünlük yemeği olmak üzere yola koyuldu.

Çok geç kalmıştı aslında.

Ve arslan öte yanda sinirden neredeyse çatlayacak gibiydi. Homurdanıyor, kuyruğunu kızgın kızgın sallıyor.

– Nerede kaldı yemeğim benim... Gösteririm ben onlara, akılları sıra beni atlatacaklarını sanıyorlar, diyerek söyleniyordu kendi kendine.

Tavşan yolda biraz daha oyalanarak Arslanın kızgınlığının iyice artmasını sağlamıştı.

Sonunda ezile büzüle çıktı karşısına;

– Ormanın sultanı, hayvanların kralı efendiler efendisi şanı yüce sultanım, diyerek başladı konuşmaya, Arslan hâlâ kızgındı, "bu bücür de neler söylüyor," diyerek kulak dikti tavşana. Tavşan ağlamaklı bir sesle:

– Bugün sizin midenize inmek onuru benim gibi bir tavşandaydı efendimiz, bendeniz de onu size afiyetle yiyesiniz diye getirmekteydim ki, yolda karşımıza bir arslan çıkmasın mı? Yeminizi elimden aldığı gibi, "sizin kralınız da kim oluyor bakayım, bir daha ona yiyecek miyecek yok, itirazı olursa gelsin boyunun ölçüsünü alayım" diye etmedik hakaret bırakmadı.

Arslan, artık Tavşan'ın anlattıklarını duymuyor gibiydi. Kızgınlığı bir kat daha artmıştı; hışımla:

– Nerede o saygısız, küstah yaratık şimdi?

Tavşan bıyık altından kurnaz kurnaz güldü. Fakat belli etmedi Arslan'a. Yine, korku dolu bir sesle:

– Gelin sizi götüreyim efendimiz, dedi.

Tavşan önde, Arslan arkada düştüler yola.

O patika senin bu sokak benim gittiler de gittiler.

Vara vara derin ve geniş bir kuyuya vardılar. Suyu berrak mı berraktı. Tavşan, Arslan'ın yanında durdu.

– İşte efendimiz, dedi, yanındaki de sizin bugünkü yemeğinizdi. Arslan'la Tavşan'ın suda akisleri vardı. Arslan olanca kızgınlığıyla kuyuya atladı.

Ve bir daha çıkmadı.

Böylece hem Tavşan hem de ormandaki diğer hayvanlar kurtulmuşlardı.

* * *

Dimne, arkadaşı Kelile'ye bu kurnaz tavşan hikâyesini anlattıktan sonra:

– İnsanın zayıf veya güçlü olması değil, akıllı olması önemlidir, dedi.

Kelile:

– Anlaşılan sen Şetrebe'yi kralımız Arslan'ın gözünden düşürmek için ne gerekiyorsa yapmaya yeminlisin, dedi.

Dimne:

– Hayır, diye itiraz etti, ben, sadece bir haksızlığı önlemeye çalışıyorum.

– Bunu yaparken hükümdarımıza da zarar vereceğinden korkarım.

– Sen, dedi Dimne, kalbini ferah tut.

Ve arkadaşıyla vedalaşıp saraya döndü.

Arslan'ın gözü Öküz Şetrebe'den başkasını görmüyordu.

Varsa Şetrebe, yoksa Şetrebe.

Dimne, çok zaman kolladı Arslan'la başbaşa görüşebilmek için.

Sonunda yakaladı bu fırsatı.

– Yahu Dimne nerelerdesin, çoktandır görmüyorum seni? diye sordu Arslan.

– Bir arkadaşımı ziyarete gitmiştim efendim, dedi Dimne, çoktandır görüşmüyorduk, özlem giderdik.

– Dur bakayım, sende bir değişiklik var galiba.

– Ne olsun efendim.

– Var var, senin bir derdin var.

– Derdim duam sağlığınızdır efendim.

– Söyle Dimne, gizleme benden, nedir derdin?

Dimne'nin isteği de buydu.

– Şöyle bir tenhada konuşsak.

– Tabî, neden olmasın, sen benim en aziz dostumsun, gel şu odaya geçelim.

Dimne, Arslan'a meseleyi birdenbire anlatmanın sakıncalı olacağını düşünerek konuyu değişik yönlere çekti.

Önce, Arslan'ın hâlâ kendisine güvenip güvenmediğini öğrenmek istedi.

– Gözden ırak olan gönülden de ırak olurmuş.

Arslan sözünü kesti Dimne'nin.

– Benim gönlümde buna yer yoktur Dimne, sevdiklerimi kolay kolay unutmam, senin gibi daima güveneceğim bir dostumu... Asla!

Dimne, kalbinde hafif bir mutluluk rüzgârının estiğini hissetti.

Artık emindi. Padişah, kendisine hâlâ güveniyordu. Bunu iyi değerlendirmeliydi.

Kurnaz Çakal, konuyu hikmet bilgisiyle ilgili söyleşilere doğru yönlendirdi.

Akıllı olan bir kişinin başına bela gelmeden önce önlem alması gerektiğinden söz etti.

Önlem alırken de korkak davranmamasının çok önemli olduğunu söyledi.

Bir bela karşısında ancak şaşkınların korkacağını anlattı.

Sadece anlatmakla kalmadı, bir de bu konuyla ilgili Üç Balık öyküsünden söz etti.

❧

Üç Balık Masalı

ARSLAN öyküyü ilgiyle dinliyordu.

"Vaktin birinde" diye başladı Dimne.

Yemyeşil sazlıkla çevrili bir gölde üç arkadaş balık yaşardı.

Göl, büyük bir ırmağa açılırdı.

Bir gün balıkçılar göle ağ attılar. Ve gölün ırmakla bağlandığı yeri de kapattılar.

Henüz ağ atılmadan olayın farkına varan Ahzem adlı balık nehre kaçmayı başarmıştı.

İkincisinin adı Hazim'di. Ve balıkçıların tuzak kurduğunu geç farketmişti. Buna karşın o da kurnaz davrandı.

Kendisini ölmüş gibi suyun yüzeyine bıraktı. Balıkçılar bu şekilde ölen balıkları sevmezlerdi.

Nitekim çok geçmeden, balıkçılardan birisi, Hazim'i tuttuğu gibi nehre doğru fırlattı.

Hazim, tam kıyıya düştü. Sürüne sürüne, çırpına çırpına güç bela ırmağa ulaştı ve canını kurtardı.

Üçüncü balık çok geç kalmıştı.

Umutsuz çırpınışlarla canını kurtarmak için çaba gösterdi. Ama para etmedi.

Sonunda balıkçıların ağına takıldı gitti.

* * *

Arslan, Dimne'nin bu hikâyeyi niçin anlattığını doğrusu anlamamıştı.

"Herhalde bir bildiği vardır akıllı çakal dostumun" diyerek susmuştu.

Dimne,

– Bu öykü size nasıl bir düşünce ilham ediyor Hünkârım? diye sordu.

Arslan, bir an düşündü;

– İnsan başına bir felaket gelmeden önce uyanık davranmalı. İş işten geçmeden önlemini almalı, dedi.

Dimne, taşı gediğine koymuştu;

– Hikâyeyi size anlatmaktaki amacım buydu efendim, dedi.

– Anlamadım? diye sordu Arslan.

– Nasıl söyleyeceğimi bilemiyorum efendim, daha doğrusu söylemeye dilim varmıyor... Nasıl desem bilmem ki...

Arslan meraklanmıştı;

– Dilinin altında bir bakla var senin amma, anlamadım gitti.

– Efendimiz, dedi Dimne, sesine çok önemli bir sırrı açıklıyormuş gibi bir ton vererek;

– Öküz Şetrebe'den söz etmek istiyorum...

Arslan atıldı:

– N'olmuş Şetrebe'ye, başına bir şey mi geldi yoksa?

– Hemen telaşlanmayın, onun başına bir şey geldiği yok.

– Eeee, nedir öyleyse?

– Böyle giderse, onun değil, sizin başınıza bir şey gelecek?

Arslan, Dimne'ye çıkışır gibi:

– Yahu bilmece gibi konuşmaktan vazgeçip, işin aslını söylesene.

– Şetrebe, diyorum Efendim, sizin aleyhinizde çalışmalar yapıyor...

– Ne gibi?

– Öyle sanıyorum, tahtınızda gözü var..

Arslan, rahatladı:

– Hadi canım sen de.

Dimne, daha ciddi bir tavır takınarak:

– İşte işin asıl tehlikeli yanı da bu zaten, siz onun böyle bir şey yapacağına dünyada inanmazsınız.

– Evet inanmam.

– Benden söylemesi... Bizzat kulağımla işittim, "sizin kralınız vaktiyle benim sesimden korkardı be" gibi sözler ediyor.

Arslan'ın içine bir kuşkudur düştü.

"Nasıl olur, Şetrebe benim en güvendiğim adamım. Hele hele böyle aşağılık sözleri nasıl konuşur? Hayır hayır inanmam, doğru olamaz" diye geçirdi aklından.

Dimne, Arslan'ın kalbine bir şüphe attığını düşünerek sevindi.

– Sadece bununla kalsa iyi, sizin diğer yakın adamlarınızla bir araya gelerek sürekli fitne kaynatıyor. Gözü tahtınızda. Ne yapıp yapıp tahtı ele geçirmek istiyor. Doğrusunu isterseniz ben de başlangıçta inanmıyordum, fakat gün geçtikçe gerçek niyetinin bu olduğunu anladım.

Arslan, içinden bir sesin, Dimne'nin anlattıklarının doğru olmadığını söylediğini hissediyordu. Fakat bir kez şüphe kurdu düşmüştü içine.

Kurnaz Çakal, "iyi gidiyorum, buraya kadar iyiydi" diye sinsice geçirdi içinden.

Ve aldatıcı sözlerine devam etti;

– Fitnenin büyümesinden korkarım, dedi; yılanın başı küçükken ezilmeli... Sizi bilmem ama, ben, derhal harekete geçilmesinden yanayım.

– Dur hele dostum, çok hızlı gidiyorsun, Şetrebe öyle hemen yabana atılacak biri değil. Anlattıklarını dikkate alacağım, bundan böyle Şetrebe'yi daha yakından izleyeceğim.

Dimne, Arslan'ın huzurundan sevinç içinde çıktı.

"Birinci raund benim" diye düşündü.

Şimdi, bu fitne tohumunu büyütmeliydi.

Doğruca Şetrebe'ye gitti.

Zavallı öküz, olup bitenlerden habersiz çayırda otluyordu.

Uzaktan geldiğini görünce sevinç içinde;

– Dimne! Sevgili dostum, nerelerdesin? diyerek ona doğru koştu.

Dimne, yüzüne yeni bir maske geçirmişti.

Şetrebe, çoktandır görmediği eski dostu Çakal'ı bağrına bastı:

– Çok özlettin kendini yahu!

Dimne susuyordu.

Şetrebe:

– Eeee, görüşmeyeli neler yaptın bakalım? diye sordu.

Dimne,

– Hiç, dedi.

– Neyin var senin?

– Hiç, dedi kurnaz çakal, keyfim yok..

– Nedir benim sevgili dostumun keyfini kaçıran?

– Vefasızlık, dedi iç geçirerek Dimne, dostun dosta vefasızlığı.

– Çok sitemli konuştun Dimne kardeşim, dedi Şetrebe.

– Ben konuşmayayım da kim sitemli konuşsun, dedi Dimne.

– Nedir seni böylesine üzen şey?

– Ne olacak, saygıdeğer kralımız.

– Arslan cenapları mı? N'oldu, ne yaptı sana?

– Keşke bana yapsa, keşke benim hakkımda kötü düşünse.

– Kimin hakkında kötü düşünmüş?

Dimne, rolünü ustalıkla oynuyordu. Zavallı Öküz, hâlâ saf saf Dimne'yi dinliyordu.

Kahırlı bir sesle sürdürdü konuşmasını Çakal;

– Bak Şetrebe, seni nasıl sevdiğimi bilirsin. Kılına dahi zarar gelmesini istemem, sana gelen bana gelmiş gibidir. Nasıl söylemeli.. Offf!

– Yahu Dimne, söylesene ne var? N'oldu?

– Şetrebe fazla varma üstüme, çok zor söylemesi... Kralımız senin hakkında pek iyi şeyler düşünmüyor.. Canla başla ona hizmet etmeni bir anda gözardı ederek, ayaklar altına alıyor. Bizzat işittim, "şu Şetrebe de son zamanlarda fazla semirdi, yağlandı etlendi, doğrusu gözüme çok kötü görünüyor, şeytan diyor boğ şunu bir güzel afiyetle mideye indir" şeklinde sözler ediyor.

Şetrebe'nin iri gözleri faltaşı gibi açılmıştı. Kulaklarına inanamıyordu. Nasıl olur, Arslan nasıl böyle düşünebilirdi? Aman Allahım, bu dünya hep böyle vefasızlıklarla mı doluydu? Bunca zamandır ona sadakatle hizmet etmekten başka bir iş yaptığı yoktu Şetrebe'nin. Kurnaz Çakal, anlatmaya devam ediyordu,

– Hem son zamanlarda devlet işlerinde Şetrebe'ye ihtiyacım da kalmadı sayılır, üstüne üstlük bir de benim hakkımda sağda solda dedikodu yapıyormuş, diyor.

Şetrebe:

– Dimne, sen çıldırmış olmalısın, daha düne kadar bana sonsuz güven duyan biri, böylesine nasıl değişebilir? Söyledikerin gerçekten doğru mu? Yoksa şaka mı yapıyorsun? diye Dimne'nin sözünü kesti.

Dimne, sesine daha da acıklı bir ton vererek:

– Keşke şaka olsaydı bütün bunlar aziz dostum, keşke doğru olmasaydı... Ben senden daha çok üzülüyorum Kralımızın böyle düşünmesine.

Şetrebe, bir süre kendi kendine konuştu, düşündü, taşındı, sonra:

– Demek, beni çekemeyen alçaklar gidip şikâyette bulundular kralımıza, akıllarına gelen iftirayı da ettiler abartarak ona.

– Belki de, kimbilir, diyerek içindeki kuşku filizini büyüttü Dimne. Yoksa, biliyorsun Arslan efendimiz seni çok severdi, güvenirdi.

– Tabi, dedi Şetrebe, Arslanın bir suçu yok, asıl onu aldatmaya çalışanlarda kabahat. İşte böyle Dimneciğim, insan kırk yılda elde ettiğini bir anda yitirebilir, sana şu an aklıma gelen bir masalı anlatmak istiyorum. Şahin ile Horoz arasında geçen bir öykü bu.

– Tabi, dedi Dimne, dinlemek isterim.

Şetrebe, anlatmaya başladı.

Şahin İle Horoz

ŞAHİN, tatlı bir daire çizerek süzüldü, yüzyıllık çınar ağacının dalına kondu. Gerçi kendisini hafif hafif esen rüzgârın kollarına bırakmıştı, ama; yine de yorulmuştu inerken.

Bir süre konduğu dalda soluklandı, yorulan kanatlarını gerdi, üzerindeki tozları silkeledi ve "biraz kestireyim" diyerek iyice yayıldı.

Tam bu sırada bir ses duydu. Horozun biri bağırtıyla kaçıyordu. Çınarın altına geldiğinde soluk soluğa kalmıştı. Dönüp arkasına baktı, kimsenin gelmediğini görünce rahatladı.

Horozun kaçışını izlemiş olan Şahin:

– Hah hah hah! diye gülmüştü.

Horoz, "o da kim?" diye çevresine bakınırken, Şahin yukardan seslendi:

– Benim, dostum, ben, Şahin, başını yukarı kaldır.

Horoz, sesin geldiği yöne kaldırdı başını, Şahin'i gördü.

Şahin hâlâ gülüyordu:

– Ne oldu, kimden kaçıyordun öyle?

– Tabi gülersin, dedi Horoz sana göre bir şey yok.

– Kim kovalıyordu seni?

Horoz:

– Sahibim, dedi, kim olacak, şu ilerdeki çiftlikte yaşıyorum ben.

– Size şaşıyorum, dedi Şahin, sahipleriniz, henüz yumurtadan yeni çıkmış bir yavruyken özenle besleyip büyütüyorlar, sizler için güzel evcikler yapıyorlar, kümeslerde bir eliniz darıda bir eliniz arpada yaşayıp gidiyorsunuz, yine de size yaranamıyorlar... Yahu, kendisine bu kadar yararı dokunan insanlardan kaçılır mı?

Horoz, Şahin'in küçümseyici sözlerini dinledikten sonra:

– Sen, dedi, bir Şahin'i tavada kızarırken veya şişe geçmiş közde pişerken gördün mü hiç?

– Yook, dedi Şahin laubali bir tutumla, ne olacak?

– Ben, dedi Horoz; çok horozlar, tavuklar gördüm sahibim pişirirken, ona nasıl güvenebilirim?

* * *

Şetrebe, bu öyküyle, neyi anlatmak istemişti? Dimne, kurnaz kurnaz gülüyordu bıyık altından. Zavallı öküz, gerçekten inanmıştı ona. Arslan'ın kendisine güvenmemesinin kötü sonuçlar vereceğini mi anlatmıştı verdiği bu örnekle?

Dimne, Şetrebe'yi teselli eder gibi:

– Üzülme dostum, dedi; bunlar bir bakıma olağan şeylerdir. Senin gibi bilgi ve hikmet sahibi kimseleri çekemeyenler çok olur. Arslan'ı da sanırım onlar aldatmıştır.

– Haklısın kardeşim, dedi Şetrebe, ama üzülmemek elde mi? Arslan efendimiz artık bana güvenmiyor. Ben ona nasıl güvenebilirim?

– Peki, dedi Dimne, şimdi ne yapmayı düşünüyorsun.

– Hiç bir şey, dedi Şetrebe, iş olacağına varır.

– Kuşkusuz, dedi Dimne; iş olacağına varır ama, sen de bazı önlemler almalısın. Herşeyi kazâ ve kadere bırakamazsın.

Kurnaz Çakal, Şetrebe'yi Arslan'a karşı kışkırtmak istiyordu. Şetrebe, buna yanaşmayınca, onu iyice korkutup, "hain, korkak olur" düşüncesini Arslan'ın dikkatine sunmaktı amacı.

Şetrebe bütün bunlardan habersizdi.

– Kaderin konuştuğu yerde insan susar, dedi zavallı Şetrebe, bak sana bir öykü daha anlatayım, Bülbül ile Bağcı arasında geçen bir öykü bu.

ഛാ

Bülbül İle Bağcı

Kader konuşunca insan susar.

GÜL BAHÇESİ... Kırmızı, pembe, sarı güller... Çevreyi gül kokusuna boğan, rengârenk güllerin yetiştiricisi ihtiyar bir bağcıydı. Geçimini sağlamak bir yana, bir gülün açmasıyla sanki bayram ederdi. Bahçede değil de sanki kalbinde büyütüyordu tomurcukları.

Gül mevsiminde bağcı kendisini kaybederdi adeta.

Bu yıl yeni bir gülün aşısını yapmıştı. Açılmasını sabırsızlıkla bekliyordu. Onu veren bahçıvan, "Bu gül, güllerin sultanıdır. Rengi, kokusu çok farklıdır. Diğer güllere benzemez" demişti.

Bağcı, gülü özenle büyütüyordu. Daldaki tomurcukları gözü gibi koruyordu.

Sonunda tomurcuklar goncaya dönüştü. Gonca patladı ve bahçeyi güzelliğe boğan bir gül çıkıverdi ortaya. Bağcının içi içine sığmıyordu sevinçten..

O günü akşama dek bağda geçirdi.

Gece uzadı da uzadı. Bağcının gözüne bir türlü uyku girmedi. Sabahı zor etti. Şafaktan sonra, günün ilk ışıklarıyla birlikte bağa gitti. Baktı ki ne görsün!

Bir bülbül, güle konmuş, hoyratça yapraklarını yoluyor.

Bağcı dehşet içinde olup biteni seyretti bir süre. Bülbülü yakalamak için çok uğraştı. Fakat kaçırdı.

Ertesi gün, bülbül yine aynı güle konmuş, kalan yapraklarını yolmuştu. Bağcı bu kez de bülbülü kaçırdı.

Artık kararını vermişti. Bir tuzak kuracaktı bülbüle.

Ustaca hazırladı tuzağı.

Bülbül geldi yine ağaca konmak için, bir güzel tuzağa düştü, bağcı alıp eve götürdü, kafese hapsetti.

Bağcı ertesi gün bülbülü kafeste bırakarak bağına gitti. Akşam dönüp geldi, ağlıyordu.

– Ben sana ne yaptım da beni buraya hapsediyorsun?

Sesimi beğendiysen kafese koymana gerek yok, ben, zaten senin bahçenin bülbülüydüm...

Bağcı:

– Sen, dedi, kızgın kızgın; benim en güzel gülümü yoldun.

– Nasıl olsa, birkaç gün sonra kendisi solacaktı, yaprağını dökecekti, dedi Bülbül.

Bağcı baktı, doğru söylüyor bülbül... Kızgınlığı geçti, acıyarak serbest bıraktı onu..

Bülbül, pencereye kondu. Uçmadan önce:

– Beni özgür bıraktın... Çok teşekkür ederim. Ben de buna karşılık sana bir sır söyleyeceğim. Bağının kuzey ucunda, o büyük dut ağacının yanında bir hazine gizli, dedi.

Sonra kanatlanarak gözden kayboldu.

Bağcı, başlangıçta inanmadı kuşun söylediğine. Sonra, içine bir kuşkudur düştü, "belki doğrudur" diyerek kazdı bülbülün sözünü ettiği yeri. Kazdı ki ne görsün... Büyük bir küp, içi dolu altın.

Ertesi gün bülbül yine bağdaydı.

Bağcı, bülbüle:

– Bir şeyi, dedi, çok merak ediyorum.

– Neyi?

– Sen, hazinenin yerini bildin de, tuzağı nasıl farkedemedin?

– Kurduğun tuzak, kazâ ve kaderin önüme sürdüğü bir araçtı. Bu gibi durumlarda hikmet gözü kapanır insanın, göremez... Ne kadar gözü açık olsa da farkına varamaz...

* * *

Dimne, bu hikâyeyi anlatmakla Şetrebe'nin ne demek istediğini anlamıştı. Fakat, Arslan'a karşı Şetrebe'yi kışkırtmaktan geri durmuyordu;

– Yani şimdi sen 'elim kolum bağlı duracağım' mı demek istiyorsun? Aklını başına al Şetrebe. Arslan'ın niyeti ortaya çıktı. Şimdi senin tedbir alman gerekecek. Böyle oturmakla işler iyiye gitmez.

Şetrebe, hâlâ aynı düşüncedeydi.

– Karşında birkaç düşman birleşmişse senin yapacağın çok az şey kalmıştır, dedi.

Dimne:

– Bu her zaman dediğin gibi olmayabilir, diye itiraz etti.

Şetrebe:

– Bak Dimne, dedi, sana bir öykü daha anlatayım da, senin mi dediğin doğru yoksa benimki mi gör.

Ve, Şetrebe, Arslan'ı aldatmak için birbiriyle anlaşan Kurt, Karga ve Çakal'ın öyküsünü anlatmaya başladı.

Acıklı Bir Deve Masalı

BIR VARMIŞ, bir yokmuş, diye başladı Şetrebe.

Evvel zaman içinde kalbur saman içinde.

Nice bülbüller öter kırmızı güller içinde.

Ben annemin annesinin, sen babanın babasının beşiğini tıngır mıngır sallar iken.

Güzel mi güzel, yeşil mi yeşil bir ormanda üç arkadaş yaşarmış.

Kurt, Karga ve Çakal.

Kurt Çakalla, Karga da her ikisiyle zaman zaman takışırmış ama, ne çare ki üçünün de efendisi Arslan olduğundan birlikte geçinip giderlermiş.

Günler yıl, geceler yel gibi akıp gidiyormuş.

Uzun günlerden bir gün ormanın yakınındaki şehre bir kervancı uğramış. Bir zaman orada konaklamış... Hastalanan, zayıf bir devesini de ormana bırakmayı düşünmüş:

– Gerçi senden ayrılmak bana çok güç geliyor, fakat bu halinle yola devam etmen imkânsız... Burası senin için güzel bir yer. Bir güzel semirirsin. Otlakta otlarsın, beslenirsin, eski gücüne kavuşursun. O zaman inşallah gelip seni tekrar alırım buradan, demiş.

Kervancı istemeye istemeye devesini bırakmış.

Dönüp baktığında Deve'ye, gözlerinden bir çift yaş da süzülüvermiş yanağından aşağıya.

Deve dalmış ormana. Önce miskin miskin gezinmiş. Sonra taze yapraklarını yemiş ağaçların, sonra yemyeşil otları.

Derken bir gün böyle iki gün böyle.

Ormanın kralı Arslan rastlamış bizim deveye.

Deve, Arslan'ı görünce ödü kopmuş. Korkudan ne yapacağını şaşırmış...

Arslan:

– Sen de kimsin? diye sorunca deveye:

– Ben zayıf, miskin bir deveyim. Sahibim, güç kuvvet kazanayım, bir güzel semireyim diye buraya bıraktı beni, demiş.

Arslan acımış zavallı hayvancağıza.

– Peki, demiş, bu ormanda güven içinde beslenebilirsin, yalnız, sonra gitmek mi istersin, yoksa bizimle birlikte kalmak mı?

Deve bakmış, Arslan'a "gideceğim" dese kızgınlığını çekecek, en iyisi kalmak diyerek:

"Kalmak isterim," demiş.

Arslan daha da sevmiş deveyi cevabından sonra.

Arslan'ın arkadaşları varmış ormanda.

Çakal, Karga ve Kurt.

Üçü de, Arslan'ın avladığı hayvanın artıklarını yiyerek geçinirlermiş..

Arslan avlanmadığı zaman aç kalırmış bu üç kafadar.

Günler, sessiz sedasız geçip gidiyormuş.

Deve, yavaş yavaş kendisine gelmiş, gittikçe şişmanlamış, semirmiş, gücü kuvveti tekrar gelmiş üzerine.

Bunu gören Çakal'la Kurt'un ağzının salyası akıyormuş.

Arslan bunu hissetmiş, fakat kızmış arkadaşlarına.

– Biz, deveyle bir anlaşma yaptık. O, ormanda bizimle kalmayı kabul etti, biz de ona, güvenliğini sağlarız, diye söz verdik. Ahdimizden caymamız imkânsız. Bir daha böyle şeyler düşündüğünüzü görmeyeyim.

Çakal ve Kurt, korkmuşlar Arslan'dan. Bir yandan da Deve'nin semirmesini iştahla izleyip durmuşlar.

Bir gün Arslan zorlu bir ava çıkmış.

Kocaman bir file saldırmış. Fil de öyle hemen teslim olacak cinsten değilmiş. Dişleriyle Arslan'ı yaralamış... Bir güzel de hırpalamış.

Bunun üzerine Arslan, fena halde yaralı, yorgun argın inine dönmüş. Ve yatağa düşmüş.

Nice hekimler gelmiş, nice lokmanlar gelmiş bir çare bulamamışlar yarasına.

Ava da çıkamayınca Arslan, hem yarası hem de açlık iyice güçten takatten düşürmüş onu.

Hele avının artığıyla beslenen Çakal, Kurt ve Karga daha güç bir duruma düşmüşler... Öyle ya, Arslan avlanamayınca onlar da aç kalıyorlarmış...

İşte herşey bundan sonra olmuş.

Kurnaz Çakal, önce Kurt'u, sonra Karga'yı inandırmış:

— Arkadaşlar demiş, gördüğünüz gibi kralımız ağır hasta, ava çıkamaz bir halde. Bu durumda öncelikle onun sağlığını düşünmeliyiz. Yıllardır, bize bıkıp usanmadan yiyecek sağladı. Şimdi açlıktan neredeyse ölecek bir duruma geldik. Fakat, biz önce onu düşünmeliyiz, şu Deve'yi ne güne kadar ormanda semirteceğiz? O, hem kralımıza hem de bize günlerce yeter.

Kurnaz Çakal, aslında Arslan'ı filan düşünmüyormuş. Onun derdi davası kendi midesiymiş. Arslan günlerce ava çıkamamış. Kurt da Karga da günlerdir açmışlar.

Diğerleri, bunun üzerine:

— Hemen kralımıza gidelim, düşüncemizi açalım, demişler.

Ve yola koyulmuşlar.

Arslan, durumu öğrenince çok kızmış.

— Size daha önce de söyledim, böyle bir şeye imkân yok, ben deveyle olan ahdimi bozmam!

diyerek karşı çıkmış bu düşünceye.

Fakat Çakal planını yapmış, önce o davranmış.

— Efendimiz demiş, biz kendi aramızda düşündük taşındık ve sizi bu acıklı durumdan kurtarmak gerektiğine karar verdik. Bunun için kendimizi feda ediyoruz. Sözgelimi ben, canım size feda olsun, her an size yiyecek olmaya hazırım.

Çakal böyle konuşunca, Kurt ileri atılmış:

— Hayır, demiş, senin etin belki Efendimiz'e sevimli gelmeyebilir. Hem, benim etim kimbilir, belki de şifalı gelir ona. Lütfen efendim, beni yiyiniz..

Kurt böyle der de karga durur mu?

— Gaak, demiş, ah ben yapayım ne edeyim, nerelere gideyim, benim gibi bir lokmalık hayvan, yüce sultanımızın dişinin kovuğuna bile değmez, ne yapmalı, ne etmeli, eğer şifa olacaksam size, her an hazırım beni yemenize.

Hayvanlar, deveyi de getirmişler yanlarında. Zavallı, bir tuzağın eşiğinde olduğunu bilmiyormuş. Saf hayvan, diğerlerinin fedakârlığı karşısında çok duygulanmış. Ama can tatlıymış. Deve, "Arslan şimdiye dek anlaşmaya uyup beni yemedi, şimdiden sonra bozacak değil ya" diye düşünmüş.

Ve, "sizler" demiş hayvanlara, "efendimize benim kadar yarayışlı olamazsınız. Baksanıza her tarafım et. Hem de kralımızın ağzına layık, lütfen bırakın beni yesin."

Kısa bir sessizlik olmuş.

Çakal, Karga ve Kurt sevinç içindeymişler.

Zavallı deve tuzağa düşmüş sonunda.

Arslan, devenin yenilmesine karar vermiş.

Ve deveyi hepsi birden azık yapmışlar kendilerine.

* * *

Şetrebe'nin anlattığı masal burada bitti.

Dimne, öküzün hiç de saf olmadığını anlamıştı.

Buna rağmen, Arslan'a karşı onu düşman edebilmek için ne gerekirse yapacaktı.

– Tamam, dedi Dimne; haklısın, düşmana karşı birleşmekle çok şey başarılabilir. Peki bunun imkânsız olduğu bir zamanda ne yapabilirsin? Sözgelimi, sana Arslan saldırırsa elin kolun bağlı mı duracaksın?

Şetrebe:

– Elbette hayır, dedi; kendimi savunurum.

Dimne:

"Ha şöyle, imana gel bakalım" diye fısıldadı.

Şetrebe:

– Ne dedin? dedi, anlamadın.

– Şey, diyorum, diye dalgınlıktan sıyrıldı Dimne; her ne kadar kralımız senin hakkında olumsuz düşünüyorsa da yine de bi-

zim efendimiz o. Daima saygılı olmalıyız ona karşı. Benim öne-
rim, acele davranma. Tedbiri elden bırakma, ama, ilk hamle sen-
den gelmesin.

Dimne, düşüncesini pekiştirmek için "Denize Meydan Oku-
yan Kuş"un hikâyesini anlattı Şetrebe'ye.

– Bak dostum, dedi, iyi dinle bu öyküyü, içinde sana bir ib-
ret dersi var.

୧୨

Denize Meydan Okuyan Kuş

HIND DENIZI sahillerinde Titos kuşları yaşardı bir zaman-
lar.

Daha çok kıyıda yuva yaparlar ve yumurtalarını buraya bıra-
kırlardı.

Deniz dalgalı mı dalgalıydı.

Ürkünç seslerle sahili dövüyordu.

Anne Titos, yumurtlama zamanı geldiğinde, eşine:

– Burası, dedi, yavrularımız için hiç de güvenli değil. Biraz
içerde yuva yapalım mı ne dersin?

Erkek aldırmadı.

Hatta gururuna dokundu.

– N'olacak, niçin güvenli olmasın burası?

Anne çok kaygılıydı;

– Deniz gittikçe kabarıyor, dalgalar büyüyor. Yuvamızın yı-
kılması an meselesi...

Erkek iyice kızmıştı artık;

– Benim yuvamı bozacak deniz daha anasının karnından
doğmadı henüz! dedi.

Doğruydu. Deniz zaten ana karnından doğmazdı.

Anne iyiden iyiye kaygılanmaya başladı babanın bu sözü
üzerine.

"Belki etkili olur" düşüncesiyle, ona Geveze Kurbağa masalını anlatmaya karar verdi.

– Sana, dedi bir öykü anlatmama izin verir misin?

Erkek Titos:

– Tabi, neden olmasın, ne öyküsüymüş bu?

– Söz dinlemeyen bir Kurbağa'nın öyküsü.

Erkek Titos meraklanmıştı;

– Peki, anlat bakalım.

Anne Titos başladı:

☙❧

Geveze Kurbağa Masalı

"BIR VARMIŞ, bir yokmuş.
Zaman zaman içinde, buğday saman içinde
biz giderken sazlığa
savruk duman içinde
küçük bir ormanda
altın sarısı bir göl varmış.
Yağmur dinmiş. Gökten su yerine, sürekli bir ateş sıcağı inmiş.

Küçük göl dayanamamış bu sıcağa.

Kurumaya yüz tutmuş.

Gölün kuruması ise, en çok iki kazla bir kurbağayı rahatsız etmiş. Üç arkadaş kafa kafaya vermişler. Ne yapmalı ne etmeli, demişler. Sonunda kazlardan birinin aklına, başka bir göle göç etmek gelmiş. Diğer arkadaşına açmış konuyu. O da kabul etmiş bu düşünceyi. Zaten başka çıkar yolları yokmuş. Gittikçe kuruyan bataklık bir yerde yaşamak çok zormuş. Durumu Kurbağa'ya haber vermişler. "Biz göç etmek istiyoruz başka bir göle, sen de bize katılır mısın?" demişler. Kurbağa, biraz geveze ve kendini beğenmiş biriymiş. Başlangıçta, "Yahu korkacak ne var, burada yaşayıp gidiyoruz" diye itiraz etmişler. Fakat, kazlar, gitmekte kararlıymış. "Yakında iyice kuruyacak göl, o zaman nasıl yaşayacaksın?" diyerek onu da göçe razı etmişler.

– Peki nasıl gideceğiz? diye sormuş Kurbağa.

Kazlardan biri:

– Bir değneğe tutunursun sen, demiş, bir ucunda ben diğer ucundan arkadaşım tutar, uçarak gideriz.

Teklifi beğenmişler.

Uzunca bir değnek bulup kurbağayı aralarına almışlar. Havalanmadan önce, kazlar kurbağanın geveze olduğunu bildikleri için, onu uyarmışlar.

– Sakın yolda konuşayım deme, ağzını açtığın an düşersin!

Kurbağa, istemeye istemeye:

– Peki, demiş.

Hep birlikte havalanmışlar.

Az uçmuşlar çok uçmuşlar.

Kimi zaman aç, kimi zaman tok uçmuşlar.

Çok köyler, şehirler aşmışlar.

Kurbağa, konuşmamaktan çok rahatsızmış.

Sonunda olan olmuş.

Bir köyün üzerindeyken, aşağıdan köylünün birinin:

– Aaa, şunlara bakın kurbağayı nasıl taşıyorlar? diye bağırması üzerine, kurbağa dayanamayıp, ona cevap vermek için ağzını açmış.

Açınca yere düşmüş.

Böylece gevezeliğin cezasını çekmiş.

* * *

Anne Titos masalı anlattıktan sonra, eşine:

– Korkarım, dedi, bizim de sonumuz kurbağa gibi olacak.

Baba Titos, kızgınlık içinde:

– Sen, dedi, aptal bir masala inanıp neler söylüyorsun böyle. Deniz yavrularımıza zarar veremez. Şimdiye dek kime zarar vermiş de bize verecek. Bunlar safsata, safsata. İnanma.

Anne Titos, çok kaygılıydı. Buna karşın babanın kıyıya yaptığı yuvaya yumurtladı.

Aradan günler geçti.

Anne, sabırla bekledi yumurtaların başında.

Sonunda birbirinden güzel yavrular çıktı yumurtadan.

Anne mutluluk içindeydi.

Babaysa gurur.

Geldi, anneyi kutladı. Alnından öptü onun. Mutluluk dolu gözlerle yavrulara baktı.

"Cik cik cik" diye bağrışıyorlardı yuvada.

Fakat bu mutluluk uzun sürmedi.

Annenin dediği çıkmıştı. Deniz günlerce fırtınayla çalkandı durdu. Kocaman kocaman dalgaları kıyıya vurdu. Ne varsa sahilde alıp götürdü.

Yavrular da yüksek dalgalarla birlikte denizde kaybolmuşlardı.

Anne gözyaşları döküyor, acısını dağa taşa çalıyordu.

Baba şaşkındı.

Annenin dediği çıkmıştı. Ama iş işten geçmişti. Günlerce ağlaştılar. Üzüntüden bir şey yemez, bir şey içmez oldular. Ne yapacaklarını şaşırdılar.

Anne, sonunda dayanamadı;

– Eğer, dedi babaya, gidip yavrularımın intikamını denizden almazsan, seni Hazret-i Süleyman Peygamber'e şikâyet edeceğim.

Annenin gözü dönmüştü sanki. Çıldırmış gibiydi.

– Seni başkomutanlıktan alması için yalvaracağım!

Eyvah! dedi baba Titos, ben ne yaparım şimdi?

Kuşların başkomutanıydı baba.

Günlerce düşündü taşındı, bir çıkar yol aramaya çalıştı.

Bütün asker kuşlara haber saldı.

Hepsi geldiler. Büyük bir ordu toplanmıştı. Denizin karşısına dikildiler. Hep birden bağırdılar:

– Deniz deniz! Yavruyu anneden ayıran deniz! Senin kalbin ölmüş mü ki, sende hiç şefkat yokmu ki böyle yapıyorsun?

Denizden bir cevap gelmiyordu.

– Eğer komutanımızın yavrularını geri vermezsen sonun kötü olacak!

Deniz güldü.

Öyle ya, bu zavallı kuşlar koca denize ne yapabilirler ki! Yine de bütün kuşların toplanıp fedâkar bir şekilde davranmaları dokundu ona. Ve düşmanını küçük görmemeye örnek olması için yavruları geri verdi.

* * *

Dimne hikâyeyi bitirdiğinde, Şetrebe'nin yüzüne baktı. İstediği tepkiyi almıştı. Zavallı Öküz, Dimne'yi kendisinin gerçek bir dostu olarak görüyordu.

Dimne:

– İşte böyle aziz dostum, dedi, düşmanını hiçbir zaman küçümsemeyeceksin. Fakat daima tetikte durman gerekecek.

Şetrebe, Dimne'ye çok teşekkür etti.

Dimne ayrılırken, aklına bir şey gelmiş gibi döndü, Öküz'e:

– Haa, az kalsın unutuyordum. Bilirsin Arslan'lar çok sinirli olurlar. Sinirlendiklerinde kuyruklarını "küt küt" diye yere vururlar, gözleri fırlar, burun delikleri kapanır, dişleri gıcırdar... Kralımızı bu halde görürsen, bil ki senin için iyi şeyler düşünmüyor, hadi uğurun açık olsun, dedi.

Şetrebe:

– Sağol kardeşim, dedi Çakal'a.

Uzaklaşırken de, "yahu dünyada böyle iyi hayvanlar da var" diye kendi kendine söylendi.

Şetrebe, yerinde duramıyordu. İçine bir kurt düşmüş, Arslan'ın nasıl olup da böyle düşünebildiğini bir türlü anlamamıştı. Sonunda sabrı taştı, onunla görüşmeye gitti.

Bu arada Dimne, arkadaşı Kelile'ye gelmiş ve durumu bildirmişti. Fitne ve fesattan hiç hoşlanmayan Kelile, Dimne'nin yaptıklarına çok kızdı.

Ve olup biteni öğrenmek için Arslan'ın sarayına yakın bir yere gidip seyretmeğe başladılar.

Şetrebe, Arslan'ı uzaktan gördüğünde kalbi küt küt atıyordu. Dimne'nin anlattığı çıkmıştı. Arslan onu görür görmez gözleri yuvalarından dışarı fırlamış, burun delikleri kapanmış, homurdanmaya başlamış, kuyruğunu sinirli sinirli yere vurmuştu.

Birbirlerine yaklaştılar. Hiç bir şey söylemeden bir an beklediler. Arslan, hışımla saldırdı Şetrebe'ye. Zavallı öküz, ancak kendisini savunuyordu. Fakat yırtıcı bir hayvan karşısında bir öküz ne kadar dayanabilir!..

Şetrebe de pek dayanamadı zaten.

Ve acı bir ölümle göçüp gitti bu dünyadan.

Olayı saraya bakan bir tepeden izleyen Kelile, arkadaşı Dimne'yi fena halde azarladı:

– Bir de sırıtıyorsun, utanmıyor musun yaptığına?

– Neler söylüyorsun Kelile?

– Daha mı söylemeyim. Zavallı öküzün ölümüne sebep oldun bir, padişahımızı böylesi sıkıntılara soktun iki, ona vefasızlık gibi kötü bir nitelik kazandırdın üç, yakın adamlarının güvenini yok ettin dört, bu fitneciliğinle kendi alçaklığını ortaya koydun beş... Yani şimdi senin bu yaptığın günahların en büyüğü değil mi? Ne geçti eline?

Dimne, arkadaşının söylediklerini sanki duymamış gibi, kendisini haklı çıkarmaya çalıştı:

– Bana böyle söylemeye hakkın yok. Seninle çocukluğumuz birlikte geçti. Beni tanırsın. Şimdiye dek yanlış hareket ettiğimi sanmıyorum, eğer gördünse böyle bir şeyimi lütfen söyle.

Kelile, şimdi daha da kızgındı:

– Daha ne olsun. Sen bir defa kendini kusursuz görüyorsun. Bu, başlı başına bir kusur. Ayrıca sözünle davranışın birbirini tutmuyor. Güya padişahın veziri oldun fakat gevezelikten başka yaptığın ciddî bir iş yok.

Dimne, haksız oluşunu bir türlü kabul etmiyordu:

– Çok haksızlık ediyorsun. Ben padişahımıza danışmanlık yapıyordum. Bu da hemen her konuda konuşmamı gerektiriyor. Ne yani, ona birtakım güzel öğütler vermekte mi gereksiz bir şey oluyor?

– Bunu demek istemedim. Fakat sen hâlâ kendini temize çıkarıyorsun. İnsan, öncelikle kendisi öğüte muhtaçtır. Fakat görüyorum ki, sen bir türlü bu gerçeği kabullenmiyorsun.

İki arkadaş arasındaki söz düellosu kızışmıştı. Kelile, sözün tam burasında bir hikâye anlatmaya başladı.

Adı Öğüt Öğüt Dinlemeyen Kuş'tu bu öykünün.

❧

Öğüt Dinlemeyen Kuş

YAZ KIŞ, başından karın eksik olmadığı yüce bir dağda maymunlar yaşardı, bir zamanlar.

İliklere işleyen soğuk canlılara göz açtırmazdı. Hele akşamları dışarda bir tek hayvana rastlamak mümkün değildi. Kar hiç dinmeyecekmiş gibi sürekli yağar, sonra tipi çıkar ve herşeyi savurur dururdu.

Maymunlar soğuktan donacak bir haldeydiler.

Tir tir titriyorlardı. Hele yavrular!

Annelerine sokulmuşlar, soğuğun bıçak gibi soluğuna karşı direnmeye çalışıyorlardı.

Derken taşların arasında bir şeyin parıldadığını gördüler. Gerçekte bir elmas parçasıydı bu. Ama maymunlar onu ateş koru sandılar. Ve çevreden çalı çırpı, odun toplayıp üstüne koydular. Hep birlikte üfürmeye başladılar.

Ateş yakacaklarını sanıyorlardı.

Ağaçta miskin miskin oturan bir kuş seslendi:

– Heeey! Ne yaptığınızı sanıyorsunuz siz! Üflediğiniz şey

kor değil, bir elmas, onunla ateş yakamazsınız. Size söylüyorum heeey!

Kuş, böylece söylenip durdu.

Fakat kendisini dinleyen yoktu. Maymunlar hâlâ üflüyorlardı.

Bu sırada kuşa birisi seslendi:

– Seni dinlemiyorlar, orada ne söylenip duruyorsun. Hem senin nene gerek onları uyarıyorsun.

Kuş, öğüdü dinlemeyip, maymunlara üfledikleri şeyin kor olmadığını anlatmaya devam etti.

Onlar öğüt dinlemiyorlardı. Fakat gerçekte nasihata kulak vermeyen kuşun kendisi olmuştu.

Maymunlara daha yakından konuşmak istedi. Yanlarına gitti. Ve onların pençesine düştü. Canından oldu.

* * *

Kelile, arkadaşına:

– Benim sana öğüt vermem kuşun maymunlara verişine benzeyecek diye kaygılanıyorum. Sonuçta zarar göreceğimden korkuyorum.

Dimne, Kelile'nin iyi bir dost olduğundan kuşku duymuyordu. Fakat zaman zaman eleştiride ileri gidiyordu.

– Seni sevdiğim için söylüyorum bütün bunları, dedi Kelile, yanlış anlamayacağını umarım.

– Senin, dedi Dimne, samimiyetine inanıyorum.

– Bak, dedi Kelile, sana ibret verici bir hikâye daha anlatayım, insanları birbirine düşürmenin, yalan söylemenin insanın kendisine zarar verdiğini anlatan bir öykü.

Kelile'nin anlatacağı bu hikâye, Tizhoş ve Hazım adında iki ortak tüccar hakkındaydı.

Yalancının Mumu

TIZHOŞ, Hazım'ın aksine, oldukça kurnaz, işini bilen ve çıkarcı biriydi.

Bir gün birlikte mal alıp satmak için yola çıktılar. Giderken yolda bir küp altın buldular.

Aslında çalışmayı pek sevmeyen Tizhoş bir teklifte bulundu:

– Gel, ticaret yapmaktan vazgeçelim. Bulduğumuz bu hazineyi kârımız olarak görüp dönelim.

Hazım, Tizhoş'un önerisini kabul etti.

Ve iki arkadaş, memleketlerine geri döndüler.

Hazım:

– Haydi paylaşalım altınları, dedi.

Tizhoş'un kafasında başka bir düşünce vardı.

– Benim ilginç bir fikrim var. Yıllardır birlikte ticaret yapıyoruz. Birbirimize güvenimiz sonsuz. Hem kardeş sayılırız, altını bir yere gömelim. İhtiyacımız olduğunda gelip çıkarırız, ne dersin?

Hazım, arkadaşının düşüncesinde herhangi bir artniyet olmadığını umarak kabullendi bu fikri.

Kendilerine gereği kadarını alıkoydular. Gerisini götürüp şehrin çıkışındaki ulu bir ağacın dibine gömdüler.

Aradan günler geçti. Hazım'ın parası bitmişti. Arkadaşına:

– Benim hiç param kalmadı, biraz altın çıkaralım mı? diye sordu.

Tizhoş:

– Tabi, dedi bana da gerekiyordu para.

Gittiler, küpü koydukları yeri kazdılar.

Fakat o da ne!

Altının yerinde yeller esiyordu.

Tizhoş, kuşkulu kuşkulu baktı arkadaşına:

– Demek, dedi, sen benden habersiz gelip açtın altını.

Hazım neye uğradığını şaşırmıştı. Tizhoş, boğazına sarılmış, gırtlağını sıkıyor bir yandan da bağırarak suçluyordu onu.

Ne yaptılarsa olmadı.

Çareyi kadıya gitmekte buldular.

– Kadı Efendi, diye başladı Tizhoş, durum böyle böyle...

Kadı eliyle sakalını kaşıdı. Bir ona baktı, bir diğerine. Doluya koydu almadı, boşa koydu dolmadı.

Şaşırtıcı bir öneride bulundu:

– Tek çıkar yol, gidip ağaca sormak. Onun tanıklığına göre hüküm vereceğim.

Ertesi gün gidilecekti. Tizhoş, o gece ihtiyar babasını sıkıştırdı.

– Ağacın gövdesi oldukça geniş. Sen içine girip, Kadı'nın sorusuna, "altınları Hazım çıkardı" diye cevap vereceksin.

Adamcağız, "oğlum yapma etme, ben şimdiye dek kimsenin hakkını yemedim, haksızlık yapmadım, yalan söylemedim, bir ayağım çukurdayken beni böyle çirkin bir işe alet etme" dediyse de oğluna engel olamadı. Sonunda kabul etmek zorunda kaldı.

Ertesi gün, erkenden gidip ağaca gizlendi adam. Kadı, yanında Tizhoş ve Hazım olmak üzere gelip ağaca sordu:

– Ey ağaç, altınları kim çıkardı? diye.

Ağaçtan ses geldi:

– Hazım çıkardı.

Hazım handiyse küçük dilini yutacaktı!

Sapsarı kesildi. Dizlerinin bağı çözüldü. Düşüp bayılıverdi oracıkta.

Tizhoş'un sevinçten içi içine sığmıyordu.

Kadı Efendi, göründüğü kadar saf değildi. Ağacın bu konuda şahitlik edemeyeceğini bilemeyecek kadar da bilgisiz değildi.

İşin içinde bir gariplik olduğunu anlamıştı.

Tizhoş, Kadı'nın birşeylerden kuşkulandığını görünce telaşa kapıldı.

Kadı, bir ateş yakılmasını emretti.

Ağacın dibinde ateş yakılınca içerde dumandan boğulmak üzere olan yaşlı adam kendisini güç bela dışarı atmıştı.

Olup biteni birer birer anlattı.

Tizhoş'a gereken ceza verildi.

Babasıysa, utancından kalbi dayanamadı, oracıkta ölüverdi.

* * *

Kelile, Dimne'ye:

– İşte sen de Tizhoş gibi cin fikirli birisin. Doğrusu seninle dostluğumu yeniden gözden geçirmek istiyorum. Çünkü her an bana zarar vermen sözkonusu olabilir.

Dimne:

– Yeter artık! dedi, beni bu kadar azarlaman gereksiz. Yıllarca birlikte dost olarak yaşadık. Seni ne kadar sevdiğimi, saydığımı bilirsin... Ama sabrın da bir sınırı var. Beni suçlamakta çok ileri gidiyorsun...

– Tabi, dedi Kelile, doğru söyleyince böyle oluyor. Ben de seni severdim. Hâlâ da seviyorum. Zaten sevdiğim için söylüyorum bütün bunları. Ama, görüyorum ki, davranışlarını düzeltmek yerine seni azarlamamdan rahatsız olduğunu söylüyorsun. Bu durumda seninle arkadaşlığımı sürdürmem güçleşiyor. Çünkü üzüm üzüme baka baka kararır demişler, senden kötü şeyler kapmaktan korkuyorum. Tıpkı Bahçıvan gibi...

Dimne:

– Hangi bahçıvan? diye sordu.

– Kötü biriyle arkadaşlık etmekten dolayı başına kötü işler gelen ve sonuçta çok pişman olan bahçıvan.

Ve Kelile, bahçıvan hikâyesini anlatmaya koyuldu.

Ayı İle Dost Olan Bahçıvan

BIR VARMIŞ, bir yokmuş,
Allah'ın kulu sayılamayacak kadar çokmuş

Zamanın evvelinde, mekânın bir yerinde

Yalnız mı yalnız, mutsuz mu mutsuz bir bahçıvan yaşarmış.

Hayatta kimi kimsesi yokmuş adamcağızın.

Bütün ömrünü, bağı bahçesi için harcamış gitmiş. Günün birinde yalnızlık tak etmiş canına.

Gitmiş sabah erkenden bahçesine.

İki elinin arasına almış başını, düşmüş yalnızlıktan kurtulma tasasına.

"Şimdiye dek bütün gücümü enerjimi bu bahçeye harcadım. Çeşit çeşit meyveler, çiçekler yetiştirdim. Yalancı bir cennet yaptım bağımı. Fakat ne oldu sonunda? Mutsuzluğuma çare oldu mu bu güllük gülistanlık bahçe?" diyerek tasalı tasalı düşünmüş.

"Olmaz!" demiş, içinden bir ses, "yalnızlık çekilmez, cennette bile!"

Bahçıvanı almış bir tasa.

Mutlaka bu yalnızlıktan kurtulacak.

Kötü dahi olsa bir beraberlikle bölecek yalnızlığını.

Ne yapmalı, ne etmeli, bilmem ki nere gitmeli? diye düşünürken, bakışları, karşıda yükselen yüce dağa çevrilmiş ansızın.

Nasıl olduğunu bilmeden, kendisini dağa doğru giderken bulmuş.

"Nasıl olsa, sonuçta beni yalnızlıktan kurtaracak bir eş bulurum" ümidiyle,

Az gitmiş, uz gitmiş

Dere tepe düz gitmiş

Altı ay kış bir de güz gitmiş

Bir de dönüp bakmış ki arkasına bağı bahçesi görünmüyor.

Dağın eteklerine vardığında Bahçıvan, içindeki yalnızlık daha da artmış.

Bir süre ara vermiş yolculuğuna. Yanında getirdiği azık torbasını çözüp yer sofrası yapmış, karnını doyurmağa durmuş.

Derken, çok geçmemiş aradan, sevimli bir ayı görünmüş ağaçların arasından. Tıpış tıpış gelip adamın sofrasına kurulmuş.

Bahçıvanın dili tutulmuş. Ne diyeceğini şaşırmış. Ayı ile birlikte paylaşmış azığını.

Bir müddet sessizce oturmuşlar.

Bahçıvan kalkıp gidecek olmuş. Ayı, konuşmuş:

– Nereden geliyor, nereye gidiyorsun?

Şaşırmış adam, "ayı da konuşur mu?" diye zihninden geçen düşünceyi bir tarafa itip:

– Uzaktan geliyorum, dağa gidiyorum, demiş.

– Ne yapacaksın dağda?

"Allah Allah, sorgu meleği sanki" diye düşünmüş adam ayı için:

– Yıllardır yalnız yaşadım. Artık canıma tak etti. Bir arkadaş bulmaya gidiyorum, demiş.

Ayı'nın yarasına parmak basmış sanki.

Hop oturmuş hop kalkmış hayvancağız.

Bahçıvan bakmış, ayının gözünden yaşlar süzülüyor.

– Yahu niye ağlıyorsun? diye sormuş.

– Benim de, demiş ayı, derdim aynı. Ben de yalnızım, ovada bir arkadaş bulurum ümidiyle ben de dağdan geliyordum.

Adam düşünceye dalmış bir zaman, sonra, aklına ilginç bir fikir gelmiş:

– Ne dersin, bizi kader buluşturdu galiba, gel arkadaş olalım.

Ayı da sevinçle kabul etmiş bu öneriyi.

Ve birlikte dönmüşler bahçıvanın çiftliğine.

Günler yel gibi akıp giderken... Bahçıvanın mutluluğu bir ölçüde de olsa yerine gelmişken... Hiç olmaz bir şey olmuş.

Bahçıvan uyuduğu zaman, ayı, üzerine konan sinekleri kovalarmış. Yine bir gün bu işi yaparken bakmış ki sinekler bir türlü kaçmıyor. Yerden kaptığı gibi bir kayayı, bahçıvanın sinek üşüşen alnına indirivermiş.

Ayı ne yaptığını bilir mi?

Adamcağız böylece göçüp gitmiş öte dünyaya.

* * *

Kelile, bu hikâye ile, arkadaşına, hainlerle kurulacak dostlukların sonunda zararlı olacağını anlatmak istemişti. Kurnaz çakal Dimne, bunu anlamıştı.

– Yani, dedi Kelile'ye, sen de çok safsın. Ben, efendime kötülük etmek ister miyim hiç?

– Bak Dimne, dedi Kelile; beni kandıramazsın. Alnımda enayi yazıyor mu bir bak bakalım. Aldanıyor görünebilirim, fakat asla kolay kolay oyuna gelmem. Tıpkı akıllı tâcir gibi.

– Akıllı tâcir mi, o da kim? diye sordu Dimne.

Kelile, anlaşılan yeni bir masal daha anlatacaktı arkadaşına.

– Dinle, dedi Kelile, iyi dinle, sana kurnaz bir tâcirin öyküsünü anlatacağım.

஧௮

Akıllı Tüccar

VAKTIN BIRINDE zeki bir tüccar yaşardı.

Ülkesinde hatırı sayılır biriydi. Hemen herkes güvenir, alışveriş yapardı, onunla.

Tüccar, elinde mal kalmadığı zaman geziye çıkardı. Gittiği yerlerde sürümü kolay şeyler alır, bir kısmını yolda satar, geri kalanını ülkesine getirir pazarlardı.

İşini bilire çıkmıştı adı. Halkın güvenini de kazandığı için, biri bin yapmakta hiç de güçlük çekmezdi.

Yine ticaret için seyahata çıkacaktı tâcir.

Elinde yüz kilo kadar hurma vardı.

Düşündü taşındı, "ne yapayım bunu?" diye bir zaman.

Sonunda, bir arkadaşına gidip durumu anlattı:

– Ben, ticarî amaçlı bir geziye çıkıyorum. Yüz kilo kadar hurma var elimde. Senin evin geniştir. Bunu, ben dönene kadar koruyabilir misin?

– Hay hay, dedi arkadaşı, neden olmasın.

Adam, hurmayı teslim edip koyuldu yola.

O gidedursun, biz hurmalara dönelim. Arkadaşı, hiç de tâcirin güvendiği gibi sözüne sâdık değilmiş ki, "ne yapıp edeyim de bu mala sahip çıkayım?" diye yollar arıyordu.

Önce hurmayı ucuz bir bedelle sattı. Sonra, parayı çoluğu çocuğuyla bir güzel harcayıp yedi. Karısı kaygılanmıştı,

– Peki tâcire ne diyeceksin dönünce?

– Amaaan, düşündüğün şeye bak, ambara koymuştuk, fareler yemiş deriz.

Öyle de oldu, tüccar dönünce, arkadaşı:

– Vaay dostum hoş geldin, sefalar getirdin, bizi merakta bıraktın, geciktin... diyerek karşıladı onu.

Tâcir, arkadaşının aşırı ilgisine bir anlam verememişti.

Hoş beş ettiler bir süre, sonra, tâcir, konuyu hurmaya getirip sordu;

– İzniniz olursa, emanet bıraktığım hurmaları da alayım, sizi bir hayli meşgul ettim.

– Ne demek efendim ne demek, bir arkadaşın olarak benim görevim. Fakat...

Adam önüne baktı, sesi değişmişti. Tüccar meraklandı.

– Fakat... Nasıl desem bilmem ki...

– Kötü bir şey mi oldu?

– Hiç sormayın! Hurmayı, bizim mahzende saklıyorduk. Sen gittikten epeyi sonra, bir bakayım diyerek indim ki ne göreyim. Hurmadan eser yok. Fareler bütün yemişler...

Tâcir, "Yüz kilo hurmayı fareler nasıl tüketir?" diye aklına sığıştıramadı arkadaşının söylediğini. İşin içinde bir bit yeniği vardı..

Adam,

– Ne desen haklısın, ne yapsan yeridir, istersen bedelini ödeyeyim, gerçi benim bunda bir suçum yok inan.. deyince, tüccar:

– Önemli değil canım, üzüldüğün şeye bak, canın sağolsun, diye geçiştirdi konuyu.

Arkadaşının evinden ayrıldığında, tâcir, "hurmayı sana bıra-kanda suç" diyerek kendi kendini suçladı.

Arkadaşıysa, tâcir evden çıkar çıkmaz, ellerini oğuşturarak karısına:

– Gördün mü enayiyi, nasıl da yuttu, demişti.

Son gülen iyi güler, demişler.

Tüccar arkadaşının yalan söylediğini tahmin etmiş, "ben na-sıl olsa, bunun bedelini senden alırım" diye teselli etmişti kendi-ni.

Çok geçmeden de bir çıkar yol buldu.

Arkadaşı, tâcirle dostluğunu pekiştirmek ve ondan yeni bir çıkar sağlamak düşüncesiyle evine davet etti. O da:

– Şimdi çok işim var, daha sonra gelirim, diyerek başından savdı.

Evin önünde çocuğunu gördü. Kandırarak evine götürdü.

Ertesi gün arkadaşına gittiğinde, hilekâr adam ağlayıp duru-yordu.

– N'oldu dostum neyin var? diye sordu tâcir.

– Hiç sorma, dedi adam, çocuğum, küçük oğlum kayıp.

– Allah Allah nasıl olur, çocuğu bir tarif et bakalım? diye, bilmiyormuş gibi sordu Tâcir.

Adam çocuğun şeklini, giysilerini, boyunu, göz rengini anlat-tı.

Tâcir:

– Gördüm, dedi. Dün gördüm bu anlattığın çocuğu.

Adamın gözleri parladı:

– Nerede gördün?

– Bir çaylak, gagasına almış kaçırıyordu, çok uğraştım bir türlü kurtaramadım, dedi tâcir.

Adam şaşırmıştı.

– Yahu nasıl olur, bir çaylak koskoca çocuğu nasıl kaçırabi-lir?

Tüccar taşı gediğine koydu:

– Yüz kilo hurmayı parmak kadar fareler yiyip bitiriyor da, bir çaylak niçin çocuk kaçıramıyormuş bakalım?

Adam anlamıştı tüccarın ne demek istediğini.

– Tamam, tamam, dedi, pes diyorum, hurmalarını fareler yemedi, ben sattım, parasını da harcadım, lütfen söyle çocuğum sende mi?

– Bende, dedi tüccar, getir hurmamı al çocuğunu!

Ve adam mecbur kalıp tâcirin malının karşılığını verdi.

* * *

Kelile, öyküyle, arkadaşına, insanları sonuna kadar aldatmanın imkânsızlığını anlatmak istiyordu.

Dimne, bunu anlamayacak kadar aptal değildi.

Yalancının mumu yatsıya kadar yanar, demişler.

Dimne, Kelile'ye:

– Anlaşıldı, dedi, senin dilinden kurtulmak imkânsız, tamam kabul ediyorum, Şetrebe'ye haksızlık ettim.

– Kabûl etmen güzel, dedi Kelile, bu da bir erdemdir. Fakat iş işten geçti...

Kelile'nin dediği gibi, iş işten geçmişti gerçekten.

Arslan, zavallı öküzü yerden yere vurmuş, paramparça etmişti.

Şetrebe de öyle kolay yutulacak bir lokma olmadığından Arslan'ı bir hayli hırpalamıştı.

Şimdi, koca öküzün parçalanmış cesedi yorgun Arslan'ın gözü önünde, yerde yatıyordu.

Derin bir üzüntü içindeydi.

Yaptığının yanlış olduğunu anlamıştı, ama atı alan üsküdarı geçmişti.

Şetrebe'yi geri getirmek mümkün müydü?

Bu haksızlığın cevabını öte dünyada nasıl verecekti?

Üstelik böylesine zeki ve güçlü bir yardımcıdan da olmuştu.

Dimne, Kelile'nin yanından ayrılıp, olay yerine geldiğinde,

Arslan'ı üzüntüden kahrolmuş bir durumda buldu.

Dokunsan ağlayacak gibiydi. Yorulmuş, bazı yaralar almıştı. Burnundan soluyordu. Dimne, onun bu halinden korktu. Kendisini acındırır gibi yaklaştı. Kem küm etti, birşeyler söylemeye çalıştı. Arslan'a üzülmemesi gerektiğini söyledi. Kral, Dimne'nin kendisini aldattığını hissettirmek istemedi. Sustu.

Gerçekte, Kelile ve Dimne'nin öyküsünü Hind Padişahı Debşelem'e, ünlü bilge Beydeba anlatıyordu.

Öykünün birinci bölümü bittiğinde ihtiyar bilge derin bir nefes aldı. Yorulmuştu. Artık, gençliğin diri canlılığından uzaklaşalı epeyi olmuştu.

Debşelem'in keder dolu gözlerine baktı Beydebâ;

– Şetrebe'nin ölümü seni çok üzdü anlaşılan, dedi.

Debşelem, dalgınlıktan sıyrıldı:

– Şey... Evet, dedi. Şetrebe'nin ölümünden çok Arslan'ın aldanmasına üzüldüm, dedi.

– Hikâyenin bu bölümünden çıkardığın ders nedir? diye sordu, filozof.

– Bir yöneticinin hilecilere ve düzenbazlara uymaması gerektiği, dedi, Debşelem.

– Evet, dedi Beydeba.

– Acaba, Dimne ve onun şefkatli arkadaşının öyküsü sürecek mi? diye sordu Debşelem.

Beydebâ, sakalını sıvazladı, bir süre düşündü, gözlerini sonsuz bir boşluğa dikmiş gibi dalgınlaştı.

Bakışlarında yanıp yanıp sönen hikmet pırıltıları Debşelem'i çok heyecanlandırmıştı.

– Sürecek, dedi Beydebâ, sürecek, acele etme.

ZAMAN AYDINLIKTIR

ARSLAN, aylardır süregelen, gittikçe de artan derin bir pişmanlık duygusunun kıskacında kıvranmaktaydı.

Şetrebe...

Ülkesinin yönetiminde kendisine belki de en fazla güvendiği adamı.

Bu dürüst, mert ve cesaretli öküz, yoktu artık. Ne yapsa, ne etse geri gelmezdi.

Dünyanın kuralıydı bu, giden geri gelmiyordu. Kalp ise, bir cam şişeydi sanki. Kırılınca, bitiyordu herşey. Eski haline dönmesi imkânsızlaşıyordu.

Arslan, kendisini hiç bu kadar âciz, hiç bu kadar güçsüz ve zavallı hissetmemişti.

"Ben ne yaptım! Ben ne yaptım!" diyerek günlerce başını taştan taşa vurdu.

Yemekten, içmekten kesildi.

"O kurnaz çakalın aldatmalarına nasıl da kandım.

Beni nasıl da kandırdı.

Zavallı Şetrebe!

Ben ne yapacağım şimdi?

İçimi kemiren, uykularımı kaçıran, bana dünyayı zindan eden bu duygudan nasıl kaçacağım?"

Arslan, gün geçtikçe tanınmaz bir hale geldi.

İnsan içine çıkamıyor... Sessiz, kimsesiz yerlerde kendi kendisiyle başbaşa kalıyor, kimseyle konuşmuyor, devlet işlerini yardımcılarına bırakıyordu. Sanki, dünyayla olan bağları kopmuştu. Ruhunu boşlukta bulmuştu. Hiçbir şeyin anlamı kalmamıştı. Kimseye güvenmiyor, kimseyi sevmiyor, kendisinden de nefret ediyordu.

Kaplan'ı vezir olarak atamış ve işlerin çoğunu ona bırakmıştı.

Günler, Arslan için can sıkıcı bir tekdüzelikle sürüp gitti.

Çevresindeki bilge kişilerden hikâyeler, masallar, hikmet dolu sözler dinlemeye başladı.

Pişmanlığın verdiği acıdan biraz olsun uzaklaşabiliyordu.

Veziri Kaplan'la oturmuşlardı. Kaplan, ona:

– Olmuş bitmiş bir işe kim çare bulabilir Sultanım, kendinizi bu kadar üzmeniz yanlış bence. Olanla ölene çare var mı dedi.

– Doğrusun, haklısın, lâkin kalbime söz dinletemiyorum. Olmuyor... Olmuyor, kendimi bir türlü affedemiyorum!

Kaplan, sesine yumuşak bir ton vererek:

– Size, bir Tilki'nin öyküsünü anlatmak isterim, göreceksiniz, geçen işten keder duymak ne kadar yararsızdır, ne kadar boştur.

– Anlat bakalım, dedi Arslan, üzüntüsünü içine gömerek.

Kaplan başladı öyküyü anlatmaya.

Açgözlü Tilki Masalı

Bir varmış bir yokmuş
Evvel zaman içinde,
Kalbur saman içinde
Ben giderdim çarşıya
Saklı saman içinde

Saman yelde dağıldı
Uçtu gitti havaya
Bir tavşan avlayayım
Diye düştüm yollara
Uzakta bir ev gördüm
Yedi başlı dev gördüm
Koştum vardım yanına
Ev değil bir ağıldı.
Birden fırtına koptu

Attı beni ormana. Orman da ilerlerken tilki karşıma çıktı.

Açlıktan ölmek üzereydi. Acı acı soluyordu, bir karış açık ağzından salyalar akıyordu.

Yiyecek bir şeyler aradığı her halinden belliydi.

Az gitti Tilki, sonra uz gitti.

Soğuk sular içerek, lale sümbül biçerek.

Dolu bulursa bırakıp boş bulursa içerek.

Vara vara vardı bir garip hana.

Terkedilmiş olmalıydı. Kimsecikler yoktu handa. Yiyecek kırıntıları vardı ortalıkta. Onları topladı. Dişinin kovuğu bile dolmadı.

Mis gibi kokuyordu içerisi, az önce bir tavşan kızartılmış olmalıydı.

Koku izi sürdü. Tavşanın derisini buldu.

"Bari bunu alayım yanıma," diyerek düştü yollara. Hava sıcak mı sıcak. Terden sırılsıklam oldu. Yuvası da çok uzak. Dişleri arasında tavşan derisi, yürürken yolda sesler duydu derinden.

Durdu. Çevreyi kokladı.

Tavuk! Bunlar tavuk olmalı! dedi. Gözleri parladı. Deri ağzından düştü yere.

Yakında bir köy vardı. Köyün girişindeki evin bahçesinde tavuklar...

"Aman Allahım! Gözlerime inanamıyorum, şu tavuklara da bak.." diyerek, usul usul yaklaştı bahçeye.

Dörtbir yanı çitle çevriliydi.

Fakat o da ne! Tavukların yanıbaşında bir çocuk. Gözlerini onlardan ayırmıyor.

"Hay Allah! Nereden çıktı bu şimdi" diye hayıflandı Tilki.

"Tavuklara yaklaşmanın bir yolu olmalı, biraz beklesem mi acaba?" diye düşünürken Çakal belirdi çalılıkların arasından.

– Merhaba Tilki kardeş, dedi.

Selamına cevap vermedi Çakal'ın.

"Çocuk yetmiyormuş gibi şimdi de bu aptal hayvan" çıkmıştı karşısına.

– Nefis, değil mi? diye sırıttı Çakal, tavukları göstererek.

– Nefis değil, dedi Tilki, enfes. Sen de mi göz diktin onlara?

– Ben günlerdir gözetliyorum, fakat çocuk... Çocuk göz açtırmıyor.

– Çocuk mesele değil, dedi Tilki.

Kurnaz kurnaz baktı tavuklara.

Çakal:

– Sakın, dedi bir yanlışlık yapmayasın.

Tilki oralı olmadı.

Bir süre bekledi.

Sonra, ansızın saldırdı tavuklara.

Bağrışarak kaçtılar. Çocuk, yerden iri bir taş kapıp kafasına indirince, başı kanlar içinde yıkıldı yere.

Çakal sinmişti oraya, olup bitenleri izliyordu.

Çocuk, ikinci bir hamle yapacaktı ki, Tilki güç bela kaçıp kurtardı canını.

Nefes nefeseydi. Çakal:

– Sana demiştim, dedi, bak neler oldu sonunda!

Dinlemedi onu Tilki.

"Bari gidip tavşan derisini alayım" diye davrandı ki ne görsün! Gökten süzülen bir çaylak kaptığı gibi deriyi kanatlandı yukarılara.

Tilki kahrolmuştu.

Bu kahır, sonunda büyüyerek yüreğinin orta yerine çöreklendi.

Çok geçmeden ölüp gitti.

* * *

– İşte böyle Padişahım, dedi Kaplan, kahır insanı çok yaşatmaz.

– Peki ne yapabilirim söyler misin, bu acıdan nasıl kurtulabilirim?

Kaplan, ilginç bir öneride bulundu Arslan'a;

– Olayın içyüzünü araştırın. Eğer Şetrebe, gerçekten hainse, pişmanlık duymanız gereksiz. Yok şayet suçsuz da onu size kötüleyen suçluysa, o zaman arada fitnecilik yapanı cezalandırırsınız olur biter.

– Çok doğru, dedi Arslan, yarından tezi yok araştırma yaptıracağım.

Vakit bir hayli ilerlemişti.

Kaplan, izin isteyip huzurdan ayrıldı.

Yolun üzerindeydi Dimne'yle Kelile'nin oturdukları ev.

Tam geçerken oradan, içerde ışık olduğunu gördü.

"Uğrasam mı acaba?" diye geçirdi aklından. Pencereye yaklaştı.

"Bu zamana dek neden oturmuşlar, içerden gürültüler de geliyor, bir mesele var galiba" dedi içinden.

Dimne'yle Kelile heyecanlı heyecanlı konuşuyorlardı. Kelile, Şetrebe'ye yapılanların haksızlık olduğunu söylüyordu, hâlâ. Dimne'yse, arkadaşına olaydan pişmanlık duyduğunu, bir daha böyle şeyler yapmayacağını, özür dilediğini söylüyordu.

Kaplan duyduklarına inanamadı.

Demek Öküz Şetrebe suçsuzdu.

Aslı astarı yoktu söylenenlerin.

Dimne! Dimne planlamıştı olanları.

Gidip Arslan'a herşeyi anlatsa mıydı?

Kuşkuya düştü.

"Hayır hayır, dedi içinden, Arslan duyarsa bütün bunları Dimne'yi öldürtür hemen. Bu da şu an onun için iyi olmaz. En iyisi Anne Arslan'a gideyim, ona danışayım"

Anne Arslan'ın ışığı yanmıyordu. Erken yatardı. Artık yaşlanmıştı.

Uzun süre kapıyı çaldı Kaplan, sonunda Anne Arslan açtı.

Sessizce içeri süzüldü Kaplan. Anne Arslan telaşlanmıştı. Kaplan olup bitenleri bir bir anlattı ona.

Anne Arslan:

– Sen şimdi git yat. Sabah ola hayrola, ben konuşurum onunla, dedi.

Anne Arslan'ın gözüne bir türlü uyku girmedi.

Yatakta bir o yana döndü, bir bu yana.

Sabahı zor etti. Gidip oğluna, Şetrebe olayında bazı dolaplar döndüğünü, bütün bunların içyüzünü bildiğini söyledi. Arslan meraktan çatlayacak gibiydi.

– Lütfen anne, dedi, lütfen bildiklerini anlatır mısın?

– Hayır, dedi Anne Arslan, bilmekte yarar yok bunları. Hem, bana anlatana söz verdim, bu sırrı açıklayamam.

Arslan kahroluyordu.

– Anne n'olur anlat bildiklerini. Çok önemli bu olay benim için, çok önemli.

– Lütfen ısrar etme oğlum, dedi Anne Arslan, bu sırlar bana emanet edildi bir bakıma, emanete ihanet edilir mi?

Arslan ne yaptıysa ne ettiyse Anne Arslan'ın ağzından bir söz alamadı.

Oğlunun ısrarlı istekleri karşısında, sırrı içinde taşımayan bir seyisin hikâyesini anlattı ona.

Sır Saklamayan Seyis

PADİŞAH ava çıkmıştı.

Yanında yakın adamları, vezirler, ordu komutanları, diğer saray yöneticileri vardı.

Seyisine yola çıkmadan önce, en güzel atını hazırlamasını söylemişti.

Ormanda bir hayli yol aldılar.

Birkaç geyik avladılar.

Padişah, Seyis'in mahçup gözlerine baktı;

– Gel, dedi seninle yarış yapalım.

Seyis şaşırmıştı.

– Atını mahmuzla! dedi Padişah ve ok gibi fırladı, atıyla birlikte.

Seyis de atını mahmuzladı.

Ormanın ıssız bir yerinde Padişah durdurdu atını.

Nefes nefese kalmıştı atlar.

Seyis'e döndü;

– Amacım yarışmak değildi, dedi.

Seyis'in merakı iyice artmıştı.

– Sanabir sırrımı vereceğim, dedi Padişah.

Seyis başını önüne eğdi.

– Buyruğunuz başım üstüne hünkârım, dedi.

– Sana, diye devam etti Padişah, güvenirim, has adamlarımdansın, doğrusu bu sır, uzun zamandır içimde bir kor gibi beni yakıp duruyor.

Seyis:

– Nedir Sultanımı böylesine üzen şey?

– Kardeşim, dedi Padişah, ondan kuşkulanıyorum.

Seyis şaşırdı.

– Tahtımda gözü olduğunu sanıyorum, dedi Padişah. Gizli gizli çalışmalar yapıyormuş, tahtımdan indirmek için beni sinsi planlar içindeymiş. Seni, izlemen için görevlendiriyorum. Ne yapıyor, ne ediyor bana günü gününe bildireceksin!

Seyis, Padişah'ın kendisine güvenmesinden dolayı çok sevinmişti. Oldukça önemli bir tavır takınarak:

– Buyruğunuzu yerine getireceğimden şüpheniz olmasın efendim, dedi. Bugünden itibaren Şehzade'nin her ânını izlemeye çalışacağım. Kalbinizi ferah tutunuz.

Geri döndüler.

Geride kalanlar meraklanmıştı.

– Yarışı, dedi Padişah; Seyis efendi kazandı, atıma anlaşılan az arpa yediriyor.

Gülüştüler.

Seyis, hemen kolları sıvadı. Ve şehzâdeyi izlemeye başladı.

Bir gün iki gün derken, çok geçmeden Şehzâde anladı takip edildiğini. Seyis'e sordu. Seyis, gizlemeye gerek duymadan rahatlıkla anlattı olayın içyüzünü. Şehzâde, Seyis'in kendisine dalkavukluk yaptığını anlamıştı.

Günler geçip gitti böylece.

Dünya kimseye bâki değil.

Padişaha da olmadı. Ve eceliyle göçüp gitti bu geçici dünyadan.

Seyis sevinç içindeydi. Şehzâde tahta geçecek ve kendisine yaptığının karşılığını verecekti.

Fakat durum Seyis'in sandığının aksine gelişti.

Şehzade padişah olur olmaz ilk olarak, ölüm fermanı çıkardı onun için.

Şaşkınlık içindeydi. Çıktı huzuruna;

– Size, dedi, vaktiyle babanızın bir sırrını söylemiştim. Karşılığı bu mu olacaktı yaptığım hizmetin?

– Evet, dedi Şehzâde; çok kızgındı, bu olacaktı. Sen sır saklamanın ne demek olduğunu bilmeyen bir insansın. Babama olduğu gibi bana da zararın dokunacaktır.

Böylece Seyis, sır saklamamanın cezasını çekmişti.

* * *

Anne Arslan, oğluna, bu öyküyü anlattıktan sonra:

– Sır, dedi bir kez çıktı mı ağzından insanın artık, sonu gelmez kötülüklerin.

Padişah, sanki annesini dinlemiyor gibiydi.

– Lütfen, dedi Anne, n'olursun söyle şu bildiklerini. Zaten, sana bunu söyleyen sır olmaktan çıkarıyor olayı, hem bu Şetrebe'nin ölümü için çok önemli. Şetrebe, hâlâ içimde bir kuşku olarak durmakta. Bir kurt gibi kemirmekte beni.

Anne Arslan fazla direnemedi. Ve, Şetrebe'nin ölümüne neden olan hainin Dimne olduğunu söyledi.

Arslan önce yanlış duydum sanarak, yeniden yeniden sordu annesine.

Kulaklarına inanamıyordu.

Nasıl olurdu, Dimne! En çok sevdiği, güvendiği, beğendiği yardımcısı.

Devlet yönetimiyle ilgili önemli işlerin çoğunu kendisine bıraktığı adamı.

– "Hayır! Hayır! Olamaz! dedi Arslan.

Anne:

– Ben de, dedi başta inanmamıştım, fakat ne yazık ki Dimne, göründüğü gibi birisi değilmiş. Fitnecinin bozguncunun biriymiş. Yazıklar olsun ona da, sana da! Zavallı öküzün kanına girdiniz.

Arslan'ın dizlerinin bağı çözülmüş, yere yığılıvermişti.

İnanamıyordu, bir türlü inanamıyordu.

Eğer doğru idiyse, önce Şetrebe'nin haksız ölümü, sonra en güvendiği adamının ihaneti, bu iki türlü yıkım olacaktı Arslan için.

Bir süre hıçkırıklarını tutamadı. Ağladı.

Dimne'ye nasıl da güvenmişti.

Ya Şetrebe? O akıllı, bilgili, iyi kalpli öküz?

"Allahım" diye yalvardı, "bütün bunların rüyâ olduğunu söyle, n'olur, bütün bunlar bir düş olsa"

Anne Arslan:

"Ne yapmayı düşünüyorsun evlâdım?" diye sordu.

– Bilmem ki, dedi Arslan.

– Suçlu kimse gerçekten, ortaya çıkarmalısın onu.

– Tamam anne, ben gerekeni yapacağım.

Ve derhal adamlarını çağırdı.

Yüce Divan'ın toplanmasını buyurdu.

Ertesi gün kadılar, yargıçlar, başvezir, vezirler, danışmanlar, komutanlar, toplanmıştı sarayda.

Yüce Divan'ın toplantısına Anne Arslan da gelmişti.

Kuşkusuz Dimne de çağrılıydı.

Zaten toplanma nedeni oydu.

Dimne, salona girdiğinde, kapıya yakın bir yerde Anne Arslan'ı gördü. Yanaştı.

Fısıltılı bir sesle:

– Divan niçin toplantıya çağrıldı? diye sordu.

Anne Arslan, hiç bir şeyi gizlemeye gerek duymadan anlattı.

Dimne oralı olmamıştı. Nasıl olsa ben suçsuz olduğumu ispatlarım, diye düşünüyordu.

Arslan bir köşede sessizce oturuyordu. Bakışları önündeydi. Gözlerinde derin bir kederin oynaştığı görülüyordu.

Dimne, Anne Arslan'a:

– İftira, dedi, bütün bunlar iftira. Benim, Padişah'a olan yakınlığımı çekemeyen kıskanç fitnecilerin uydurması. Sonunda herşey ortaya çıkacak!

Anne Arslan:

– İnşallah, dedi, biz de zaten onu istiyoruz.

Sözleri sitem doluydu. Dimne, rahatsız oldu bundan:

– Bak koca Arslan, dedi, sana bir dervişin öyküsünü anlatayım da gör neler oluyor bu dünya yüzünde.

Anne Arslan'ın tepkisini beklemeden anlatmaya koyuldu Dimne.

Bir varmış bir yokmuş diye başladı Dimne.

Dünyâ yüzünde kötüler iyilerden çokmuş.

Sanki dünyanın sonu gelmiş de, insanlar bunun farkında değillermiş gibi gözlerini hırs bürümüş.

⊛

Gözünü Hırs Bürüyen Derviş Masalı

ALTINDA BIR HASIR, virâne bir evin küçücük odasında kendi halinde, kendi melâlinde bir garip Derviş yaşarmış. Günlerini, gecelerini ibadetle, zikirle geçirirmiş. Kimi kimsesi yokmuş yeryüzünde. Dünyaya hiç mi hiç önem vermezmiş. Ne bulsa onu yermiş. Bazen günlerce aç, günlerce susuz dolaşırmış.

Hikmet bilgisinde ve Allah'a kullukta o denli ileri gitmiş ki, çevresine aydınlık bir rüzgâr estirmiş. Ve akın akın insanlar gelmeye başlamış dergâhına. O basit odası, dolup taşan bir tekke olup çıkmış.

Yaşadığı ülkenin Padişahı da derviş kişiliğinde biriymiş. Dindar kimseleri çok severmiş. Özellikle, dünyaya önem vermeyen, gece gündüz ibadet eden, insanları engin bir sevgiyle bağrına basanlardan çok hoşlanırmış.

Çok geçmemiş aradan, Padişah da gelip Derviş'i ziyaret etmiş.

Ve aralarında kuvvetli bir sevgi bağı kurulmuş.

Sık sık görüşür olmuşlar.

Bazen Padişah Derviş'e geliyor, bazen de Derviş saraya gidiyormuş.

Yine, Derviş'in sarayı ziyaretlerinden birinde, Padişah Divan'da toplantıdaymış.

Haber vermişler.

Hemen içeri alınması buyrulmuş.

Derviş, böylece Divan toplantısına katılmış. Divan'da yönetimle ilgili olaylar tartışılırmış.

Söz dönüp dolaşıp bir suçluya gelince, herkes âciz kalmış

karar vermekte. Padişah düşüncesini sormuş. Derviş, olayı oracıkta hemen bir karara bağlayıvermiş. Hem de kimsenin hakkını yemeden.

Bunun üzerine Padişah, Derviş'i bütün Divan toplantılarına davet etmeye başlamış.

Derviş, divanda çözülmesi güç davaları o kadar kolay sonuçlandırıyormuş ki, herkes hayranlık içindeymiş.

Padişah:

– Benim vezirim olur musun? diye sormuş Derviş'e bir gün.

Derviş, önce ürkmüş bu öneriden.

Düşünmüş, taşınmış:

– Bana biraz zaman tanıyın, diye

savuşturmuş ilkin.

Dergâhında günlerce düşünmüş.

Bir dost bir post yeterken Derviş'e, böylesi ilginç bir teklife ne demeli...

Kolay olmamış Padişah'ın önerisini kabul etmesi.

Sonunda, gidip Hükümdara,

– Bu fakire layık gördüğünüz görevi kabul ediyorum, diye cevap vermiş.

Padişah çok sevinmiş buna. Bayram etmiş.

Artık sarayda işler düzelmeye, davalar daha adil görülmeye, haklıyla haksız ayrılmaya başlar olmuş.

Tabi bizim Derviş de günden güne değişiyormuş.

Artık, yamalı, eski giysiler üzerinde yokmuş. Sırmalı kaftanlar, gümüş terlikler, altın gerdanlıklar...

Gelsin hizmetçiler, gitsin yemekler...

Toplantılar ihtişam içinde geçiyormuş. Derviş'in günlük yaşayışı değişmiş. İbadete az vakit ayırır hale gelmiş. Artık eskisi gibi çok zikredemez olmuş.

Görkemli bir hayata kavuşmuş.

Herşey kurulu bir saat gibi işlerken... Derviş'in eski arkadaşlarından bir zahid çıkıp gelmiş bir gün.

Önce eski evine gidip bakmış, kimsecikler yok.

Sormuş soruşturmuş. Sarayda olduğunu öğrenmiş, gelip çağırtmış Derviş'i.

Bakmış ki ne görsün.

Karşısında sade bir insan beklerken, süsler püsler içinde, insana tepeden bakan, lüksün, ihtişamın, altının, mücevherin boğduğu bir vezir çıkmış ortaya.

Hayal kırıklığı içinde çöküvermiş oracığa.

Neden sonra gelmiş kendisine. İçerde ağırlamışlar adamcağızı.

Vermiş veriştirmiş bizim eski Derviş'e;

– Nedir bu halin senin, hani o gönlü yüce ilhamı, geniş nurlu insan? Bu kaftanlar, bu altınlar.. Aman Allahım, nedir bütün bunlar?

Bizim Derviş:

– Yahu öyle hemencecik kızma. Görünüşüme bakıp karar verme hemen. Ben, yine senin eski Derviş arkadaşınım... dediyse de, arkadaşı inanmamış ona.

– Sen çıldırmış olmalısın, bir de göz göre göre yalan söyleyip beni aldatacağını sanıyorsun. Senin gözünü hırs bürümüş..

Vezir atılmış hemen:

– Ne yani, sarayda halka hizmet etmek de bir tür ibadet değil midir?

Arkadaşı:

– Bak, demiş; sana kör bir adamın öyküsünü anlatayım da dinle bakalım, insan kabul etmeyince gerçek öğüdü, ne durumlara düşüyor.

Kör Adam Masalı

DERVİŞİN arkadaşı, bir dostuyla ayrı arabalarda seyahat eden kör adamdan söz etmiş. Yolda konakladıklarında, kör adam kamçısını yitirmiş. Ararken eline kamçıya benzer bir cisim geçmiş. Gerçekte zehirli bir yılanmış bu. Hava gece soğuk olduğundan uyuşup kalmış oracıkta.

Derken yola koyulmuşlar.

Az gitmişler uz gitmişler.

Arkalarında koca bir toz gitmişler.

Arkadaşı durdurmuş arabayı, biraz soluklanmak için. Bakmış ki, kör adamın elinde bir yılan.

– Eyvah, sen ne yapıyorsun, bırak o elindekini diye bağırmış.

Kör adam:

– Niçin, ne var elimde? diye sorunca.

Arkadaşı:

– Yahu bir yılan tutuyorsun elinde, bırak, at onu hemen demiş.

Demiş demesine amma adamı bir türlü inandıramamış.

Kör adam:

"Benim kırbacım onunkinden daha güzel, kıskanıyor. Ben atınca gidip hemen kendisi alacak" diye düşünerek yılanı sımsıkı tutmuş elinde.

Orada da bir süre konaklayıp yola koyulmuşlar tekrar.

Güneş yükselmiş. Işıklarını daha çok yaymış yeryüzüne. Hava ısındıkça Kör Adam'ın elindeki yılan da uyanmaya başlamış.

Sonunda sokmuş adamcağızı elinden.

İçindeki zehiri akıtmış. Ve oracıkta ölüvermiş adam.

Bizim eski Derviş'in arkadaşı öyküyü anlatıp:

– Senin demiş, gözünü hırs bürümüş. Tıpkı o kör adam gibi senin elinde de yılan var.

– Yılan mı? diye gülmüş bizim Derviş.

– Evet, demiş arkadaşı, hem de en azgın zehirlilerinden. Sana sunulan bu taç ve taht, bu kaftanlar, bu süsler o yılandan farksız.

İki arkadaş saatlerce konuşmuşlar. Derviş'in arkadaşı üzüntü içinde ayrılmış saraydan.

Derviş, o geceyi yine ibadetle geçirmiş.

Sabaha dek ağlayıp durmuş haline. Sabah olunca, bütün bu süsleri, giysileri bırakıp, saraydan ayrılacağına dair kendi kendine söz vermiş.

Ve gecenin ilerlemiş vaktinde dalmış uykuya.

Sabah gözlerini açtığında sanki hiç bir şey olmamış gibi sarayın çekici hayatına tekrar dalmış.

Arkadaşının sözlerini unutmuş gibiymiş.

Günler yel gibi akıp gitmiş, Derviş eski dervişlikten büsbütün ayrılmış.

Artık haklı haksız demeden davaları savuşturuyor, çıkar sağlıyor, hatta insanlara zulmediyormuş.

Sonunda insanların ahı mı tutmuş nedir, Padişah kızgınlık içindeyken Vezir'i hakkında ölüm fermanı çıkartmış ve bizim Derviş yalan olup gitmiş bu dünyadan.

* * *

Dimne, hikâyeyi bitirdiğinde sözleri sitem doluydu.

Anne Arslan'ın yorgun gözlerine baktı:

– Aslında bütün suç bende, dedi, tıpkı o derviş gibi, padişaha yakın olmak, sarayda sözü geçer biri olmak neme gerekti, benim sanki...

Padişahın yakın adamlarından Karakulak söyleşiye kulak misafiri olmuştu. Dimne'nin böyle sitemli konuşmasını duyunca atıldı hemen:

– Sen, dedi Dimne'ye, asıl şimdi akılsızlık ediyorsun. Padişahın hizmetinde bulunmak, ona yakın olmak niçin kötü birşey olsun. Anlaşılan Rûşen Damir'in öyküsünü bilmiyorsun.

Dimne, Karakulak'ın sözünü ettiği hikâyeden habersizdi.

– Hayır, dedi bilmiyorum.

– Öyleyse dinle, dedi Karakulak ve masalı anlatmaya başladı.

Rûşen Damir Masalı

BIR VARMIŞ, bir yokmuş
Allah'ın kulu darıdan çokmuş.
Evvel zaman içinde
Bilinmez bir mekânda
Çin mi yoksa Maçin'de
Bir garip Derviş yaşarmış.

Adı Rûşen Damir'miş adamın. Bilgisiyle, görgüsüyle, feyziyle, ilhamıyla ünlü biriymiş. Öyle ki, şöhreti şanı tâ Semerkant yöresine kadar yayılmış. Oradan acemi bir derviş kalkıp ziyaretine gelmiş.

Gelmiş ki, evde kimsecikler yok.

Sormuş soruşturmuş, sonunda saraya, padişahla görüşmeye gittiğini öğrenmiş.

"Allah Allah! Bu ne hal? Bu kadar şöhretli bir dervişin sarayda işi ne ola ki, yoksa o da mı padişaha dalkavukluk yapmakta, yandık ki yandık" diye hakkında ileri geri konuşmuş.

Tam evinden çıkarken, zaptiyeler yakalamışlar adamı.

Meğer o günlerde orada bir hırsız dolaşmaktaymış, bizim acemi dervişi hırsız sanarak alıp götürmüşler kadı efendiye.

Kadı, kanun gereği, adamın elinin kesilmesine karar vermiş. Tam, ceza uygulanacakken, Rûşen Damir çıkagelmiş. Nefes nefese yetişmiş Kadı'nın huzuruna,

– Aman Kadı Efendi! Ne yapıyorsunuz, bu adamcağız garip bir derviştir, beni görmek için daha bu sabah Semerkant'tan kalkıp geldi. Suçsuzdur." diye konuşunca gerçek ortaya çıkmış, acemi derviş de kurtulmuş.

Rûşen Damir'e bakınca utanıyormuş derviş.

– Üzülme, demiş Rûşen Damir, hakkımda kötü düşünmekte haklıydın. Fakat padişahla görüşmeseydim seni kurtaramazdım. İyi insanlara hizmet etmek için bu gerekli. Bir gün, sen de inanacaksın buna, demiş.

Karakulak, Dimne'yi azarlar gibi:

— Sen, dedi, nankör bir hayvansın. Padişahın yanında bulunmanın ne anlama geldiğinden de habersizsin. Bu, herşeyden önce onurlu bir görevdir, bunu nasıl inkâr edersin? diye çıkıştı.

Dimne, Karakulak gibi kızgın değildi.

Oldukça yumuşak bir sesle cevap verdi:

— Ben, dedi, galiba ne demek istediğimi anlatamadım. Kuşkusuz halka hizmet etmek bir tür ibadettir. Çok onurlu bir iştir. Ancak benim gibi duygularına yenilenler için değil. O yüce göreve kendimi layık görmüyorum.

Divan'da hemen herkes konuşulanları ilgiyle dinliyordu.

Arslan, hâlâ köşesinde sessizlik içindeydi.

Anne Arslan, söze karışmaktan kendini alamadı:

— Kendini acındırarak adaletin pençesinden kurtulacağını mı sanıyorsun? diye çıkıştı Dimne'ye.

— Lütfen anneciğim, sen de beni yanlış anlama, dedi Dimne.

Dimne, rolünü ustalıkla oynuyordu. Onun asıl amacı, köşesinde üzüntü içinde oturan Arslan üzerinde olumlu bir etki bırakmaktı. Gerçi Arslan, Şetrebe'nin ölümüne çok üzülmüştü, yeni bir cinayete kolay kolay yanaşmazdı. Fakat, kimbilir, çevresindekilerin kışkırtmasıyla neler olmazdı!

Anne Arslan, Dimne'yi tekrar azarladı:

— Şetrebe'yi padişahın gözünden düşürtüp ölümüne neden olan sen değil misin? O, oğlumun en yakın adamıydı. Çok zeki ve cesurdu. Vezirler içinde bir taneydi.

Dimne, sözü Anne Arslan'dan kurnazlıkla kapıp konuşmaya başladı.

— Ben, dedi, kendimi kusursuz görmüyorum. Belki de aranızda en günahkâr, en suçlu benim. Ayrıca kimbilir belki de en yeteneksiz yardımcısı oldum Ulu Hakanımızın...

Dimne, öylesine ustalıkla konuşuyordu ki, Arslan'ın konuya ilgisi artmıştı.

Herkes, Dimne'ye hak vermeye başlamıştı. Bazı itirazcılar da yok değildi. Özellikle Anne Arslan, bizzat kulaklarıyla işittiği için, Dimne'nin suçsuz olduğuna dünyada inanmıyordu.

Sonunda konuşmasını bitirdiğinde, Arslan sözü aldı ve:

– Dimne'nin suçlu olup olmadığını araştıracak bir kurul oluşturulsun. Ve hemen araştırmalara başlansın,

diye emir verdi.

Dimne, buna çok sevindi.

En azından ölüm kararını geciktirmek demekti bu.

Bu arada kim öle kim kala.

– Yüce Sultanımız izin verirlerse, bu konuda kuşkularım var, dedi.

– Neymiş onlar? diye sordu Arslan.

– Kurulacak kurulda beni çekemeyen, öteden beri kıskanan kimseler yer almamalı, yoksa gerçekten adil bir karar verilemez, dedi.

Arslan, bu öneriyi de olumlu karşıladı.

Anne Arslan dayanamayarak ortaya atılmış ve bu alçak Çakal'ın yalancı olduğunu, herşeyi kendisinin bildiğini ve derhal öldürülmesi gerektiğini haykırdı. Fakat Arslan, Şetrebe'nin ölümünde acele edildiğini düşünerek, aynı hataya yine düşmemek için kılını kıpırdatmadı.

Dimne, bunu fırsat bilerek:

– Şanı yüce padişahım, diye başladı söze.

Sizin gibi, önemli bir görevi yürüten birisi için acele etmek en büyük tehlikedir. Sonradan pişman olacağınız bir iş yapmayınız... gibi sözlerle Arslan'ı etkilemeyi başardı.

Ve aceleciliğin zararlarını anlatan bir öyküden söz edince, Padişah:

– Anlat bakalım, dedi Dimne'ye.

Ressamın Sevgi Oyunu

BIR ZAMANLAR, Keşmir kentinde, zengin mi zengin bir tüccar varmış, diye başladı Dimne.

Karısının güzelliği dillere destanmış tâcirin.

Bu yüzden ilgisini çekmeyen erkek yokmuş.

Tüccarın, yetenekli bir ressam komşusu varmış. Tâcirin genç ve güzel karısına önceleri uzaktan uzağa, sonradan iyice yakınlaşarak tutkuyla bağlanmış ressam.

Fakat, kimse henüz bilmiyormuş bu tutkulu ilişkiyi.

Hemen hergün birbirlerini pencereden seyredermiş iki sevgili. Aralarında haberleşmeyi sağlayacak birisi yokmuş.

Sonunda, ressam ilginç bir çözüm yolu bulmuş.

Ve bir mektupla, kadına bildirmiş bunu.

"Sevgilim,

Gün geçmiyor ki, senin sevginin ateşi içimde büyümesin. Gözüme güzelliğinden başka hiç bir hayal girmiyor. Her gün seni duyuyor, seni düşünüyorum içimde. Artık canıma tak etti. Bir kez olsun, insanı tuzaklara atan gözlerini yakından seyredemeyecek miyim? Kokunu, saçını, ellerini hissedemeyecek miyim?

Ne yapacağımı bilmiyorum.

Günlerdir seni düşünmekten başka yaptığım ciddi hiç bir iş yok.

Düşündüm taşındım, senin de anlayışla karşılayacağını umduğum bir yol buldum.

Kara bir çarşaf alacağım. Ve kimsenin dikkatini çekmeyecek biçimde, ona bürünerek geleceğim kapına.

Sen çarşaflı birinin geldiğini görürsen bil ki o benim.

Hemen aç kapıyı.

Seni seviyorum.

Hoşçakal"

Ve aradan birkaç gün geçmiş. Kadın gece çarşaflı birinin süzüldüğünü görmüş pencereden.

Hemen inip kapıyı açmış.

Böylece gün aşırı görüşür olmuşlar ressamla.

Bir gün böyle iki gün böyle. Ressamın genç çırağı olayın farkına varmış, ustasından habersiz bürünerek çarşafa, evin yolunu tutmuş. Kadın kapıyı açar açmaz, kollarına atmış kendisini.

Kadın, gelenin çırak olduğunu anlamamış bile.

Bu olaydan bir saat sonra bu kez ressam gidince kadının evine, tâcirin karısı çok duygulanmış;

– Yine mi sensin sevgilim? demiş, daha bir saat önce buradaydın, demek ki beni çok seviyorsun...

Ressam anlamış kimin yaptığını bu işi. Ve dönüp çırağını bir güzel paylamış, kovmuş yanından, çarşaf işine de son vermiş.

* * *

Dimne'nin anlattığı bu hikâye, başta kral cenapları olmak üzere, Divan'da bulunanları güldürmüştü.

Arslan, Dimne'nin sözlerine inanmakta biraz acele etmiş olmalı ki:

– Dimne'yi yargılayacak tarafsız bir kurul istiyorum, bu süre zarfında onu da hapsedeceksiniz, diye emir verdi ve toplantı sona erdi.

Akşam Anne Arslan ve Kaplan, krala ne kadar dil döktülerse de, kararından vazgeçiremediler.

Padişah, annesine:

– Sen de duyduklarında acele etme anneciğim, dedi. İçimden bir ses, Dimne'nin suçsuz olduğunu söylüyor.

– Nasıl böyle düşünebilirsin, o alçak hayvan seni nasıl da inandırdı suçsuz olduğuna?

Arslan kararlıydı:

– Lütfen anne, beni etkilemeye kalkma. Daha Şetrebe'nin ölümünün acısı içimde bir tortu gibi duruyor, dedi.

Anne Arslan, umutsuzluk içindeydi.

– Yazıklar olsun sana! dedi, emzirdiğim süt burnundan gelsin! Eğer Dimne denilen o aşağılık hayvana gereken cezayı vermezsen, annelik hakkımı helâl etmiyorum.

Arslan, annesinin söylediklerinden çok etkilenmişti.

Yine de acele etmenin yararsız olacağından söz etti. Ola ki, Dimne'yi çekemeyen bazı kıskançlar uydurmuştur bütün bunları, diye itiraz etti.

Anne, kahrından ağlıyordu.

Kral, ona, Üç Kıskanç Adamın Sonu hikâyesini anlatmaya başladı...

∞

Üç Kıskanç Adam Masalı

GENİŞ, engin bir çölde, üç garip adam karşılaştılar.

Birbirlerine, nereden gelip nereye gittiklerini sordular.

Birisi:

– Ben, dedi, insanların mutlu olduğunu görüp kıskandığım ve buna dayanamadığım için çöle düştüm.

Çok ilginçti!

Diğerlerinin çöle düşme gerekçesi de aynıydı.

Böylece yolda söyleşe söyleşe yürümeye başladılar.

Çöl, sıcaktı. Çıplak ayaklarla yürümek çok güçtü.

Dinlenerek, düşekalka epeyi yol aldılar.

Gide gide, küçük bir gölün kıyısına geldiler. Bir süre dinlendiler. Tekrar yola koyulacakları sıra, içlerinden biri bağırdı:

– Heey! Ayağımın altında sert bir cisim hissediyorum, gelin bakalım, nedir bu?

Hemen koştular onun yanına. Kazdılar. Büyük bir küp çıktı. Baktılar, içi dolu altın.

Sevinç içinde, yanlarına aldılar küpü. Ve tekrar yola koyuldular.

Altını üçe böleceklerdi. Fakat kıskançlıktan bir türlü paylaşmaya yanaşmıyorlardı.

Hatta küpün yanından bir an olsun ayrılamıyorlardı.

Günlerce başında beklediler altının.

Öyle ki, açlıktan ölecek gibiydiler.

Tam bu sırada, ava çıkmış bir padişah yanında adamlarıyla birlikte onları gördü.

Gelip, çölde böyle perişan kalmalarının nedenini sordu.

Kıskançlıktan bu duruma düşmüş olduklarını öğrenince, sordu:

– Hanginiz daha kıskançsınız?

Biri:

– Ben, dedi, öyle ki kimseye iyilik yapamıyorum bu yüzden.

Diğeri:

– O da bir şey mi, dedi, ben değil kendimin, bir başkasının başkasına iyilik yapmasına dayanamam.

Üçüncüsü güldü:

– Sizin ki kıskançlık mı, dedi; ben, bana iyilik yapılmasını bile kıskanırım.

Padişah çok sinirlenmişti bu duruma.

Ve üçünü de cezalandırdı.

Arslan, annesine:

– Kıskançlık işte böylesine korkunç bir duygudur anneciğim, dedi. Dimne'nin bir kıskançlığa kurban gitmesinden korkuyorum. Biraz beklemekte ve olayı ayrıntılarıyla araştırmakta yarar var sanırım.

Arslan, annesiyle konuşadursun, bizim kurnaz çakal Dimne, zindanda, güç anlar yaşamaktaydı. Yaptığı hilenin anlaşılması, sonu olacaktı.

Kelile, Dimne'nin eve gelmediğini görüp aramaya çıkmıştı onu. Sarayın girişindeki muhafızlar, Dimne'nin hapsedilmiş olduğunu söylediler.

Gizlice, bir yolunu bulup Zindan'a girmeyi başardı Kelile.

Dimne, sevinçle koştu ona. Kelile, yüzü sapsarı kesilmiş olan Dimne'ye acıdı ilkin, sonra çıkıştı;

— Sana demiştim, yalancının mumu yatsıya kadar yanar diye.

— Hayır! dedi Dimne, yatsıdan sonra da yanıyor. Henüz benim yaptığımı kimse bilmiyor, senden başka. Sen de lütfedip söylemezsen, suçlu olduğumu kimse anlamayacak.

Kelile iyice kızdı arkadaşına:

— Beni, dedi şahit olarak çağırırlarsa eğer, doğruyu söylerim ancak. Beni kendin gibi hilekâr mı sanıyorsun, hayır dostum, yalan söylemeye hiç niyetim yok.

Dimne, şaşırdı:

— Nasıl olur, sen de benim ölümümü istiyorsun!

— Eğer, dedi Kelile, cezanı bu dünyada çekersen ahirette daha büyük bir azaptan kurtulacaksın. Bence gel doğruyu söyle, suçunu itiraf et.

Dimne, Kelile'yi kandıramayacağını anlayınca:

— Hele bir düşüneyim, yarın olsun, bakalım, diyerek başından savdı onu.

Ertesi gün, Arslan yine emirler yağdırdı. Yeni kurullar, heyetler oluşturuldu. Divan tekrar toplandı.

Ne kadar kadı, müftü varsa ülkede hepsi geldiler toplantıya.

Divan başkanı bir konuşma yaptı. Dimne hakkında olumlu olumsuz bilgisi olan tüm tanıkları konuşmaya çağırdı.

Kimseden çıt çıkmadı.

Dimne, bu kurnaz çakal fırsatı ganimet bilerek atıldı:

— Susmayın, lütfen susmayın, ne biliyorsanız ne düşünüyorsanız anlatın. Ölümden zerre kadar korkum yok, buna inanın. Siz de tanıklık etmekten korkmayın. Yoksa siz de, o cahil hekimin acı sonuna uğrarsınız, dedi.

Divan başkanı:

— Cahil hekim de kim? diye sordu.

— Anlatmamı ister misiniz? dedi Dimne.

Divan başkanı, yardımcılarına danıştı.

– Anlat bakalım, dedi.

Dimne, öyküyü anlatmaya başladı.

❧

Bilgisiz Doktorun Sonu

VAKTIN BIRINDE, bir ülkede bilgili mi bilgili, hünerli mi hünerli bir hekim yaşardı.

Doktorlukta üstüne kimse yoktu. Fakat gün geldi ihtiyarladı, gözleri görmez, elleri tutmaz, dizleri kendini taşımaz oldu.

Yerini cahil mi cahil bir doktora bıraktı.

Bu yeni doktor o kadar cahildi ki, daha oldukça basit ilaçları bile birbirinden ayıramıyordu. Hastalıktan halk kırılıp geçerken, o verdiği yanlış ilaçlarla işi daha da güçleştiriyordu.

Bir gün padişahın kızı doğum yapmış ve hastalanmıştı.

Padişah, yeni doktorun cahilliğini bildiğinden eskisini çağırtıp durumu anlattırmış. Ve bir ilaç önermesini söylemişti.

Eski hekim kör olmasına rağmen hastalığı anladı. Ve Mihrat denilen ilaçla misk ve benzeri bazı maddelerin karıştırılmasını, böylece yeni bir macun elde edileceğini söyledi.

Yeni doktora ilacın hazırlanış şeklini anlattı. Karıştırılacak maddelerin yerlerini bile söyledi.

Fakat bizim cahil doktor, bunu bile yapmakta güçlük çekti.

Sonunda elde ettiği macuna zehir katmıştı.

Hastaya içirildi. Padişah'ın kızı hayatını yitirdi.

Olayın anlaşılması üzerine, padişah zehirli ilacın geri kalan kısmını da doktora içirerek, onu da öldürdü.

* * *

Dimne, hikâyeyi bitirdi. Divan'da bulunanları anlamlı bakışlarla ayrı ayrı süzdü.

– İşte, dedi, insanın bilmediği şeye burnunu sokması halinde neler oluyor. Lütfen, bana sürülen bu leke hakkında kim doğruyu biliyorsa söylesin. Eğer bildiğinde kuşkusu varsa yine söylesin. Ama, elini vicdanına koysun. Yarın, öte dünyadaki büyük mahkemede hesap vereceğini de unutmasın.

Dimne, kurnazlığını adeta taçlandırmıştı. Heyettekileri o denli etki alanına almıştı ki, çıt çıkmıyordu. Birçoğunun, bu geveze çakal hakkındaki düşünceleri değişmiş olmalıydı.

Dimne, tekrar sözü aldı. Uzun uzun suçsuzluğunu savundu.

Divan üyelerinden biri itiraz etti:

– Dimne, dedi; çok konuşuyorsun. Buna rağmen somut bir delil ortaya süremiyorsun. Senin gibi çakalların ne denli kurnaz ve hain olduğunu herkes biliyor. Uzun söze gerek yok.

Dimne, bu cılız itirazın hemen önüne geçti. Ve adamcağızı susturdu.

Yargılama epeyi uzamıştı. Vakit geç olduğundan ertesi gün devam edilmesine karar verildi.

Dimne, yine hücresine döndü.

Akşam Rozbe adında bir çakal arkadaşı ziyaretine geldi.

Ona, Kelile'yi sordu hemen.

Rozbe üzgündü.

– Ne var? dedi Dimne, kötü bir şey mi oldu yoksa?

Arkadaşı ağlamaklıydı, başını salladı:

– Öldü, dedi, Kelile'yi kaybettik.

Dimne, şaşkınlık içindeydi:

– Nasıl olur, daha dün görüşmüştük, bir kaza mı geçirdi yoksa?

– Hayır, dedi Rozbe, dün seninle görüştükten sonra o kadar üzülmüş o kadar üzülmüş ki, kahrından ağlaya ağlaya ölmüş.

Dimne de ağlamaya başlamıştı.

Rozbe:

– Zavallı Kelile, diyordu, aramızda ondan iyisi yoktu, herkese iyilik yapardı, yalan nedir bilmezdi, kimseye haksızlık etmezdi...

Dimne, yalandan ağlıyor görünerek Rozbe'nin kederine ortak oluyor, fakat öte yandan Kelile'nin aleyhinde tanıklık etmesinden korktuğu için, içten içe seviniyordu.

– Artık git sevgili dostum, dedi Dimne Rozbe'ye, Kelile'yle benim ortak olduğum bir hazine vardı, ormanın kuzey ucundaki gölün kıyısındadır. Orada büyük bir çınar ağacı göreceksin, onun dibinde. Kaz, çıkar hazineyi, senin olsun, benim hakkımda da olumlu olumsuz ne söyleniyorsa öğren de gel.

Rozbe gittikten sonra Dimne, sevinç çığlıkları attı. Artık sırrını bilen kimse yoktu. Yarınki mahkemede kesin aklanacak, kurtulacaktı.

Gözlerine uyku girmedi gece.

Sabahı zor etti.

Divan kurulduğunda, başkan.

– Gel suçunu itiraf et artık Dimne, diye başladı söze. Efendimiz şefkatlidir, bakarsın seni affeder, fakat üzerinde böylesi büyük bir günahla gitme öte dünyaya, hem bizi günlerdir uğraştırıyorsun.

Dimne güldü başkanın sözlerine.

– Sayın başkan! Sayın yargıçlar! Değerli divan üyeleri!

İşlemediğim bir suçtan dolayı yargılanmaktayım. Kime şikâyet edeceğimi şaşırdım. Savcı da, yargıç da aleyhimde karar vermek için çırpınıyor.

Ben, yapmadığım bir işe yaptım dersem ve sonunda cezalandırılırsam, nefsime iftira etmiş olmaz mıyım? Peki bu haksızlığı cezasını kim çekecek? Söyler misiniz, Saygıdeğer efendimiz Arslan'a da, şu an bizi mezarında seyreden değerli devlet adamı Şetrebe'ye de haksızlık etmiş olmaz mıyım?

Lütfen elinizi vicdanınıza koyup söyleyiniz. Siz olsanız işlemediğiniz bir suçu kabul eder misiniz? Ve yargı kuralları bunu mu gerektirir? Lütfen söyleyin...

Dimne yine gevezelik etmeye başlamıştı.

Konuştu konuştu, divan üyeleri yorulmuşlardı onu dinlerken.

Sonunda sözü bir hikâyeye getirdi.

Başkan, "peki anlat bakalım" demek zorunda kaldı.

Ve Dimne, bir köpekle, kuş bakıcısının öyküsünü anlatmaya koyuldu.

Serhat beyinin karısı, yedi köye ün salmıştı güzellikte. Onun güzelliği uğruna nice can verecek yiğitler, nice mal serecek tâcirler, nice mevki makam boşverecek yöneticiler vardı...

Bey, Belahlı kölesini kuşların bakımı için görevlendirmişti. Görevi gereği eve rahatça girip çıkan köle, beyin güzel karısına aşık olmuştu.

Bir gün yolunu bulup, sevgisini açıkladı. Kadıncağız böyle bir şeyi aklının ucundan dahi geçirmediğinden şaşkına uğradı. Beyninden vurulmuşa döndü. Az kalsın düşüp öleyazdı.

– Bir daha duymayayım böyle şeyler! diyerek azarladı köleyi.

Çok dokunmuştu kadının sözleri ona.

Günlerce intikam ateşiyle yanıp tutuştu.

Ve, çareyi kuşlara birkaç cümle ezberletmekte buldu.

Bellah dilinde:

"Hanımla köleyi kucak kucağa gördük

Hanımla köleyi dudak dudağa gördük" anlamına geliyordu bu sözler.

Günler geçip gidiyordu. Papağanlar kölenin öğrettiği sözleri söylüyorlar fakat Bey, Belah dilinden anlamadığı için, gülüp geçiyordu kuşlara.

Bir gün, Bey'in Belah ülkesinden konukları gelmişti.

Akşam yiyip içtiler.

Yemekten sonra papağanların da bulunduğu köşeye kahve içmeye çekildiler.

Kuşlardan söz ettiler.

Papağanlardan biri, Belahça:

"Ben hanımla köleyi kucak kucağa gördüm" deyince konuklar hayretli bakışlarla baktılar kuşa.

Papağan konuşmaya devam ediyordu.

Adamlar kulaklarına inanamadılar.

Bey:

– Bir sorun mu var efendim? diye sordu konuklara.

Durum anlaşıldı. Bey, güç durumda kalmıştı.

Konuklar gittikten sonra, karısını sorguya çekti.

Kadıncağız, suçsuz olduğunu, böyle bir şeyin asla olamayacağını söylediyse de adamı inandıramadı. Bey, köleyi çağırdı huzuruna.

Kolunda bir şahinle girdi Köle.

– Doğru, dedi, Efendim, isterseniz beni kesin, öldürün fakat aşkımı inkâr edemem.

Bu sıra, kolundaki şahin birden Köle'yi gagalamaya başlamıştı. Adam neye uğradığını şaşırmış, davranmaya çalışırken Şahin gözlerini oymuştu kölenin.

* * *

Dimne, hikâyenin sonuna doğru, sesine etkileyici bir tavır takmıştı.

– İşte, dedi, görüyorsunuz, yalancı şahitliğe yeltenmenin cezası.

Şunu unutmayın, dünyada hiç bir şey cezasız kalmaz!

Dimne, kurnazlığıyla bugünkü mahkemeyi de yanıltmıştı. Başarısını, akşam hücresinde kutladı, kendi kendine şarkılar mırıldandı, gezindi durdu.

"Yarına Allah kerim" diyerek uyudu.

Dimne uyuyadursun, diğer yanda Anne Arslan padişahı inandırmak için uğraşmaktaydı.

Arslan, annesine daha da ricacı bir sesle:

– Bak anneciğim, Şetrebe, aceleciliğimden gitti. Şimdi, Dimne gerçekten suçsuz ise, onu da kaybedersem bu acıya dayanamam. N'olur biraz daha sabredelim, er geç gerçek ortaya çıkacaktır.

Sabah yine divan kuruldu.

Herkes toplanmıştı.

Dimne, sonu gelmez konuşmasına başlamadan önce, Kaplan çıktı ileri:

– Sayın yargıç, dedi; kararlı bir sesle, lütfen beni dinleyin önce. Bir gece, yüce padişahımızın huzurundan çıkmış evime gidiyordum. Dimne'nin Kelile'yle birlikte oturduğu ev, yolumun üzerinde olduğundan geç vakit ışıklarının yanması garibime gitti. Pencereden istemeyerek içerde konuşulanlara kulak verdim. Ve Dimne'nin içyüzünü o zaman anladım. Meğer, mazlum Şetrebe suçsuzmuş. Dimne, o gece Kelile'ye, bütün olup biteni anlatmaktaydı. Hatta arkadaşı onu suçladıkça, kendini temize çıkarmak için bin türlü dil dökmekteydi. Zavallı öküzü hükümdarımıza, padişahımızı da Şetrebe'ye karşı kışkırtan, araya fitne ve fesat sokan hep bu aşağılık hayvanın kendisidir. Şimdi de sizi aldatmak, padişahımızı kandırmak istiyor. Mahkemeyi günlerdir oyalıyor, burada usta bir aktör gibi rol yapıyor. Sanki bir iyilik perisiymiş gibi sözler ediyor. Bakıyorum, siz de onun bu ayak oyunlarına kanıyorsunuz. Artık lütfen kararınızı verin ve adalet bir an evvel yerini bulsun.

Kaplan'ın herşeyi açıklayan sözleri salonun ortasına düştüğünde Dimne, işlerin kötüye gittiğini hissetmeye başlamıştı.

Tekrar söz almak için davrandığı sırada, bir hayvan daha atıldı:

– Ben, dedi geçen akşam Dimne ile Kelile'nin zindandaki konuşmalarına tanık oldum. Herşeyi kulaklarımla duydum, Kaplan'ın söyledikleri tümüyle doğrudur. Şetrebe'yi Padişah'ımızın gözünden düşürmek için herşeyi bu kurnaz çakal planlamış.

Dimne, artık köşede sus-pus olmuş, kaderden kaçılamayacağını anlamıştı.

Arslan, kızgınlığından yerinde duramıyor gibiydi. Salonda herkesin gözü, suçu ortaya atan Çakal'daydı.

Hâkim'in sert sesi çınladı:

– Senin söylemek istediğin bir şey var mı?

Dimne, dalgınlıktan kurtuldu. Umutsuz bir sesle:

– Yok, dedi, ne diyeyim, kader konuşunca insan susarmış.

Evet suçluyum, kabul ediyorum. Gerçekte Şetrebe'yi Padişah'ımıza karşı ben kışkırtmıştım, onun başını yiyen benim, cezam neyse razıyım.

Şimdi sıra yargıçların kararındaydı.

Kaçınılmaz hüküm verildi sonunda.

Ve Dimne, kaderin adil pençesinden kurtulamadı.

Ertesi günün ilk ışıkları ormanı aydınlatırken, sabahın erken bir vaktinde darağacında sallandırıldı.

Padişah, günlerce sarayındaki odasından çıkmadı dışarı.

İki adamını kaybetmişti.

ÜÇÜNCÜ BÖLÜM

HAYAT SEVGİDEN DOĞMUŞTUR

İHTIYAR BILGE BEYDEBÂ, Kelile ve Dimne ile Arslan arasında geçen hikâyeyi bitirdiğinde epeyi yorulmuştu. Hindistan ülkesinin güçlü padişahı Debşelem Şah:

– Üstadım, dedi; gerek Kelile ile Dimne öyküsü, gerekse Dimne ile Arslan arasında geçen olaylar, doğrusu; bana unutulması imkânsız dersler verdi. Şimdi, gerçek hazineye kavuştuğumu iyice anlamış bulunuyorum. Sizin gibi, hikmet bilgisinde çok derinlere inmiş bir filozoftan sorup öğrenmek istediğim çok şey var.

Beydebâ, ak sakalını sıvazladı. Yaşlılığın yıpranmış vücudundan yavaş yavaş çekip aldığı diriliği özlemiş gibiydi. Gözleri, yine anlamlı bir dalgınlığa takılıp gitti.

Debşelem Şah:

– Umarım sizi fazla yormadım? diye sordu ürkek bir sesle.

Yaşlı Bilge,

– Hayır evlâdım, dedi, yorulmak bir yana beni epeyi bir zamandır uzaklaştığım dünyama yeniden getirdin.

Derin derin soluklandı:

– Eeee, söyle bakalım, Kelile ve Dimne hikâyesi, seni hangi

düşünceye kanatlandırdı?

Beydebâ'nın gözleri parlıyordu:

– Hilekâr ve fitnecilerle dostluk kurmanın ne denli zararlı olduğuna, efendim, dedi.

– Haklısın yavrum, dedi; Beydebâ, fitne ve hile insanı, dâima karanlık bir âleme atar.

– Eğer sizi fazla yormayacaksa, zihnimde beliren bir sorum daha var üstadım, dedi Debşelem.

Beydebâ, titrek bakışlarını Padişaha dikti, yumuşak bir sesle;

– Yorulmak, bu geçici dünyâmızın vazgeçilmez bir kuralıdır evlat, dedi, neymiş bakalım seni meşgul eden mesele?

– Sayenizde, Dimne gibi cin fikirli kimselerle düşüp kalkmanın kötü sonuçlar doğuracağını anladım. Peki, iyi dostlar edinmenin ne gibi yararları vardır?

Beydebâ:

– Sayılamayacak kadar çoktur, dedi; faziletli kimselerle arkadaşlık yapmak. Bunu bize ders veren o kadar çok hikâye vardır ki, istersen, önce ilginç bir dostluk öyküsünden başlayalım.

Ve yaşlı bilge, çaylak, güvercin ve fare ile bir ceylan yavrusu arasında geçen olayları anlatmaya başladı.

Gerçek Dostluk
Eşsiz Bir Zenginliktir

ETEKLERININ yemyeşil beneklerle süslü olduğu yüce sıradağların uzandığı Sekâvendecin ülkesi...

Ülkenin, ormanlarla kaplı Dâher şehri...

Gökkuşağı sanki yere inmiş de, çiçekleri, kelebekleri, böcekleri birbirinden güzel renkleriyle boyamıştı.

Boz bağların başında yemyeşil bir örtü gibiydi orman.

Tepeler yüksekti.

Yalçın, sarp kayalıklar yükselirdi.

Doruğunda kartalların yuva yaptığı...

İçinden buz gibi soğuk pınarların kaynayıp aktığı

Toprağı yakut

Taşı altın

Ormanı zümrüt olan, güzellikler ülkesi.

Yine ilkbahar gelmişti.

Eriyen karın altında bembeyaz, sapsarı çiçekler gülümsemişti.

Ağaçlara can gelmiş, filize durmuşlardı.

Yamaçlarında kır çiçekleri açmıştı.

Kuşlar cıvıldaşmaya, kelebekler dans etmeye başlamışlardı.

Hele mor koyunlar, arkasında sekerek oynayan mor kuzular...

Bülbül bağlara inmişti ilkbaharın gelişini en güzel şarkılarla kutlamak için.

Tabiat uyandı.

İnsan da uyandı.

Zalim bir avcı girdi ormana.

İnsanın, "kekliği değil beni vur" diyesi geliyordu.

Ormana kavuşan korulukta çerden çöpten bir tuzak kurdu avcı.

Bir kenara gizlendi. Sinsi sinsi beklemeye koyuldu.

Avcıyı, kentin tepelere uzandığı patikadan beri izleyen Çaylak, tuzağın hazırlanışını dikkatle seyretti.

Avcı'nın gizlendiği yerden yükselen ağacın dalına kondu Çaylak.

"Bakalım, n'olacak, kim takılacak tuzağa?" diye geçirdi aklından.

Çok geçmeden bir güvercin bulutu göründü havada. Tatlı kavisler çizerek süzüldüler. Tuzağın bulunduğu yere indiler.

Yerde buğday, arpa ve darı taneleri vardı.

Güvercinler de çok acıkmışlardı hani.

Hemen davrandılar.

– Durun! diye bağırdı biri.

Adı Şirin'di bağıranın. Liderleriydi. Çok zeki ve yetenekli bir güvercindi. Genellikle sözünü dinlerlerdi onun.

Tuzağın üstündeki yemlere saldıran güvercinler, döndüler birden, sesin geldiği yöne baktılar.

Şirin,

– Hemen saldırıyorsunuz, altında bir tuzak olmadığı ne malûm, hoş, biri gelip güvercinler yesin bunları, diye koymadı oraya.

O kadar acıkmışlardı ki güvercinler, Şirin'in söylediklerine kulak asmayıp yemlere giriştiler.

Ulu sözü dinlemeyen ulur, demişler.

Güvercinler de nasıl olduğunu bilmeden yakalanıverdiler tuzağa.

Şirin de düşmüştü.

Tuzak o kadar genişti ki, güvercinlerin tümü yakalanmıştı. Çırpınıyorlardı.

Şirin:

– Sakin olun sakin olun! Kesin şu çırpınmayı! diye bağırdı.

Çaylak, bulunduğu yerden heyecanla izliyordu olup biteni.

Avcı, güvercinlerin tuzağa düştüklerini görünce, gizlendiği yerden çıktı, yaklaşmaya başladı onlara.

Şirin:

– Tuzak fazla ağır değil, öyle sanıyorum, hep birlikte, aynı anda kanat çırparsak kurtulabiliriz buradan, dedi.

Kuşlara umut gelmişti.

– Doğru!

– Şirin haklı!

– Haydi arkadaşlar, hep birden!

Şirin:

– Şimdi susun, beni dinleyin, ben üçe dek sayacağım, üç

der demez herkes var gücüyle kanat çırpacak, dedi.

Avcı, güvercinlerde bir hareket olduğunu görünce daha da hızlanmıştı.

Çaylak, sanki tuzaktaki kendisiymiş gibi yerinde duramıyordu.

Şirin, "üç!" deyince, hep birlikte, var güçleriyle kanat vurdular ve ayakları bağlı, havalandılar. Bir süre sonra gökte iyice küçülerek kayboldular.

Avcı sezmişti bir şeyler ama, geç kalmıştı, soluk soluğa tuzak yerine vardı, gökte gittikçe ufalarak gözden yiten güvercinleri izledi.

Üzüntü içindeydi.

"Aman Allahım, az daha kalbim duracaktı!" diyordu Çaylak.

Güvercinlerin kaybolduğu yere doğru Çaylak da kanat çırptı.

Dönüp baktı, avcı hâlâ üzüntü içinde göğe bakıyordu.

Güvercinler ayaklarındaki bağla daha fazla gidemeyeceklerini anlamışlardı. Şirin:

– Arkadaşlar, dedi; biraz daha gayret edin, ilerde arkadaşım farenin evi var. Oraya gider, ayağımızdaki ipi kemirmesini rica ederiz, diyerek teselli etti onları.

Çaylak, güvercinlere yetişmişti. Kendisini farkettirmeden onları izlemeye başladı.

Sonunda farenin evine gelmişlerdi.

Şirin, kapıyı çaldı.

– Zeyrek! Zeyrek orada mısın, diye bağırdı.

Fare, içerden:

– Kim o? diye seslendi.

Şirin,

– Benim, Şirin, aç kardeşim, aç çabuk, dedi.

Zeyrek kapıyı açınca Şirin'i buldu karşısında. Sevinç içinde:

– Şirin! Sevgili dostum, hangi rüzgâr attı seni buralara? dedi.

Şirin:

– Sorma kardeşim sorma dedi, az kalsın canımızdan oluyorduk, neyse sonra anlatırım, lütfen, şu ayaklarımızdaki ipi kemirir misin?

– Tabi, dedi Zeyrek, ne demek, dost kara günde belli olur.

Ve çalışkan fare, kısa bir süre içinde güvercinleri bağlarından kurtardı.

Çaylak, bir kenarda gizlenmiş, onları seyrediyordu.

Güvercinler, Zeyrek'e teşekkür ederek ayrıldılar.

Fare de onları, gözden kaybolana dek uğurlayıp içeri girdi, kapıyı arkadan sürgüledi.

Çaylak:

"İşte, gerçek dost böyle olur. Güvercin ve fare. İnsan yıllarca düşünse böyle bir ikilinin dost olabileceği aklına gelmez" diye düşündü.

Sonra, bir hüzün kapladı içini. Üzüntü içinde:

"Niçin benim bir dostum yok, niçin dar günde yardımını isteyebileceğim bir arkadaşım yok" diye ağlamaya başladı.

Neden sonra, aklına fare ile dost olmak geldi.

Önce yadırgadı bu fikri. Sonra, "niçin olmasın?" diyerek, gidip kapıyı çaldı.

Fare, "Kim o?" diye sorunca da, "benim, sevgili kardeşim ben Çaylak"

Zeyrek şaşırmıştı.

– Çaylak mı?

– Evet, beni tanımazsın, seninle dost olmak istiyorum.

– Dost mu? dedi Zeyrek, çaylaktan dost olmaz!

– Lütfen kaçma benden, niçin dost olmayalım ki, biraz önce gözlerimle gördüm, güvercinlere yardım ettin, onlarla arkadaş olabiliyorsun da benimle niye olmayasın?

– Olmaz! diye diretti Zeyrek, çaylaklar farelerin düşmanıdır, tıpkı kurtla kuzu gibi, hiçbir zaman dost olamazlar.

Çaylak, hayal kırıklığına uğramıştı.

– Yemin ederim kötü bir niyetim yok benim. Lütfen dinler misin? Sadece seninle arkadaş olmak istiyorum, dünyada kimim kimsem yok, dar günümde yardımıma koşacak biri yok, n'olur geri çevirme beni.

Zeyrek'in içine bir kuşku düşmüştü. Çaylak o kadar yalvarıyordu ki... Sesinde samimi bir hava da vardı hani.

Yine de inanamadı:

– Doğrusu bana kötü bir şey yapacağından korkuyorum.

Çaylak, yalvaran bir sesle:

– Seni temin ederim ki fena bir niyetim yok. Hem, benim cinsimden bir kuşla dost olmuşsun. Ondan bir farkım yok ki.

Zeyrek, kararlıydı:

– Doğru, dedi, bir güvercinin dostuyum, o da benim arkadaşım, fakat bu gerçek dostluk her zaman, herkeste olmayabilir.

– İyi ya! dedi Çaylak, bir dostun daha olur, sana söz veriyorum, Şirin'den daha vefalı bir yoldaş olurum.

– Bu laflara karnım tok, dedi Zeyrek, yırtıcı bir şahinle dostluk kuran zavallı kekliğin öyküsünü unutmadım henüz.

Çaylak şaşırdı:

– Ne ilgisi var şimdi keklikle şahinin?

– Dinle de gör ne ilgisi olduğunu, dedi Zeyrek ve masalı anlatmaya başladı.

Bir Keklik Masalı

BIR VARMIŞ
Bir yokmuş
Çayırda çimen, toprakta nem, insanda elem
Tükenmeyecek kadar çokmuş
Evvel zaman içinde
Kalbur saman içinde
Develer top oynarken
Eski hamam içinde
Yeşil mi yeşil
Güzel mi güzel bir orman içinde

Gece gündüz güzel sesiyle ötüp duran bir keklik yaşarmış.

Bir gün çalılıklar arasında yine en güzel şarkılarını söylerken, oralarda gezinen bir şahinin dikkatini çekmiş.

Gevenlerde seken kekliğe dost olmayı önermiş şahin.

Keklik, gülmüş.

– Baksana yüzüme, demiş, hiç enayi yazıyor mu?

Şahin, yalvarmış yakarmış, olmadık yeminler etmiş dökmedik diller komamış, şahinle kekliğin dostluğunun âleme örnek olacağından söz etmiş, artık bu iki kuş türü arasında düşmanlığın böylece kalkacağını anlatmış, sonunda kekliği inandırmış.

Birlikte şahinin barınağında yaşamaya başlamışlar.

Önceleri kekliğin ötüşü, şahinin çok hoşuna gidiyormuş. Sabahları onunla uyanıyor, gece geç vakte dek dinliyor, öyle yatıyormuş.

Bir gün karnı acıkmış şahinin.

Dışarda şimşekler çakıyor, yıldırımlar iniyormuş yere.

Yağmur sağnak sağnak.

Şahin ava gidemiyormuş kaç gündür.

Açlıktan karnı yapışmış birbirine, kıvranıp dururmuş.

İlkin Kekliğe:

– Yeter artık, şu çirkin sesinden bıktım, ötüp durma başımda! demiş, susturmuş onu.

Sonra, gece vakti:

– Yukarıya konup, bana gelen ışığı engelliyorsun, diye çıkışmış.

Zavallı Keklik:

– Geceleyin güneş ne arıyor, diyecek olmuş, birden parlamış Şahin:

– Nee! Bana yalancı diyorsun ha! Al sana! Al sana!.. diye bir güzel pençeleriyle parçalamış Kekliği ve afiyetle indirmiş midesine.

* * *

Zeyrek, masalı bitirerek:

– Kekliğin durumuna düşmek istemem, dedi Çaylağa.

Çaylak:

– Bazı kanı bozuk hayvanlarda olabilir dediğin, ben gerçekten seninle dost olmak istiyorum. Biraz önce, güvercinlere yardım ederken arkadaşlığın ne denli önemli olduğunu gözlerimle gördüm, lütfen beni bundan yoksun bırakma, dedi.

Dedi demesine amma, Zeyrek hâlâ kuşkuluydu.

Bir türlü yanaşmıyordu dostluğa.

– Bir güvercine güvenirim ama Çaylağa asla! dedi Fare, ve bir hikâyeden söz etti ona.

Çaylak:

– Anlattıklarının çok güzel, lâkin, seninle dost olmamızı engellemez, dedi.

Zeyrek:

– Dinle dostum, dinle, dedi; Deveci ile Yılan masalını dinle de öyle karar ver.

Deveci İle Yılan

DEVECININ BIRI, sahrada kızgın kumda güç bela yürüyordu, diye başladı Zeyrek.

Kum, öyle yakıyordu ki ayaklarını.

– Cehennem sıcağı böyle olmalı, diye düşündü adam.

Neden sonra, devesine bindi, öyle sürdürdü yolculuğunu.

O kadar saf, o kadar şefkatliydi ki, devesine sürekli binmezdi adam. Acırdı ona.

Derken az gitti uz gitti.

Dere tepe düz gitti.

Gide gide yine çöle vardı.

Çölde yürümekten saçları ağardı

Benzi sarardı

Doğrusu, böyle durup dinlenmeden yürümek

Ne işe yarardı?

"Biraz nefesleneyim" dedi adam, durdurdu devesini.

Derken efendim, henüz soluklanmıştı ki Deveci, karşıda yalım yalım göğe yükselen bir ateş gördü. Gözlerini oğuşturdu, parmağını ısırdı, "serap mı görüyorum yoksa" diye düşündü.

Serap değil gerçekti.

Çölde, kızgın kumda, çalılık kurumaz mıydı?

Kuruyan çalılık ateş alıp yanmaz mıydı?

Yanardı elbette.

Adamcağız, "Ya Allah" diyerek kalktı. Yangın yerine doğru gitti.

O da ne!

Bir yılan, ateş çemberi içinde kıvranıp duruyor.

Devecinin kalbi dayanır mı buna.

Hemen sopasının ucuna bir torba bağladı. Uzattı yılana. Yılan kıvrım kıvrım kıvrılarak girdi torbaya, deveci çekip aldı ateşin ortasından onu.

Yılan bu, güven olur mu?

"İlle de sokacağım seni, sokup öldüreceğim" diye tutturdu zavallı Deveci'ye. Adam, yılanı kurtardığına mı sevinsin, çöl ortasında yılan zehiriyle öleceğine mi üzülsün?

– Olmaz arkadaş! dedi Deveci, ben senin canını kurtardım, bu ne hayvanlığa sığar ne insanlığa.

– İnsanlığa sığar, dedi Yılan. İstersen gidip danışalım.

Deveci kabul etti. Yola düştüler. O tepe senin bu tepe benim gittiler de gittiler. Vara vara bir çayıra vardılar. İneği çayıra salmışlardı. Fakat gönlünü almışlardı.

– İnek kardeş inek kardeş durum böyle böyle, diye anlattı yılan.

İnek düşündü taşındı,

– Yılan haklı, diyerek çıktı işin içinden.

Deveci neye uğradığını şaşırmıştı.

– Yahu ben onu ölümden kurtardım, nasıl beni öldürmekte haklı olur? diye çıkıştı Deveci ineğe.

– Senin suçun insan olmak, dedi İnek.

– Anlamadım?

– Ben yıllarca sahibine hizmet ettim. Süt verdim. Gübre verdim, yün verdim. Sonunda beni yaşlandığım için semireyim diye bu çayıra saldılar, dün de bir kasap getirip baktırdılar, yarın mezbahaya götürüleceğim.

Yılan:

– Görüyorsun, dedi Deveci'ye, ben haklıyım.

Deveci itiraz etti:

– Tek şahit olmaz, birine daha danışmalıyız.

Yılan kabul etti.

Düştüler tekrar yola.

Az gittiler uz gittiler

Dere tepe düz gittiler.

Sanki dersin bir kış bir de yaz gittiler.

Gide gide, yazının yabanın düzüne vardılar.

Oracıkta, tepede bir ağaç vardı, yapayalnız.

Durumu anlattılar.

Ağaç:

– Yılan, dedi haklı seni öldürmekte.

Deveci şaşırdı.

– Sen de mi öyle düşünüyorsun?

– Evet, dedi ağaç.

Ben, yıllardır buradayım. Kışın üstüme kar yağar, dolu düşer, yıldırım, şimşek iner. Dayanması güç fırtınalar hep benim üstüme eser. İnsanoğlu gelip halimi melalimi sormaz. Yazınsa, gelip geçenlere gölgelik olurum, altımda konaklarlar, giderken de "bundan iyi balta sapı olur, iyi kereste olur" diye bir parçamı koparıp götürürler. İşte insanoğlu böylesine nankör bir yaratık. Ben, yılana hak veriyorum.

Deveci, umutsuz umutsuz baş eğdi olanlara.

– Peki, dedi yılana, sokabilirsin beni.

Yılan tam davranmıştı ki, bir Tilki göründü.

Geldi, ne olduğunu sordu.

Deveci anlattı olup biteni.

Tilki:

– Yılanın bu torbaya girerek kurtulduğuna inanmam, diye tutturdu. Yılan:

– Deneyelim istersen, dedi.

Ve Deveci'den torbayı açmasını istedi. Deveci açınca, torbanın içine kıvrılarak süzüldü.

Tilki, alçak bir sesle, Deveci'ye:

– Tam sırası, dedi, öldür onu.

Ve Deveci, hınçla, yılanı taştan taşa çalarak paramparça etti.

* * *

Fare Zeyrek masalı bitirdiğinde, Çaylak'ın gözlerinde hayranlık belirtileri vardı.

– Ne demek istediğini anladım fare kardeş, dedi. Tehlikeli dostlukların sonunu anlatıyorsun. Fakat, ben bütün bunları dinledikçe seninle dostluk kurmaktan vazgeçmek şöyle dursun, isteğim daha da artıyor. Eğer ilk teklifte kabul etseydin, arkadaşlığı belki de ben istemeyecektim. Fakat, konuştukça ne denli akıllı, zeki birisi olduğunu görüyorum. Ve sana hayranlığım artıyor. Dostluk önerimi kabul etmezsen şayet, kendimi açlığa mahkûm edecek ve öldüreceğim. Yemin ederim kendimi öldüreceğim!

Fare Zeyrek, Çaylak'ın bu sözlerinden sonra derin bir düşünceye daldı. Zavallı Çaylak, galiba iyi niyetliydi. Sefil bir zevk için, bu kadar da alçalacak değildi.

– Niçin bir şey söylemiyorsun fare kardeş? diye sordu Çaylak.

Zeyrek:

– Düşünüyorum, dedi.

– Neyi? diye sordu Çaylak.

– Sözlerinde, dedi Zeyrek, samimi bir haykırış var. Sen, galiba gerçekten benimle dost olmak istiyorsun. Kötü bir amacın yok, galiba sana inanıyorum.

Yine de, içinde küçücük bir şüphenin gizlendiğini hissetmişti Çaylak.

"Olsun" diye düşündü, "en azından başlangıçtaki katı tutumunu terkediyor."

– Bak, ne diyeceğim sana, dedi Zeyrek. Eğer sen de benim ilk sözlerim üzerine çekip gitseydin, ne denli samimiyetsiz olduğunu düşünecektim. Fakat görüyorum ki, isteğinde ısrarlısın. Peki, dost olmayı kabul ediyorum.

Çaylak, sanki yıllardır aradığı bir yitiğini bulmuş gibi sevindi. İçi içine sığmıyordu.

– Lütfen, dedi, yuvandan çıkar mısın? Seni daha yakından görmek istiyorum.

Zeyrek, yine dikkatliydi.

– Dostluk deyince yana yana oturmak gelmemeli akla. Gerçek arkadaş, insana güç anında Hızır gibi yetişendir. Ve bunu herhangi bir karşılık gözetmeden yapandır. Canı için canını, malı için malını göz kırpmadan tehlikeye atabilendir. Yanlış anlama, dışarı çıkmamakla seni küçük görmek veya sana güvenmemek gibi bir tavır içinde değilim.

Çaylak, "doğru söylüyor" diye geçirdi aklından.

– Hem doğrusunu istersen, diye sürdürdü konuşmasını Fare, senin neslin benim neslime çok düşmandır. İçimde küçük bir kuşku yok değil hani.

Çaylak, kırgın bir sesle:

– Tahmin etmiştim, dedi, bana hâlâ güvenmiyorsun.

Zeyrek, Çaylak'ı kırdığını düşünerek üzüldü:

– Sana güveniyorum, lütfen yanlış anlama, fakat senin türünden diğer kuşlara itimadım yok!

– Benim dostum benim türümün de dostudur, dedi Çaylak. Hiç endişe etme sen. Yanımda güven içinde olacaksın. Arkadaşlığın güç bir iş olduğunu biliyorum, gereklerini yerine getirmek için söz veriyorum sana.

Fare, artık Çaylak'a tam güven duyuyordu. Kapıyı açtı. Başını uzattı. Çaylak eşikte oturuyordu.

– Merhaba diyerek elini uzattı Zeyrek.

– Merhaba, dedi Çaylak, dostluğumuzun sonsuza dek sürmesini dilerim.

Çaylak, fareye, güvenli bir yere gitme önerisinde bulundu. İlkin Zeyrek bunu kabule yanaşmadı. Sonra, kendi evinin de Çaylak'ın evinin de emniyetsiz olduğunu düşünerek benimsedi bu düşünceyi. Ve Çaylak, kuyruğundan tutarak fareyi, havalandı göğe doğru.

O kadar yükseldiler ki, Zeyrek aşağı bakmaktan korkar oldu. Ağaçlar, evler, sokaklar küçüldü küçüldü, gözden yitip gitti. Ormanlar, kentler, büyük göller minyatür birer görüntü haline geldiler.

Farenin kuyruğu titriyordu korkudan.

Sonunda, Çaylağın sözünü ettiği yere geldiler.

Çaylak, yere doğru süzülürken, gölde şarkılar söyleyerek yüzmekte olan kurbağa birden suya daldı.

Yere konduğunda, bağırdı:

– Çık dostum çık, korkulacak bir şey yok.

Kurbağa sudan başını çıkarıp Çaylağı selamladı.

Fareyle tanıştırdı onu.

– Bu, yeni dostum Zeyrek, bu da eski dostum Kurbağa.

Ve bu, üçlü bir arkadaşlığın başlangıcı oldu.

Kurbağa, Fare Zeyrek ve Çaylak mutlu bir beraberliğin temelini atmışlardı.

Günler yel, geceler yıl gibi geçiyordu.

Artık üç arkadaş birbirine o denli güveniyorlardı ki, aralarında en küçük bir rahatsızlık olmuyordu.

Bir gün gölün kenarında oturmuş söyleşiyorlarken, Çaylak, Fare'ye hayat hikâyesini anlatmasını söyledi. Zeyrek, ilkin öyküsünü önemsiz bulduğunu söyleyerek geçiştirdi. Sonra, Çaylağın ısrarı üzerine anlatmaya başladı.

Zeyrek'in Hayat Hikâyesi

BEN, gerçekte Hindistan'ın Marut kentinde doğmuşum, diye başladı Zeyrek.

Annemi babamı küçük yaşta kaybettim. Yalnız yaşıyordum.

Önceleri yapayalnızlık kalmaktan bunalmıştım. Çevremde kimsecikler yoktu. Arkadaşlık yapabileceğim bir fare bile...

Yeni bir eve taşındım bu sıra, bir Derviş'in tekkesiydi burası.

Arkadaşları ona, her sabah yiyecek getirirlerdi. Çok az kısmını yer, geri kalanını kaldırırdı. İşte o an midem bayram ederdi. Dervişler zikir ve ibadetle kendinden geçtiklerinde davranırdım hemen. Ne var ne yoksa kilerde bir güzel yerdim afiyetle.

Bununla da kalmamış, altın hırsızlığına başlamıştım.

Günler rüzgâr gibi geçip gidiyordu.

Neden sonra Derviş yemeklerini aşırdığımın farkına vardı.

Ve kapanlar kurdu. Zehirli yemler denedi. Delikte saatlerce bekledi, elinde tokmakla.

Bir türlü ele geçiremedi beni.

Gelen dervişlere şikâyet ediyordu.

Bu arada, garip bir biçimde yanım yörem arkadaş doldu. Hiç tanımadığım, o güne dek yüzünü bir kez olsun görmediğim nice fare dost oldu benimle.

Dervişin yiyecekleri bana da onlara da yetiyordu. Altınlarım da çoğalmıştı hani. Bayağı bir servet oluşmuştu mahzende.

Fareler, altınlara sahip oluşuma çok önem veriyorlardı. Onlar arasında sözüm hatırım sayılır bir duruma gelmiştim. Hatta, bana, "komutanım" diyorlardı. Her konuda son söz bana aitti.

Bir gün şöhretli bir Derviş geldi eve.

Bizim derviş, onunla bir süre söyleşti, konuştu. Yemek yediler. Artanı da kenara koydular.

Konuk Derviş, gezip gördüğü yerlerden, dünyanın içler acısı halinden söz ederken ben, hemen yemeğe saldırıyordum.

Bizimki, hem konuğunu dinliyor, hem de eliyle beni kovalıyordu.

Bu bir süre böyle devam etti.

Misafir kendisiyle alay ettiğini sandı Derviş'in. Kızdı, gücendi ona. Bizim Derviş, açıklamaya çalıştı;

— Kurban, dedi, bir fare musallat oldu kilere ki sorma gitsin. Şimdi, deliğinden çıkmasın diye onu korkutmaya çalışıyorum. Yiyecek bir şey bırakmıyor kerata.

Konuk Derviş:

— Sadece bir tane mi? diye sordu.

— Hayır, dedi bizimki, pek çoklar. Fakat içlerinde biri var ki, işin başı o galiba. Hem bayağı da cesur. Öyle, kapana yakalanır cinsten de değil.

Konuk derviş, çok zeki birine benziyordu:

— Öyle sanırım, o fare bir servete sahip. Altınları olmalı onun. Yoksa bu kadar cesaretli olamaz, dedi.

Altın öyle bir şeydir ki fareyi bile arslan eder.

Bizim zahid, öğrencilerine emir verdi. Deliği izleyerek kazmaya başladılar. Ve yuvamı darmadağın ettiler. Altınları aldılar.

Artık yuvasız, evsiz, eşyasız ve beş parasızdım.

Bir anda çevremde kimse kalmamıştı.

Hazinem varken, yiyecek bolken benden ayrılmayan fareler kaybolmuşlardı.

Gerçek dost olmadıklarını anlamıştım ama iş işten geçmişti.

Meğer yüzüme gülmeleri, bendeki çıkarları içinmiş.

Günlerce üzüntü içinde düşündüm, taşındım, hatalarımı gözden geçirdim.

Benim için kendi kendimi yargılama dönemi oldu bu süre.

Bir gün, eski sahte dostlarımdan biriyle yolda karşılaştım. Beni farkedince, yüzünü dönerek sıvışmaya kalktı. Yakasına yapıştım hınçla:

– Sen, dedim, daha düne kadar pervane gibi dolaşıyordun çevremde. Şimdi tanınmaz olduk, yabancı olduk öyle mi?

– Ben sana değil, hazinene ve sahip olduğun kilere dosttum, dedi. Artık beş parasızın tekisin. Neyine bakacağım senin!

Bu sözler beni kahretmişti. "Bir çırpıda sıkayım boğazını öldüreyim" diye düşündüm farenin. Fakat doğru söylüyordu. Asıl suçlu bendim.

– Çok ilginç, dedim, yoksulluk bu kadar ayıp bir şey mi? O kadar faziletli kimseler var ki fakir olan, üstelik yoksulluklarıyla da övünürler. Yalanla dolanla toplanmış mal, sahibi için bir utanç değil de nedir söyler misin?

Fare, yüzüme baktı ve güldü:

– Sen, dedi sadece servetini kaybetmekle kalmadın. Görüyorum ki, aklını da kaybetmişsin. Aptalca şeyler söylüyorsun. Evet, yoksullukla övünç duyulabilir. Ama, senin gibi değil. O tür insanlar fakirdirler ama, kanaat denilen bir servetleri vardır. Sonu gelmez bir zenginlik içindedirler. Sana kanaat zengini de demezler, olsa olsa ancak müflis, derler sana. İflas etmiş, herşeyini yitirmiş.

Vakti zamanında en vefalı dostum diye bildiğim bir fareden bunları işitmek beni çileden çıkarmıştı. Artık herkesten nefret ediyordum. Gerçekte söyledikleri çok doğruydu. Olup bitenlerden bir ders de çıkarmamıştım kendime. İbret almamıştım.

Düşündüm, taşındım, başımı taşlara vurdum.

Altın denilen değerli mâdenin fareler arasında niçin bu kadar önemli olduğunu aklıma sığıştıramadım? Ne yapacaktı altını bu hayvanlar?

Günlerce düşündüm, gecelerce düşündüm.

Ve kararımı verdim. Madem, o altınlardaydı marifet, yeniden sahip olacaktım onlara.

Kararlıydım. Hırsla, gecemi gündüzüme katarak yeni bir dehliz açtım Derviş'in tekkesine.

Odaya girdim. Derviş ve konuğu yatıyordu, karşılıklı iki yatakta. Altınları paylaşmışlardı. Yastığın altına koymuşlardı.

Uykuda oluşlarını fırsat bilerek yanaştım gizlice. Önce, Derviş'in başının altındaki torbayı kavradım. Ve birden çektim. Çekmemle birlikte adamın kalkması bir oldu. Meğer uyanıkmış. Hızla kaçarken, bir yastık darbesi yemiştim. Sersem sersem deliğe zor attım kendimi. Bir süre dinlendim. Kendime geldikten sonra, tekrar yeni bir saldırı planı yaptım. Delikten başımı uzattım sessizce. Derviş bu kez uykuda olmalıydı. Üzerine saldırdım adamın, ne yaptığımı bilmeden.

Tekrar fırladı yerinden. Ve eline geçirdiği çomağı kafama çarptı. Aman Allahım! Sanki bir balyoz inmişti başıma. Düşe kalka delikten içeri girdim. Girdim ama, bana iyi bir ders oldu bu. Bayılmışım. Neden sonra kendime geldiğimde, başım zonkluyordu.

Aptalın biriydim ben.

Evet evet ta kendisiydim.

Bunca tehlikeyi ne için göze alıyordum sahi?

Ne yapacaktım altınları tekrar ele geçirip?

Birkaç buğday yetmez miydi karnımı doyurmam için?

Üstelik, uğrunda canımı hiçe saydığım o fareler, tepeden tırnağa ikiyüzlülük içindeydiler.

Beni, gerçekten sevmiyorlardı.

Fırsatını bulsalar bir kaşık suda boğarlardı.

Elimde yiyecek olduğunda ortaya çıkıyor, tükenince kayboluyorlardı.

Bu ahmaklık değil de neydi?

Yaptıklarımdan hem utanç duyuyor, hem de pişmanlıktan kahroluyordum.

Derviş'in başıma indirdiği çomak sonunda gerçeği görmemi sağlamıştı.

Elleri dert görmesin.

Terkettim o evi.

Evsiz yurtsuz bir süre dolaştım durdum.

Elinde mum, gündüz sokaklarda adam arayan bir filozof gibi ben de gerçek arkadaş arıyordum.

İşte Şirin, o zor günlerimde karşıma çıktı.

Güvercin'le fare.

Çok garip geliyor değil mi size, bu iki hayvanın arkadaşlığı.

Evet, ben gerçek dostluğun ne olduğunu Şirin'le öğrendim.

Kader, karşıma çıkardığında onu, henüz yolunu tam bulmamış bir serseriydim.

Sevgiyi, saygıyı, yardımlaşmayı bana o öğretti.

Ondan öğrendim, hayatta iyilerin kötülere baskın çıktığını.

Allah korkusunu o tanıttı bana.

Allah sevgisini.

Yalan söylememeyi. Başkasına zarar vermemeyi.

Bu geçici dünyanın, gerçekte hiç bir şeye değmediğini.

Başımdan geçenleri bir bir anlattım ona. Çok üzüldü. Kötülerle arkadaşlık etmenin ne kadar tehlikeli olduğunu anlamıştım. Hele, nankörlük denen şeyin acısını bir türlü unutamıyordum.

Şirin'in peşine takılan Çaylak izleye izleye beni bulunca, soluğu burada aldık.

Şimdi, sizin gibi sevimli dostların arasındayım. Ve kendimi çok mutlu hissediyorum.

Zeyrek, hayat öyküsünü bitirince derin bir nefes aldı. Geçmişin acı veren olayları geride kalmıştı. Buna rağmen ihanetin üzüntüsü yüreğinden çıkmıyordu. Bir türlü unutamıyordu olan biteni.

Kurbağa'nın gözü yaş dolmuştu.

– Vah vah Zeyrek kardeş, dedi; başından ne kadar acı verici olay geçmiş. Doğrusu çok çile çekmişsin. Ama artık üzülmene gerek yok. Mutsuz günler geride kaldı.

Kurbağa, hırs denilen şeyin ne denli zararlı olduğunu iyi biliyordu. Hikmet bilgisine sahipti. Vakti zamanında akıllı bilgelerden çok ders almış, onların sohbetlerinde bulunmuştu.

– Açgözlü bir kedinin hikâyesini hatırlattın bana, dedi Zeyrek'e.

Zeyrek, biraz önce anlattığı öyküsünün hâlâ etkisindeydi. Gözleri sabit bir noktaya çakılıp kalmıştı. Kurbağa:

– Zeyrek kardeş, dedi.

Fare, dalgınlıktan kurtuldu.

– Sana, dedi, gözü bir türlü doymayan kedinin öyküsünü anlatmak istiyorum.

Fare:

– Çok sevinirim, dedi.

Ve Kurbağa anlatmaya başladı.

ॐ

Açgözlü Kedi

Adamın birinin güzel bir kedisi varmış. Gözü gibi korurmuş onu. Çok severmiş. Yediğinden yedirir, içtiğinden içirirmiş. Diğer kediler gıpta ederlermiş durumuna.

Gün geçtikçe kedi şımarmış.

Verileni beğenmez olmuş. Elinin tersiyle itiyormuş yiyecekleri.

Adamın komşusunda güvercin merakı varmış. Hemen her gün dama çıkar, güvercinlerinin gökle temasını sıklaştırırcasına takla attırır, eğlenirmiş.

Bizim aç gözlü kedi, gözünü onlara dikmiş.

Varsa güvercin, yoksa güvercin.

Ağzının suyu akıyormuş onlara bakarken.

Düşünmüş, taşınmış, sonunda dayanamayarak saldırmayı göze almış.

Meğer ondan önce bu işi yapan kediler olduğundan adam önlemini almış. Her gece nöbet tutuyormuş.

Bizim hırslı kedi ok gibi atılınca güvercinlere, adam yakalamış onu.

Ve diğerlerine ders olsun diye yüzmüş derisini, içini samanla doldurup bir sırığa bağlamış.

* * *

Kurbağa, sözü Zeyrek'e getirerek:

– Hırs duygusundan uzaklaşman senin için çok yararlı olmuş kardeşim, dedi.

Fare, çok sevinmişti bu söze.

Kurbağa'nın kendisine öğüt vermek amacıyla öykü anlatması mutlu etmişti onu.

Çaylak:

– Aramıza katılman ne kadar iyi oldu fare kardeş, dedi. Şimdi üç kişiyiz. Daha güçlüyüz.

– Sağolun, dedi Zeyrek, beni aranıza almakla onurlandırmış oldunuz.

Çaylak, "aklıma bir fıkra geldi, size onu anlatayım" dedi.

Akıllı Dost

DOST DÜŞKÜNÜ, akıllı bir adam varmış zamanın birinde. Gece yarısı kapısı çalınmış bir gün. Kim olduğunu sorunca, arkadaşının sesi gelmiş dışardan. Hemen, yanına keskin bir kılıç, biraz altın ve güzel cariyelerinden birini almış, aşağı inip açmış kapıyı. Dostu şaşırmış, "bunlar da ne?" diye sormaktan alamamış kendini. Adam, "böyle vakitsiz gelişinin bir nedeni olduğunu düşündüm" demiş; "ihtimal ki bir düşmandan kaçabilirsin, o zaman kılıcım yanımda olmalı veya ani bir ihtiyaç doğmuş, paraya gerek duymuş olabilirsin, yanıma altın aldım bunun için de, ya da kimbilir yalnızlıktan sıkılmışsındır, onun için de güzel cariyelerimden birini getirdim beraberimde."

Arkadaşının şaşkınlığı iyice artmış.

Gözleri dolu dolu olmuş.

Ne kadar vefalı bir dostu olduğunu anlamış.

Çaylak:

– Ne mutlu bize, dedi; arkadaşlığın gerçek sevincini yaşıyoruz.

Gerçekten de üç arkadaş mutlu bir biçimde yaşayıp gidiyorlardı.

Birinin küçük bir problemi olsa, hemen bir araya geliyorlar, çözüm yolu bulmaya çalışıyorlardı.

Günler sessiz bir güzellik içinde geçip gidiyordu.

Bir sabah, üç arkadaş gölün kenarında oturmuş tatlı tatlı söyleşirken, bir gürültü işittiler.

Kurbağa suya atladı hemen.

Fare deliğe kaçtı.

Çaylak da yüksek bir dala kondu.

Baktı, gelen ürkek bir Âhu'ydu.

Ceylan yavrusu.

Daldan bağırdı:

– Korkmayın, bize zarar verecek birisi değil.

Meğer kurbağanın dostuydu Âhu.

Bir süre hoş beş ettiler. Görüşmeyeli başlarından geçeni anlattılar.

Kurbağa, ceylan yavrusunun kaçış nedenini sordu. Âhu:

– Bir avcı peşimdeydi, dedi. Ondan kaçıyordum.

Zeyrek'le Çaylak da tanıştılar ahuyla.

Akıllı fare:

– Âhu kardeş de bizimle birlikte yaşasa ne kadar iyi olur, dedi.

– Doğru, dedi Çaylak.

Onun için daha güvenli burası.

Sonunda ceylan da katıldı onlara. Böylece dörtlü bir dostluk halkası oluşturdular. Mutlulukları artmıştı. Ceylan yavrusu, değişik bir tat getirmişti aralarına.

Bir gün can sıkıcı bir olay oldu.

Akşam buluşma saatinde Âhu dönmeyince, meraklandılar ve aramaya koyuldular. Çaylak, bir süre ormanda uçtuktan sonra döndü ve:

– Bir tuzağa yakalanmış, dedi.

Birlikte gidip kurtarmaya karar verdiler.

Çaylak uçarak rahatça gidebilirdi. Fare hızla ulaşabilirdi. Fakat Kurbağa!

Çaylak:

– Birlikte uçalım, dedi, kanatlarıma bin.

Olay yerine vardıklarında ceylan yavrusu çırpınıyordu. Zavallı hayvan, dostlarını görünce sevinç çığlıkları attı.

Çabucak kurtardılar tuzaktan.

Avcı farketmişti.

Ceylan, fare ve çaylak bir anda kaçıverdiler.

Kurbağa çaresiz, kalakalmıştı orada.

Avcı, ceylanı elinden kaçırmanın üzüntüsü içinde dönecekken kurbağayı gördü. Bir arkadaşı ilâç yapımında kullanmak için kurbağa istemişti kendisinden.

"Bari bunu alıp götüreyim" diyerek, bir torbaya koydu kurbağayı.

Üç arkadaş gizlendikleri yerden izliyorlardı avcıyı.

Arkadaşlarını kurtarmak için hemen bir çare düşündüler.

Kurnaz Fare, bir plan kurdu.

– Önce, dedi Ceylan'a, sen avcının önüne çıkıp ayağın tuzaktan yaralanmış gibi rol yapacaksın. Ve seni farkedince kaçmaya başlayacaksın. Bir süre onu oyalamaya çalış, öyle sanıyorum, torbayı bırakıp seni kovalayacak.

Âhu denileni yaptı. Avcı gerçekten ardından koşmaya başladı ve elindeki torbayı yere attı. Fare hızla gidip torbanın ağzını kemirerek açtı ve kurbağayı kurtardı. Çaylak da kanatlarına alarak havalandı.

Ceylan avcıyı bir zaman oyalamış, sonra kaçarak gözden kaybolmuştu.

Dört arkadaş tekrar yuvalarına döndüler.

Ve o günden sonra mutlu bir şekilde yaşadılar.

* * *

Hakim Beydebâ, hikâyenin sonunda Debşelem Şah'a sordu:

– Gerçek dostun insan için önemini bilmem anladın mı?

– Anladım üstadım, dedi Debşelem Şah. Çok iyi anladım.

İhtiyar Bilge, bir hikmet hazinesiydi adeta.

Debşelem Şah, "bu kadar bilgiyi, bu kadar öyküyü nasıl bilebiliyor?" diye şaşakaldı.

Yaşlı Bilge, padişahın kafasından geçenleri okuyor gibiydi.

– Bilgi de, tıpkı para gibi isteyene verilir evlat, dedi. Allah'tan ne istersen onu verir sana.

Debşelem Şah, Beydebâ'nın dizi dibinde daha günlerce, haftalarda oturdu.

Ondan çok öyküler, masallar, hikmetli sözler dinledi.

Daha adaletli bir padişah olmak için gerekli olgunluğa ancak böyle erişebilirdi.

DÖRDÜNCÜ BÖLÜM

ZAMANLA BOZULUR KARA BÜYÜ, GERÇEK ÇIKAR ORTAYA TIPKI GÜN GİBİ

DEBŞELEM ŞAH, Beydebâ'nın anlattığı birbirinden il-ginç hikâyeleri dinledikçe düşünce ufkunun açıldığını görüyordu.

– Size minnettarım efendim, dedi. Benim hayata daha farklı bir gözle bakmamı sağladınız. Anlattığınız her öykü, beni olduk-ça değişik dünyalara sürükledi. Ne kadar teşekkür etsem azdır si-ze.

– Önemli değil sultanım, dedi Beydebâ. Hak, sizi bize gön-derdi. Yine O'nun bağışıyla kazandığımız hikmet bilgisini sun-mak da boynumuza borç oldu.

Hazine, O'nun hazinesi, servet O'nun serveti. Biz, sadece kusurlu birer aracıyız.

– Biz de, dedi Debşelem Şah, istiğfar lifleriyle dokunmuş gü-nahkârlarız. Sizin bilginize, öğüdünüze fazlasıyla ihtiyacımız var.

Yılların çizgi çizgi izlerini derinleştirdiği alnını buruşuk eliy-le sıvazladı, terini sildi Yaşlı Bilge. Anlaşılan, yine, biri diğerin-den güzel öykülerine başlayacaktı.

Fakat, her söz, bir bakıma bir soruyla doğuyordu.

Debşelem Şah'ınsa, zihninde o kadar çok soru vardı ki, bir

süredir onları düzenlemekle uğraşıyordu.

Sonunda, sorusunu billûrlaştırdı. İhtiyar Bilge'nin sanki ötelere uzanıyormuş gibi derin, anlamlı gözlerine baktı;

– Sizi, bir hayli yorduğumu görüyorum. Fakat merakımı bana çok görmeyeceğinizi umarım, dedi.

– Estağfirullah sultanım, dedi Beydebâ. Soru, insanın gerçek hayata uyanmasının sembolüdür. Çekinme, sor lütfen.

Debşelem Şah, biraz rahatlamıştı.

– Define'deki vasiyette bir konu daha yer alıyor, dedi Debşelem. Düşmanın yaltakçılığı. Alçalması. Bu hikmetin açıklamasını rica edeceğim.

Beydebâ, konuştukça açılıyor, açıldıkça Debşclem'in yıllardır çözemediği meselelerine, güzel yorumlar getiriyordu.

– Düşmanımızın çıkarı, bizim zararımızdan geçer, diye başladı Beydebâ. Öncelikle bunu gözönünde tutmalı. Ayrıca, yıllardır düşmanlıktan bize kin bileyenin bir anda dost olması da çok güçtür. Temkinli olunmalı. Düşmanın sana yaklaşıp yaltaklanabilir, boyun eğmiş görünebilir, dalkavukluk edebilir, sonuçta hep aleyhindedir o senin.

Dostluk gösterilerine kanıp da tedbirsiz davranmanın sonunda acı olaylar ortaya çıkar. Ola ki, gafletimizden yararlanıp ansızın saldırıya geçebilirler. İşte o an pişmanlık beş para etmez. Etmediği gibi yararı da olmaz.

"Kargalar ve Baykuşlar" masalı, bize bu konuda ilginç dersler veriyor. İstersen önce bunu anlatayım sana.

Debşelem:

– Çok sevinirim üstadım, dedi.

Ve Beydebâ, adı geçen öyküyü anlatmaya başladı.

Kargalar ve Baykuşlar

Eski çağlarda Çin ülkesinin yüce sıradağlarla çevrili ormanlık bir yerinde yüksek mi yüksek, yaşlı mı yaşlı bir ağaç vardı. Kargalar yuva yapmışlardı, bu ağaca. Güven içinde yaşıyorlardı.

Peyruz adında bir padişahları vardı kargaların. Verdiği kararlarında genellikle yanılmazdı. Diğerleri arasında sözü dinlenirdi.

Ağacın yükseldiği tepenin karşısında dik yamaçlardaki kayalıklarsa, baykuşlara yuvalık ederdi. Onlar da Şibahenk adında bir hükümdarın yönetimi altında yaşıyorlardı.

Kargalar, baykuşlardan doğrusu korkmuyor değillerdi. Fakat bu hayvanlar gündüz ortalıkta görünmediklerinden, ciddi bir tehlike olarak görmek gereksiz bir telaş sayılırdı.

Çok geçmeden kargaların kaygısı doğrulandı. Neye uğradıklarını şaşırdılar. Bir anda ortalık karıştı. Baykuşlar apansız yuvalarını basmışlar arkada onlarca ölü bırakarak çekilmişlerdi.

Peyruz, sağ kalanları toplayıp büyük bir divan kurdu. Vezirleri de çağırdı Divana. Olayı sert bir biçimde eleştirdi:

— Doğrusu ne söyleyeceğimi bilemiyorum. Üzüntüm sonsuzdur. Olay, çok acı verici. Düşman geceleyin bizi gafil avlamıştır. Olan olmuştur deyip geçmek mümkün değil. Kaldı ki bir yarar da sağlamaz. Fakat bu bize ders olmalı. Başarısızlığımız öyle sanıyorum, onlara yeni bir saldırı cesareti daha verecektir. Bunun için mutlaka sıkı önlemler almak zorundayız.

Olayın önce, sağlıklı bir değerlendirmesini yapmak gerekiyor. Kimler suçlu, kimler hatalı, belirlememiz lazım.

Vezirlerin başı öne eğik, sessizce oturuyorlardı.

Peyruz, onlara sordu:

— Sen, birinci vezir, söyle bakalım, düşüncen nedir?

Vezir, söze girişmeden önce, padişaha övgülerde bulundu. Divanı selamladı, sonra konuyla ilgili düşüncesini belirtti:

— Efendim, dedi; öteden beri geçerli bir görüş vardır. Düşmana karşı koymaktan aciz kalındığı yerde göç etmek kaçınılmazlaşmıştır. Bu, yöneticilerin üzerine düşen önemli bir görevdir. Ola ki, bir saldırıda çocuklar, ihtiyarlar ve kadınlar zarar görür. Bendeniz, saldırgan baykuşlar karşısında o kadar da cesaretli değilim. Hiç olmazsa çoluk çocuğumuzu kurtaralım. Bu amaçla, göç etmekten yanayım.

Peyruz, bir süre düşündü birinci vezirin anlattıkları karşısında. Ne kabûl etti, ne de reddetti bu öneriyi.

İkinci zezire ne düşündüğünü sordu.

– Ben, dedi ikinci vezir, aynı düşüncede değilim.

Yenilgi bizi umutsuzluğa düşürmemeli. Zaferden ümit kesmek bize yakışmaz. Cesaretimizi toplamalıyız. Aralarına casus sokalım. Ne düşünüp ne planladıklarını öğrenelim. Bu arada hazırlık yapalım ve saldırıya geçelim. Peyruz, daha sonra üçüncü vezire sordu fikrini.

O, anlaşma yapmaktan yanaydı:

– Ben, dedi, kan dökülmesini istemiyorum. İçimizden zeki olanları elçi olarak gönderelim. Şartları ağır olsa bile kabul edebiliriz. Sözgelişi, haraç isterlerse onaylayalım bunu. Halkımızın selameti için bu gerekli, onlarla başa çıkamayız.

Peyruz, onu da dikkatlice dinledikten sonra dördüncü vezire döndü.

– Sen ne dersin? diye sordu.

– Vatanı terketmek için henüz önemli bir neden yok, dedi, dördüncü vezir. Ağır bir yenilgi aldık. Birçok arkadaşımızı kaybettik. Zarara uğradık. Fakat, bu, baykuşlara haraç vermemizi gerektirmez. Ben, bekleyelim derim. Bir süre daha işi oluruna bırakalım. Sanırım, gerçek niyetleri çıkacak ortaya.

Sıra beşinci vezire gelmişti.

Peyruz:

– Senin kanaatin nedir? diye sordu ona.

Beşinci vezir:

– Sizinle başbaşa görüşmek isterim, dedi.

Peyruz ilkin garipsedi bunu.

Sonra dışarı çıkmalarını buyurdu.

Beşinci vezir dışında kimse kalmamıştı içerde.

– Şânı yüce padişahım, dedi vezir, bu gibi önemli işlerde gizlilik olmalı. Eğer sır iki kişiyi aşarsa, biliniz ki dört bir yana yayılır, giz olmaktan çıkar.

Hatta bu konuda, Keşmir Şahı ile Veziri'nin ilginç bir öyküsü bize önemli dersler verir. Dilerseniz anlatayım size deyince, Peyruz, merak etti hikâyeyi ve anlatmasını söyledi.

❦

Keşmir Şahı'nın Sırrı

KEŞMIR ÜLKESININ adalet sahibi bir hükümdarı vardı. Çok cömertti aynı zamanda. Çoğunlukla halkının mutluluğu yönünde uygulamaları olurdu. Bütün bu işler arasında eğlenceye, zevk ve sefasına da zaman ayırmaktan geri durmazdı.

Padişahın cariyeleri içinde güzelliği dillere destan bir genç kız vardı. Keşmir Hakanı, ona deliler gibi tutkundu. Onsuz bir eğlence yapamazdı.

Genç kız ise, gönlünü bir gence kaptırmıştı.

Böylece güç bir duruma düşmüştü. Bir yandan birlikte olmaya zorunlu kaldığı padişah, öte yanda tüm kalbiyle sevdiği genç.

Genç adam da padişahın hizmetindeydi. Cariye ile sarayda sık sık görüşüyorlardı.

Bir gün yine büyük bir eğlence düzenledi padişah.

Onlarca cariye ve köle hizmet ediyordu. Yiyecekler, türlü türlü içecekler taşınıyor, çengiler birbirinden güzel şarkılar söylüyor, cariyeler dansediyordu.

Padişahın sevdiği cariye de yine her zamanki gibi yanındaydı. Sevgilisi delikanlıysa hizmet edenler arasındaydı. Bir ara göz göze geldiler. Gülüştüler.

Padişah farketmişti. Kızgınlığını belli etmedi.

Eğlenti bitip odalarına çekildiler. Hükümdar ikisine de izin verdi o gün.

Ve vezirini aceleyle odasına çağırttı.

– Bu iki alçağı zehirletmek istiyorum, dedi.

Vezir ilkin bir şey anlamadı. Sonra, genellikle sırlarını gizlemeyen padişahtan işin aslını öğrendi.

– İsabet olur efendim, dedi vezir.

Ertesi gün, vezirin kızıyla cariye takışmışlardı.

Olmadık sözlerle kalbini kırmıştı onun.

Babası, kızına:

– Üzülme kızım, dedi; yakında o kendini bilmez cariye öbür dünyayı boylayacak.

Kız sevindi. Fakat babasının söylediklerini merak etti. Israrla sordu.

Babası, padişahın sırrını anlattı ona.

Cariye ise, yaptığına pişman olmuş, haremağalarından birini vezirin kızına göndermişti.

Kız, kızgınlık içinde:

– Özür dilemesi boşuna, dedi, nasıl olsa birkaç güne kadar cezasını çekecek o küstah.

Haremağası da işin aslını astarını öğrendi. Gidip cariyeye durumu haber verdi.

Cariye korku içindeydi. Sevgilisiyle buluştuğunda olup biteni anlattı. Genç adam bunun üzerine, padişahın aleyhindeki bütün saray yöneticilerini kışkırttı. Ve padişah, sadece tahtından değil hayatından da oldu.

* * *

Beşinci vezir, bu hikâyeyi anlattıktan sonra Peyruz'a şöyle dedi:

– Giz denilen şey, bir kez üçüncü kişiye ulaştı mı artık ondan eser kalmaz.

Bunun üzerine Peyruz, beşinci vezirle birlikte, hiç kimsenin olmadığı bir odaya çekildi.

Yalnız kalınca Vezir:

– Efendim, dedi; baykuşlarla bizimkilerin düşmanlıkları eskiye uzanır.

– Anlamadım? dedi Peyruz.

– Anlatayım efendim, diye başladı Vezir.

Bilirsiniz Hazret-i Süleyman kuşların dilinden anlardı. Onlarla görüşürdü. Çözülmesi gereken bir mesele olduğunda ona gidilirdi. Bir bakıma, kuşların padişahı gibiydi. Her fani gibi, o da veda edip gitti bir gün, bu geçici dünyaya. Sonsuz aleme göç edişinden sonra, kuşlar toplanıp yeni bir hakan seçmek istediler. Ve bu hükümdarın bir kuş olmasına karar verdiler.

Uzun süren tartışmalardan sonra, baykuş aday gösterildi. Fakat, itiraz edenler çoğunluktaydı. Baykuş hakkında ileri geri konuşanlar oldu. Bir kısmı, sultanlığa layık olmadığını iddia ediyor, bazıları da ondan daha iyi aday bulunamayacağını ileri sürüyordu. Tartışmalar sonuca bağlanmadan sürüp giderken, uzaktan karganın sesini duydular. Toplantıya geç kalmıştı.

O gelmeden, "gelin bir de kargaya soralım, bakalım o ne diyecek bu konuda" dediler.

Ve gelince "baykuşun, kuşların başına yönetici olarak seçilmesi hakkında sen ne düşünürsün?" diye sordular.

Karga:

– Seçecek başka birini bulamadınız da, gözleri güneşten rahatsız olan bu çirkin kuşu mu buldunuz, diye çıkıştı. Dünyalar güzeli tavuskuşu varken, gölgesinden düşmanın korkup çekindiği şahin dururken, cesarette bize örnek olan kartal alımlı alımlı gökte uçarken, onları bırakıp bu çirkin sesli, aptal yaratığı sultan yapmaya kalkışmak delilik olur. Bu sözlerimle, boya posa önem verdiğim anlaşılmasın. Görünüşü çirkin olup da, kendisi zeki ve yetenekli nice hayvan vardır dünyâda. Tıpkı Behruz adındaki tavşan gibi.

Karga, tavşanın hikâyesine getirmişti sözü.

Ve örnek olması için, bu hikâyeyi anlatmaya başladı.

Akıllı Tavşan Masalı

FİLLER ÜLKESİ günlerdir susuzdu. Çöller kurumuş, ırmakların suyu çekilmişti. Gökten uzun zamandır bir damla düşmemişti yere.

Toprak çatladı.

Ağaçlar neredeyse kuruyup gideceklerdi.

Hele filler!

Büsbütün perişan oldular.

Padişahlarının başkanlığında toplandılar.

Çevreye bazı gözcüler salınmasını, su aranmasını çare olarak düşündüler.

Günler, geceler boyu sürdü araştırma.

Sonunda epeyi uzakta Ay Havuzu denilen bir gölette su olduğu belirlendi.

Suyu temiz mi temiz, berrak mı berraktı.

Çevresini tavşanlar yurt edinmişlerdi.

Havuz bir anda fil akınına uğradı. Zavallı tavşanların huzuru kaçmıştı. Bazı filler dikkatsizliği yüzünden birkaçını ezerek öldürmüşlerdi.

Tavşanların başkanı hemen danışma kurulunu topladı. Sorunun çözümü için çalışmaya koyuldu.

Behruz adındaki danışmanı:

– Bu işi bana bırakın, dedi.

Oldukça kurnaz bir tavşandı Behruz. Yıllardır zekâsını ülkesinin kalkınması yolunda harcamıştı.

Öneri kabul edildi.

Behruz, fillerin dinlendiği yere gitti. Akşam üzeriydi. Havanın iyice kararmasını bekledi.

Yeni ay doğmuştu. Ve havuzun pırıl pırıl sularına ışığı vurmuştu.

Çevre, ay ışığının ışıl ışıl aydınlığıyla yıkanıyordu.

Garip sesler çıkarmaya başladı.

Fillerin lideri uyanıktı.

– Kim o, seslenen de kim? diye kalktı yerinden, bizim akıllı tavşanın olduğu yere geldi.

Behruz, gizliyordu kendisini. Ve sesine, ürpertili bir hava vermişti:

– Beeen, dedi; gecenin padişahı Dolunay'ın size gönderdiği bir elçiyim. Bilirsiniz bu gölete Ay Havuzu derler. Efendimiz olan Ay, her gece burada yıkanır. Şimdi sizin pis hortumlarınızla suyu bulandırmanıza çok kızıyor. Eğer bir an önce buradan defolup gitmezseniz, gökyüzü askerleriyle size hücum edecek. Onun savaşçıları, şimşekler, yıldırımlardır. Ve anında sizi yok etmeye yeter!

Behruz, o denli korku verici bir sesle söylüyordu ki bunları, fillerin liderinin ödü kopmuştu. Hemen yardımcılarına seslendi ve bütün filler derin uykudan uyandırıldı.

– Pe peki, bize ne yapmamızı önerirsin?

Kurnaz Tavşan adım adım amacına yaklaşıyordu.

Emredici bir sesle:

– Hemencecik güzel bir abdest alın. Ve yaptıklarınız için tövbe edin.

Fillerin başkanı, korka korka yaklaştı havuza.Dolunay'ın göz kamaştıran aksi suda pırıl pırıldı.

Çekinerek hortumunu suya uzattı. Değince küçük halkalar oluştu. Ve ayın yankısı titremeye başladı.

İyice korktu fillerin lideri.

– Ga ga galiba, dedi ağlamaklı bir sesle, senin padişahın yıkanmak için göle girmiş. Hortumumu uzatır uzatmaz kızgınlaştı.

Behruz, kurnaz kurnaz gülümsedi.

– Aman, öyleyse hemen kaçın, durmayın çabuk çabuk! diye iyice telaşa saldı onları.

Ve filler, apar topar kaçtılar gölden.

* * *

Karga, Behruz'un hikâyesini bitirdiğinde, diğer kuşlarda çıt yoktu.

– Hiç olmazsa, diye devam etti Karga; kuşlara başkan olarak seçilecek hayvanın Behruz gibi akıllı ve kurnaz olması gerekir.

– İşte, dedi beşinci vezir, şevketli Sultanım, kargalarla baykuşların düşmanlığı böylesine ilginç bir olaya dek uzanıyor. Sonunda Karga, Baykuş'un padişah olarak seçilmesini önlüyor ve o günden bu güne bir düşmanlıktır sürüyor.

Peyruz, beşinci vezirin anlattığı öyküden etkilenmiş olmalıydı. Bir süre düşündü.

Sonra, vezire döndü:

– Peki, baykuşlarla mücadelede ne gibi bir yöntem önerirsin?

– Efendim, dedi Vezir; siyasî bir hileye başvurmamız gerekecek. Politik kurnazlık bazen öylesine güçlü bir silahtır ki, olmadık kapılar açar, umulmadık işler yapar.

Kargaların padişahının aklına yatmıştı bu düşünce.

– Galiba en doğrusu senin önerdiğin yol, dedi vezirine.

Beşinci vezir, devlet yönetimine ilişkin konularda yabana atılmaz deneyimler kazanmıştı.

Kıvrak bir zekâya sahipti.

– Size bu düşüncemi pekiştirmek amacıyla beş hileci adamın öyküsünü anlatmak isterim, dedi.

Peyruz:

– Birbirinden ilginç hikâyeler, hikmetli şeyler anlatıyorsun bana, dedi; doğrusu çok mutlu olurum dinlemekten.

Beş Hileci Adam Masalı

Derviş'in biri, kurban kesmek üzere koç satın almıştı. Pazardan evine doğru giderken birkaç serseri, adamın elindeki koyunu çalmak istedi. Bunu açıktan açığa yapmanın aptallık olacağını düşünerek, bir plan kurdular.

Ve biri Derviş'in önüne çıkarak:

– Efendi baba, o köpeği nereye götürüyorsun? diye sordu.

Adam şaşırdı.

– Evladım ne köpeği, yanlış görüyorsun galiba, koç bu koç.

Haydut:

– Senin gözlerin bozulmuş anlaşılan Babacığım, bu köpeğin ta kendisi, diye ısrarla kuşkulandırdı adamı.

Derviş:

– Tövbe! Tövbe! diyerek devam etti yoluna.

Köşeyi dönerken, Derviş'in önüne diğer bir serseri çıktı:

– Vay vay vay! Avcının kralı ben buna derim, kapmış tazıyı benden önce. Beybaba, bu tazıda benim gözüm vardı. Daha uyanık davranıp sahip oldun. Helal olsun sana!

Derviş'in şaşkınlığı iyice artmıştı.

"Allah Allah! Yahu bu koyunu şimdi de tazıya benzettiler, hayırlısı bakalım" diyerek, uzaklaştı oradan.

Üçüncü serseri çıktı yoluna bu kez:

– Bu Padişahımızın ahırından kaçan köpek değil mi? Nerede buldun bunu beybaba? dedi.

Derviş, şaşkınlıktan neredeyse bayılacak gibiydi.

Düşündü taşındı, sonunda:

"Bunu bana satan adam sihirbaz olmalı" dedi kendi kendine. "Köpeği koyun diye yutturdu anlaşılan"

Ve koçu oraya bırakarak pazara döndü.

Derviş, gidip parasını almak için satıcıyla kavga ededursun, üç uyanık, bir güzel kesip afiyetle yediler koçu.

* * *

Vezir, padişah Peyruz'a bu öyküyü anlatarak:

"Bazen hile ve kurnazlıkla, çözülmesi güç işler bir çırpıda hallolur" dedi.

Peyruz, artık beşinci vezirin kurnazlığıyla bu işin üstesinden gelebileceğine inanmıştı.

– Öyleyse, bir plan hazırla baykuşlara karşı da görelim, dedi.

Vezir'in kafasında önceden hazırladığı bir plan vardı zaten.

Ayrıntılardan padişaha da söz etmek istemedi.

Öyle ya, önemli devlet işlerinde gizlilik şarttı.

– Siz, dedi Vezir, bana yalancıktan kızıp bağırın. Kapıyı hışımla açıp tekme tokat dışarı atın. Adamlarınıza buyurarak tüylerimi yoldurun ve sokağa bırakın. Sonra, vezirlerle ve diğer saray erkânıyla birlikte filan yere gidip beni bekleyin. Eğer dönmezsem, hakkınızı helâl edin.

Bu arada, sakın rol yaptığınızı kimseye hissettirmeyin. Herkes, gerçek olduğunu sanmalı, diye de tembih etti.

Ve Peyruz'la veziri dışarı çıktılar. Divan üyeleri bekliyordu. Merak içindeydiler. Ne olup bittiğini anlamamışlardı.

Peyruz, vezirin dediği gibi birden azarlamaya, sille tokat tartaklamaya başladı onu.

Bir yandan da bağırıyor:

– Alın şu alçağı, bir güzel dövün, tüylerini yolun, diye emirler veriyordu.

Adamları denileni yaptılar. Ve muhafızlar, perişan bir halde zavallıyı götürüp bir ağacın dibine bıraktılar.

Vezir, orada akşama dek yattı.

Gece olduğunda baykuşların lideri Şibahenk, adamlarını toplamış, bir konuşma yapıyordu:

– Ey baykuş ordusunun yiğit savaşçıları!

Dün gece, bildiğiniz gibi ezelî düşmanımız kargalara karşı önemli bir zafer kazandık. Birçoğunu cehenneme yolladık. Fakat bununla herşey bitmiş değildir. Belki tam tersi başlamıştır. Fırsat bu fırsattır. Size, onları büsbütün yoketmek için savaşmayı buyuruyorum. Derhal harekete geçelim. Yuvalarına gidip taş üstünde taş bırakmayalım. Şu an önemli bir yara almış bulunuyorlar. Saldırmanın tam sırasıdır.

Bütün baykuşlar benimsediler bu düşünceyi.

Ve heyecan içinde kalabalık bir ordu harekete geçti. Doğruca kargaların barındığı ağacın çevresine gidildi. Önce birkaç gözcü yuvayı kontrol etti. Sanki kargalar saldırı planını haber almışlardı. İçerde kimse yoktu.

Dönüp durumu bildirdiler gözcüler.

Bu sırada, üstü başı perişan, tüyleri yolunmuş bir halde olan Beşinci Vezir Karga'yı farkettiler.

Baykuşların lideri, ona, bu duruma düşmesinin nedenini sordu.

Beşinci Vezir bir aktör gibi ustalıkla rol yapıyordu:

– Sizin hücumunuzdan sonra danışma kurulu toplanmıştı. Herkes, "baykuşların yanına bunu koymayalım, biz de onlara saldırıp yok edelim" diyordu. Bense, "En iyisi gidip Şibahenk Sultan'a yalvaralım. Çoluk çocuğumuzun canını bağışlaması için minnet edelim. Onlara karşı koyamayız. Bizden çok güçlüler" görüşündeydim, bunu ifade edince de beni, döve döve bu hale getirdiler.

Şibahenk, vezirin ününü daha önce duymuştu. Ormanda, kargalar arasında akıllı ve kurnaz oluşuyla ün kazanmıştı.

Onun da değerli vezirleri vardı.

Çağırdı. Ne yapılması gerektiği konusunda görüşlerine başvurdu. İçlerinden biri:

– Efendim, dedi, bu vezir çok zeki biridir. Hepimiz tanıyoruz. Hazır elimize geçmişken, azılı düşmanımız olan alçağı hemen gebertelim. Kurnazlığıyla, belki yüzlerce düşman kargaya bedeldir. Onu öldürmekle önemli güçlerinden birini yok etmiş olacağız.

Beşinci Vezir, işlerin sarpasardığını görünce kaygılandı. Hemen sözü alarak, kendisini acındırmağa çalıştı:

– Hay insafın kurusun! Ne kadar perişan bir durumda olduğumu görmüyor musun? Zaten ölmüşüm ben. Öldürüp ne yapacaksın? Hem, ben sizden yana olduğum için böylesi durumlara düştüm.

Şibahenk, adama acıdı.

Diğer vezirine sordu, bu kez.

İkinci Vezir:

– Ben, dedi, öldürülmesinden yana değilim. Hatta ödüllendirilmesi gerektiğini düşünüyorum. Öyle zamanlar olur ki, düşmanından bile yararlanabilirsin. Bir hırsızın öyküsü hatırıma geldi.

Şibahenk, ikinci vezirine, hikâyeyi anlatmasını emretti.

ᘒᘓ

Hayırlı Hırsız

Vaktiyle Karun kadar zengin bir tüccar yaşardı ülkenin birinde.

Adam zengin olduğu kadar çirkindi de.

Yüzüne bir kez baksan kırk yıl rızkın kesilirdi sanki.

Yalnızlık canına tak etti adamın ve evlenmeye karar verdi. Günün birinde dünyalar güzeli bir kadın gördü. İçine onunla evlenmek isteği düştü. Düştü ki, kor gibi. Yakıp yandırdı onu.

Fakat, kadının bu çirkin haliyle onu eş olarak kabul etmesi imkânsızdı. Tüccar bunu biliyordu.

Sonunda çıkar yol buldu. Yakışıklı bir arkadaşını kullanarak erişti isteğine.

Kadın, evlendikleri geceye kadar tüccarı görmemişti. Yakışıklı arkadaşıyla evlendiğini sanıyordu.

Sonunda iş anlaşıldı. Gerdek gecesi tüccarı görünce kadın beyninden vurulmuşa döndü.

– Ben, şimdi bu şeytan suratlı adamla mı evlendim, dünyada olmaz, kabul etmem seni kocalığa! diye bastı çığlığı.

Ve birlikte olmayı reddetti.

Zavallı tüccar, nasıl olsa günün birinde beni kabul edecek, diye düşünerek sabretti.

Gecelerden bir gece, eve hırsız girdi.

Kadın, gürültüye uyanınca çok korktu.

Ve doğruca tüccarın yanına gidip, ona sığındı.

Kocası uyandı ki ne görsün! Gözlerine inanamıyordu. Kadın, sarılmıştı kendisine.

Neden sonra, bu işe bir hırsızın sebep olduğunu öğrenince,

ödüllere, hediyelere boğdu onu.

***

Şibahenk, ikinci vezirin anlattığı bu öyküyü dinledikten sonra, üçüncü vezirine döndü. Kargaya nasıl davranılması gerektiği konusunda düşüncesini sordu.

Üçüncü vezir de, ödüllendirilmesinin daha uygun olacağı görüşündeydi.

– Ona çok iyi davranmalıyız, dedi. Madem ki, diğerleriyle aynı görüşte değil, bu fırsattan yararlanmak düşer bize de.

Bir dervişin yanına hırsızlığa giden şeytanla hırsızın ayrılığa düşmesi öyküsünde olduğu gibi tıpkı.

Şibahenk, üçüncü vezirin sözünü ettiği öyküyü merak etti bu kez. Ve ona da, anlatmasını buyurdu.

– Buyruğun başüstüne padişahım, diyerek başladı anlatmaya üçüncü vezir.

Ava Giden Avlanır!

Bir zamanlar Bağdat'ın bir köyünde kendi halinde garip bir derviş yaşarmış.

Şanı şöhreti bütün Bağdat'ta duyulmuş.

Ülkenin zenginlerinden biri, "eğer şu isteğime kavuşursam, dervişe bir öküz alıp armağan edeceğim" diye adakta bulunmuş.

Gün gelmiş, adam arzusuna erişmiş ve semiz bir öküz alarak götürüp dervişe bağışlamış.

Hırsızın biri de görünce öküzü, çalmayı koymuş aklına.

Öküz de, semiz mi semiz bir öküzmüş hani.

Ve planını gerçekleştirmek için düşmüş yola.

Yolda biriyle karşılaşmış.

Şeytan olduğunu anlamakta gecikmemiş.

– Hayrola, nereye gidiyorsun? diye sormuş. Şeytan:

– Bir dervişin elinden yandım, mahvoldum, demiş. Artık kimseyi aldatamaz oldum. Adam o denli güçlü ki insanlar üzerinde, sözüm dinlenmez oldu. Onu öldürmekten başka çare kalmadı, şimdi bunu gerçekleştirmeye gidiyorum.

Hırsız çok sevinmiş bu işe.

– Semiz bir öküzü var dervişin, ben de onu çalmağa gidiyorum, demiş.

Birlikte devam etmişler yola. Gide gide dervişin tekkesine gelmişler.

Herkes uykudaymış.

Hırsızı almış bir tasa.

"Eğer, dervişi öldürürse şeytan, müritleri uyanır ve ben öküzü çalamam" diye düşünmüş.

Şeytana:

– Ben öküzü alıp gideyim de sen sonra öldür dervişi, demiş.

Şeytan yanaşmamış buna:

– Sen, demiş, öküzü çalayım derken, uyandırırsın herkesi. Benim de dervişi öldürme planım suya düşer böylece.

Görüş ayrılığı belirince aralarında, başlamışlar kavga etmeye. Ve bütün öğrencileri uyandırmışlar gürültüyle. Olay anlaşılınca ikisini de yakalamışlar.

Şibahenk'in üçüncü veziri masalı anlattıktan sonra, hükümdara dönerek:

– Önce ödüllendirelim, iyi davranalım ona, sonra kargaların arasına casus olarak gönderelim, dedi.

Birinci vezir, kesinkes öldürülmesinden yanaydı.

Diğerlerine çıkıştı:

– Bu alçağın bizi aldatmak için buralara kadar geldiğini söylemeye gerek var mı bilmem, dedi.

Bunu anlamamak için çok saf olmak gerek.

Tıpkı, hain karısının oyununa gelen marangoz gibi.

Birinci vezir, yeni bir masaldan söz ediyordu.

Marangoz ve Karısı

Serendip kentinde yaşayan bir marangoz vardı. Aptallığı dillere destandı. Ahmaklığını duymayan kalmamıştı. Güzel mi güzel bir karısı vardı adamın, kendisini sürekli aldatıyordu. Sevgilisi genç adama başka bir kadın daha tutulmuştu. Ve onu paylaşmak istemediğinden bir gün marangoza gelerek:

— Karının seni aldattığından haberin var mı? diye sordu.

Marangoz şaşırdı.

— Karımın beni aldattığını mı söylüyorsun?

— Ne sandın ya, istersen bir dene, kendi gözlerinle gör. Seyahate çıkıyorum diyerek ayrıl evden, sonra dön, bak bakalım neler yapıyor.

Marangoz, ertesi gün karısına:

— Heybemi, azığımı hazırla, yola çıkıyorum, dedi.

Kadın sevinçle söyleneni yaptı.

Marangoz evden ayrıldı.

Fakat bir süre sonra geri döndü.

Adamın ayak seslerinden kuşkulanan kadın, sevgilisine durumu fısıldayınca, genç adam ağız değiştirdi:

— Sana deliler gibi aşığım, fakat bana hiç yüz vermiyorsun, neden böyle yapıyorsun?

— Ben, kocamı seviyorum. Onun aşkından başka hiç bir hayâl gözüme giremez, anladın mı?

Marangoz konuşulanları kapının arkasında dinliyordu.

"Demek söylenenler doğru değilmiş, karım beni aldatmıyor" diye düşündü.

* * *

Birinci Vezir, kararlıydı:

— Bu aşağılık karganın sözlerine inanırsak, tıpkı ahmak marangoz gibi gülünç bir duruma düşeriz. Hemen öldürmeliyiz onu.

Karga Vezir, rol yapmağa devam ediyordu:

– Asıl gülünç durumda olan sensin. Doğrusu o kadar gözünü hırs bürümüş ki, olup biteni görmekte güçlük çekiyorsun. Şu perişan halime bir bak, kanadım kırık, tüylerim yolunmuş, evimden yurdumdan kovulmuşum. Beni bu duruma düşürenlere nasıl dost olabilirim? Olacak şey mi bu?

Baykuşların birinci veziri güldü:

– Sen, karşındakini çok saf görüyorsun. İnsan kendi ulusunun selameti için ölümü bile göze alabilir. Dava sahibi biri için çok kolaydır bu. Sen, milletinin içinde akıllı bir vezir olarak biliniyorsun. Vakti zamanında hikâyesini duyduğum Maymunlar Padişahı'nın Veziri gibi tıpkı.

Şibahenk, bu hikâyeyi de merak etti.

Ve birinci vezire anlatmasını emretti.

O da başladı anlatmaya.

കൗ

Maymunlar Padişahı'nın Veziri

Zümrüt yeşili bir adada maymunlar yaşardı bir zamanlar.

Adada bitmek tükenmek bilmez bir bolluk vardı.

Dört bir yanından fışkıran türlü meyve ağaçları, yemişler, sebzeler, berekete boğmuştu adayı.

Irmaklar, çağlayanlar, soğuk pınarlar, sanki cennetten bir köşeymiş gibi, sonu gelmez güzellikler yaşatıyordu.

Maymunlar çok mutluydular.

Bir gün ileri gelenleri toplanmış, lezzetine doyulmaz meyvelerden söz ediyorlardı.

Üzüm, incir, fındık, muz, şeftali, portakal... daha neler neler.

Oradan geçmekte olan bir ayı, toplu halde görünce onları, konuştuklarına kulak kabarttı.

Duydukları karşısında şaşkına uğradı.

Böyle bolluk bereket içinde yüzerlerken onlar, kendileri dağda yaban çalıları arasında ömür sürüyorlardı. Bu haksızlık değil miydi?

Ayı, duyduklarını koşup ayılar padişahına bir bir anlattı.

Onun da iştahı kabarmıştı.

Büyük bir ordu toplayıp, adayı kuşatmak için harekete geçtiler.

Maymunların hükümdarı o gün ava çıkmıştı. Yanında vezirleri de vardı.

Ayılar, taş üstüne taş bırakmadılar adada.

Maymunların ne evleri kaldı yıkılmadık, ne eşyaları kaldı yakılmadık. Hepsi kılıçtan geçirildi birer birer. Kadınlara, hatta çocuklara varıncaya dek, hunharca öldürüldüler.

Durum maymunların padişahına ulaşınca kahrından öleyazdı hayvancağız.

Hayatta kalan adamlarını topladı.

Neler yapılacağını tartıştılar.

Akıllı, bilgili bir veziri vardı.

O atıldı ortaya:

— Efendim, dedi, maymunların tümü karşı koymaya kalkışsaydı yine de başa çıkamazdık onlarla. En doğrusu hileye başvurmak. Bu önemli görevi ben üstlenmek istiyorum. Onlara güzel bir oyun oynamak istiyorum.

Padişah, ilkin yanaşmadı buna:

— Hayır, dedi. Seni de kaybetmek istemiyorum.

Vezir:

— Ben, dedi, kaybedeceğimi zaten kaybetmişim. Eşim, çoluk çocuğum öldürüldü. Ülkem yerle bir edildi. Ya öcümüzü alırım ya da ölürüm. Bu durumda eli kolu bağlı durmak ölümden beterdir, izin verin gideyim.

Padişah çaresiz:

— Peki, dedi, madem istiyorsun, nasıl biliyorsan öyle yap.

Vezir, onlara:

– Siz de filan yere gidip gizleniniz, dedi.

Ve üstünü başını al kanlara boyadı. Tüylerini yoldu. Vücudunun bazı kısımlarını dağladı. Düşe kalka ayıların bulunduğu yere doğru yollandı.

Nöbetçiler yakalayıp ayıların padişahının huzuruna getirdiler.

Vezir:

– Ben, dedi, padişahla birlikte ava çıkmıştım. Siz değerli efendimizin adamıza gelişinizi geç duydum. Sonra, geride kalanlara çok kızdım. Niçin ayıların padişahı yurdumuza onur veriyor da onu şanına uygun bir törenle karşılamıyorsunuz. Hizmetine girmiyorsunuz?..

Ben böyle deyince, birden üzerime çullandılar. "Hain! Korkak!" diyerek hırpaladılar, az kalsın öldüreceklerdi. Ellerinden güç bela kurtuldum. Şimdi, maymunların en azılı düşmanıyım. Bulundukları yeri biliyorum, sizi götüreyim, hepsini yok edin!

Ayıların padişahı bu sözlere kanmıştı.

– Tamam, dedi, maymunların köklerini kazımanın tam sırası. Sen önümüze düş, bize kılavuzluk yap.

Maymun vezir, daha da kurnaz davranarak ayağının kırık olduğunu yürümekte güçlük çektiğini söyledi. Bir ayı, sırtına aldı onu ve düştüler yola.

Onları, aldatarak çöle götürdü maymun vezir.

Günlerce aç susuz yürüdüler.

Çok bitkin düşmüşlerdi.

Adım atacak mecalleri kalmadı.

"Bir damla su!" diye inlemeye başladılar.

Tam bu sıra, zehirli bir rüzgâr çıkmasın mı!

Ayılar kandırıldıklarını farketmişlerdi. Fakat iş işten geçmişti.

– Bu yel de neyin nesi? diye sordu ayıların padişahı.

Maymun Vezir, artık hiçbir şeyi gizlemedi:

– Ey zalim! dedi, onun ne olduğunu bilmiyor musun? O, önüne çıkanı bir anda öldüren, silip süpüren zehirli rüzgârdır. Sizin benim kabileme ettiğiniz bunca işkenceden sonra bu az bile gelir. Ben de öleceğim. Fakat ahirete vicdanım rahat olarak gidiyorum.

Ve zehirli rüzgâr, ayıları ansızın sardı, hepsini yere serdi.

Geride tek canlı kalmamıştı.

* * *

Baykuşların birinci veziri masalı bitirdikten sonra:

– Artık bu casus kargayı öldürmek için ne bekliyoruz, diye sordu.

Baykuşların padişahı Şibahenk, vezirin söylediklerine kulak asmadı.

– Ocağımıza düşmüş zavallı bir kargayı öldürmek erkekliğin şanına yakışmaz, dedi.

Ve vezir karganın yaralarının sarılmasını emretti.

Dediği gibi yapıldı.

Günler günleri kovaladı. Yolunan tüyleri tekrar çıktı karganın. Yaraları iyileşti.

Ayağındaki kırık kemikler kaynadı.

Eski sağlığına, diriliğine kavuştu.

Ve baykuşların padişahına birbirinden güzel masallar, hikmet dolu öyküler anlatmaya başladı.

Şibahenk, karga vezirin bağımlısı olmuştu sanki.

Onu görmeden, anlattığı birbirinden ilginç hikâyeleri dinlemeden geçmiyordu günü.

İdamını isteyen vezirine:

– Gördün mü, karga hiç de senin dediğin gibi çıkmadı. Baksana, kargalıktan çıkıp, baykuş olmak için gece gündüz Allah'a yalvarıyor, dedi.

Vezir hâlâ eski inadındaydı:

– Efendim, ben bu karganın hileci olduğunda ısrarlıyım. Ne olursa olsun değişmez bu alçak. O, bizim eski düşmanımızdır. Eski düşman dost olmaz. Bizi aldatmaya çalışıyor. Kendisi baykuş olsa bile inanmayın ona.

Şibahenk, artık vezirin kargayı kötülemelerini "düşmanlığındandandır" diyerek dinlememeye başladı. Esir karga, sözü sohbeti dinlenir biriydi. Sonra kendi adamlarıyla anlaşmazlığa düşmüştü. Hayvanlar arasında iyi bir şöhreti vardı. Akıllıydı. Yetenekliydi. Alçakça bir oyuna araç olacak kadar soysuz değildi.

Şibahenk'i bu düşüncelerinde kuşkuya düşürecek hiçbir şey olmadı.

Günler geçip gidiyordu yel gibi.

Bir gün karga, Şibahenk'le birlikte, sarayın has odasında oturmuş söyleşirken haklı bir eleştiride bulundu:

– Böyle ağaç kovuklarında yaşamak sizce, baykuş ulusunun şanına uygun düşüyor mu efendim?

Şibahenk şaşırdı.

– Ne demek istiyorsun?

– Demek istediğim şu ki, baykuşların onuruyla bağdaşmıyor böyle yaşamak. Geniş ve konforlu yerler dururken yaşlanmış ağaçların oyuklarını yurt olarak seçmek akıl kârı değil. Hele hele sizin gibi güçlü bir hükümdarın onuruyla hiç bağdaşmıyor. Üstelik o kadar güvenli de sayılmaz burası.

– Başka bir yer biliyor musun?

– Bir değil, birkaç yer var. Dilerseniz, birlikte gidip bakalım. Beğenirseniz, yerleşiriz.

Şibahenk vezir karganın önerisini uygun buldu. Birlikte düştüler yola.

Kurnaz karga, gide gide bir mağaraya götürdü onu. Geniş ve güvenli bir yerdi. İçeriyi görmesi için baykuşların liderini gezdirdi.

O da beğenmişti.

– En kısa zamanda buraya taşınmalıyız, dedi.

Ve dönüp derhal buyruklar verdi. Apar topar taşındılar mağaraya. Baykuş vezirler her ne kadar karşı çıktılarsa da seslerini yükseltemediler. Çaresiz boyun eğdiler.

Sonunda o gün gelip çattı.

Karga vezirin, intikam saati.

Bir gün yolunu bulup, gizlice bir yerde saklanan kendi efendisi, Peyruz'un yanına vardı. Olup biteni anlattı:

– Allah'a sonsuz şükürler olsun. Sonunda planımı uygulama imkanı buldum. Düşmanlarımızı karanlık bir mağaraya tıktım. Biliyorsunuz, onların gözü gündüz göremez. Ve ölü gibi uykuya dalarlar. Şimdi, siz vakit kaybetmeden askerlerinizi toplayın. Mağaranın kapısına çalı-çırpı toplayıp yığsınlar. Akşama doğru da ateşe veririz ve dumanla ateş arasında boğarız onları!

Peyruz'un da beklediği an gelmişti. Öteden beri içini yakıp kavuran öç alma duygusuyla harekete geçti hemen. Binlerce karga Peyruz'un buyruğuyla toplanıp çalı-çırpı ve odun parçası toplamaya koyuldu. Akşam olmadan mağaranın önü kapanmıştı.

Çok geçmeden odunlar yakıldı. Alevleri mağaranın kapısını kapatan ateş yükseliyordu. Baykuşlar neye uğradıklarını şaşırdılar. Duman ve ateşten boğulmamak için sağa-sola kaçıştılar. Panik içinde, gözleri görmediği için ne yaptıklarını bilmeden kaçışmaları çoğunu canından etti. Kayalara çarparak parçalandılar.

Böylece kargalar, ezelî düşmanlarından kurtulmuşlardı.

Kargaların padişahı Peyruz sevinç içindeydi. Beşinci vezirinin bu akıl almaz başarısı mutluluğa boğmuştu onu.

Artık huzur içinde yaşıyorlardı.

Peyruz, sarayında, yanında yakın adamları olduğu halde, veziri kargaya sordu:

– Yahu, o sevimsiz yaratıkların arasında, onca zaman nasıl durabildin? üstüne üstlük bir de kandırmayı nasıl başarabildin? Bıkmadın mı, usanmadın mı hiç?

Vezir, kararlı bir sesle şöyle cevap verdi:

– Efendimiz! Soylu bir amaç için göze alınmayacak şey yoktur. Bir gaye için yola çıkan kimse bıkmaktan usanmaktan söz etmemelidir. Tıpkı, hedefine giderken kurbağaların padişahına binek olmayı göze alan yılanın öyküsünde olduğu gibi.

Peyruz ve adamları vezirin sözünü ettiği hikâyeyi bilmiyorlardı.

– Bize, bu hikâyeyi anlatır mısın? diye sordular.

– Buyruğunuz başüstüne, deyip başladı anlatmaya Beşinci Vezir.

☙❧

Sabırlı Yılan

Vaktiyle, bir yılan yaşlanmış, kurbağa avlayamaz olmuştu. Öteden beri kurbağa dışında bir şey yemeyen hayvan, açlıktan neredeyse ölecek bir duruma gelmişti.

Kurbağa eti ve kurbağa kanı.

Bundan başka hiçbir şey yılanın iştahını çekmiyordu.

Günlerce düşündü taşındı, bir çare bulmak için açlığına, binbir türlü plan kurdu aklınca.

Sonunda kurnaz kurnaz gülümsedi.

Aklına ilginç bir fikir gelmişti.

"En çıkar yol bu" diye düşündü.

Kalkıp kurbağalar padişahının huzuruna vardı.

Önce yılanı görünce ürktü padişah.

– Korkmayınız efendim, dedi yılan, benden size zarar gelmez.

Kurbağaların hükümdarı şaşırdı.

Nasıl olurdu, ezelî düşmanıydı yılan onların.

– Ben, dedi, artık yaşlandım, geri kalan ömrümü size hizmet ederek geçirmek istiyorum.

Herkes şaşkınlık içindeydi. Yılan:

– Hayret ettiniz farkındayım. Fakat size öykümü anlatınca bana hak vereceksiniz.

Günün birinde kurbağanın peşine düşmüştüm. Amansız bir biçimde izlerken, kaybettim onu. Dervişin evine girmişti. Ben de arkasından içeri daldım. Ağzıma yumuşak bir şey dokundu. Hemen ısırdım. Meğer dervişin küçük çocuğunun ayağı olmasın mı! Adam beni farketti. Kaçmaya çalışırken etkili bir tılsım yaparak yakaladı. "Sana" dedi, "aklını başına getirecek bir ceza vereceğim. Bundan böyle, kurbağalara binek olarak hizmet edeceksin. Eğer kaytarırsan, tekrar sihir yaparak yakalar bu kez öldürürüm seni." Ben de bunun üzerine derhal buraya geldim. Artık emrinizdeyim. Nereye isterseniz oraya taşırım sizi.

Yılan'ın bu kurnaz öyküsüne kurbağalar kandılar.

Zavallı padişah, bundan böyle, nereye giderse yılanla gider oldu. Bir anda çabucak gezmeleri çok sevindirmişti onları. Yılan bir şey yemiyordu bu sırada. İyice zayıflamıştı. Padişah:

– Yahu açlıktan ölecek bir duruma geldin. Niçin bir şey yemiyorsun? diye sordu.

Yılan, kendisini acındırarak:

– Efendimiz, dedi, kurbağadan başka bir şey yiyemem ben. Dervişe, sizin hizmetinizde olacağıma dair söz verdim. Bu durumda kurbağa da avlayamıyorum. Yapacağım bir şey yok.

Kurbağaların lideri, yılana acıdı:

– Ölmek üzere olan kurbağaları sana vereceğim, dedi.

Ve o günden sonra, sadece ölmek üzere olanları değil, sağlıklı kurbağalardan da birer ikişer armağan etmeye başladı yılana.

* * *

Beşinci Vezir, bu hikâyeyi anlatarak, soylu bir amaç uğruna herşeyin göze alınacağını bir daha vurguladı. Ayrıca, kaba kuvvetin her zaman başarı için yetmediğini iddia etti. Akıllı davranarak çözemeyeceğimiz bir sorun olmadığını söyledi.

Hatta bunu ispatlamak için bir de masal anlattı.

Serçe ile Yılan arasında geçen sevimli bir masaldı bu.

Serçe İle Yılan

Bir varmış bir yokmuş, diye başladı Beşinci Vezir.
Allahın kulu sayılamayacak kadar çokmuş.

Evvel zaman içinde
kalbur saman içinde
kuşlar kanat çırparken
yıkık viran içinde
mevsimlerden yaz
meyvelerden kiraz
insanlardan uzak biraz
eski mi eski, güzel mi güzel
bir konağın çatısında
iki serçe yaşarmış.

Mutluluk içinde, yeni dünyaya gelen yavrularına yiyecek taşırlarmış.

Bir gün doğuya uçarlar, diğer gün batıya.

Günler, yem bulmak için yavrularına, çırpınmalarına tanık olurmuş kıyasıya.

Sanki tabiat kıskanmış bu güzelliği.

Bağrında yaşattığı kötü yılanlardan birini göndermiş yuvaya.

Anne ve baba serçeler, yiyecek aramak için yuvadan ayrıldıkları sırada.

Sevimsiz yılan gelip yutmuş onları teker teker.

Sonra, bir güzel yuvaya kıvrılarak kurulmuş zorba bir saldırgan tavrıyla.

Serçeler döndüklerinde, konu komşu ağlayarak karşılamış onları.

Şaşırmış zavallılar.

Herşeyden habersiz, sormuşlar:

— N'oldu, ne var? diye.

— Aman, yuvaya konmayın sakın, siz gidince korkunç bir yılan gelip yavrularınızı yuttu, sonra da evinizi işgal etti, demişler komşuları.

Serçeler üzüntü içinde ağlamışlar.

Canlarını hiçe saydıkları yavrularının başlarına gelen felaket herşeyi alt üst etmiş.

Yılana iyi bir ders vermek için düşünüp durmuşlar günboyu.

Tam bu sırada ev sahibi, elinde yanan bir mumla kapıdan çıkmış.

Anne serçe hiç düşünmeden mumu kapıp havalanmış, yuvadaki odun parçalarını tutuşturmuş.

Ev sahibi adam, yangın büyüyecek kaygısıyla almış eline kazmayı, çıkmış çatıya.

Yılana iyi bir ders olmuş bu.

İlkin küstahça kurulduğu yuvada yanmış, can havliyle çıkınca dışarı, kazmasıyla paramparça etmiş adam onu.

* * *

Beşinci Vezir'le, Kargaların Padişahı Peyruz'un hikâyesi burada sona eriyordu.

Vezir, bu masalla da, aklın herşeyden üstün olduğunu anlatmış oluyordu.

Gerçekte bütün bu hikâyeleri, Hindistan'ın ünlü hükümdarı Debşelem Şah'a, ihtiyar bilge Beydebâ anlatmaktaydı.

Hatırlarsınız, Debşelem Şah, büyük bir hazineyle birlikte ondört bölümden oluşan bir vasiyet bulmuştu.

Ve bu vasiyette yer alan hikmetli bilgileri daha iyi kavraması için, Beydeba'yı yalnız yaşadığı mağarada ziyaret edip, ondan öyküler dinlemesi salık veriliyordu.

Beydebâ, ayaklı bir kütüphâne gibiydi. Böyle olmakla da kalmıyor, anlattığı her öyküde unutulmaz öğütler veriyordu Debşelem Şah'a. Ünlü Padişah, Beydebaya:

— Sevgili Hocam, dedi; dördüncü bölümün de sonuna geldik böylece. Diliniz dert görmesin. Sayenizde, gerçek bir devlet adamının sahip olması gereken özellikleri kavramaya başlamış bulunuyorum.

Beydeba:

— Yöneticilik, dünyanın belki de en güç mesleğidir sultanım, dedi. İnsanı doğruluk ve mutluluğa ulaştıran bilgiye hikmet bilgisi denir. Buna sahip olmayan idareciler daima başarısız olurlar.

SEVMEK ZOR BİR ÇİÇEKTİR

VASIYETİN beşinci maddesine gelmişti sıra.

Yaşlı Bilge, Debşelem Şah'a mutluluk dolu gözlerle baktı.

Tanıştığı günden bu yana, bu güçlü padişah daha da güçlenmeye başlamıştı.

Gittikçe derinleşen söyleşileri, Debşelem'e çok güzel düşüncelerin kapısını açmıştı.

Bundan, anlatılması güç bir sevinç duyuyordu.

– Şimdi sıra vasiyetin beşinci bölümüne geldi Sultanım, dedi Beydeba.

Debşelem Şah, sordu:

– Bir devlet adamında veya yakınlarında dalgınlık ve ihmal olması ne gibi kötü sonuçlar verir hocam?

Beydeba:

– Dalgınlık, dikkatsizlik, belki de bir yöneticide en affedilmez şeylerdir, dedi.

İnsan, erişilmesi imkânsız gibi görünen bir şeyi elde edebilir. Allah, ona çok lütuflarda bulunabilir. Aklına hayaline gelmeyen nimetlerle donanabilir. Bunlar, sanıldığının aksine kolay işlerdir. Asıl güç olan, bunun korunmasıdır. Bir şeyi elde etmek kolay, onu korumak çok zordur sultanım, çok zor.

Zeki bir maymunla dost olduktan sonra bunu korumayı beceremeyen zavallı bir kurbağanın öyküsü geldi aklıma.

Debşelem Şah:

– Bu hikâyeyi dinlemeyi ne kadar çok isterdim hocam, dedi.

Beydeba:

– Dinle sultanım, dedi ve öyküyü anlatmaya başladı.

☙❧

Maymunların Kralı İle Kurbağacık

Yeşil Deniz Adası'nda yaşayan maymunların padişahı Mâhir Şah, iyice yaşlanmıştı.

Yıllarca onun hükümdarlığında mutlu bir hayat süren maymunlar, artık sultanlarının ihtiyarladığını görünce, genç ve güçlü bir maymunu kendilerine başkan olarak seçtiler.

Mahir Şah ise, bahçesinde berrak suyu ile güzel bir havuzun bulunduğu köşküne çekildi.

İncir, muz, nar ve şeftali ağaçlarıyla süslenmiş olan bağında yaşlılığın tadını çıkarmaya başladı.

Bir gün incir ağacının başında yemiş yiyordu. Bir incir elinden kayıp suya düştü:

– Cump, diye ses çıkardı.

Bu, Mâhir Şah'ın hoşuna gitti.

Bir tane daha attı suya:

– Cump!

"Ne güzel bir eğlence" diye düşündü eski padişah.

Ve bu oyunu her gün oynamaya başladı.

Meğer, havuzda yaşayan kurbağacık, incirleri kendisine dostluk önerisinde bulunan iyi niyetli birinin attığını düşünürmüş.

Ve karnını bu incirlerle doyururmuş.

İnciri kimin attığını merak edince kurbağa, sudan çıktı. Yaşlı maymunu gördü.

– Bana incirleri sunan sizsiniz demek, bu inceliğinize ne kadar teşekkür etsem azdır, lütfen dostluğunuza kabul edin beni, dedi.

Maymun, kurbağanın saflığına güldü.

Köşkte yalnızdı.

"Neden bir arkadaşım olmasın" diye düşünerek, kurbağanın isteğini kabul etti.

O günden sonra ikisi arasında güzel bir dostluk başladı.

Tatlı tatlı söyleşiyorlar, yalnızlıklarını paylaşıyorlardı.

Mahir Şah, kurbağaya öyküler anlatıyordu.

Kurbağacık, ilgiyle dinliyordu.

☙❧

Hayırlı Hırsız Masalı

Bir varmış bir yokmuş

Dünyada ahmak dost sayılamayacak kadar çokmuş.

Aptalı dost edinmektense akıllı düşmana sahip olmak daha iyiymiş.

Keşmir ülkesinin anlı şanlı padişahının yakın dostu maymun da bu ahmaklardan biriymiş.

Eğitilmiş maymun, sabahlara dek padişahın başında nöbet tutarmış.

Elinde gümüş işlemeli bir hançerle, düşmanlarına karşı Keşmir Şahı'nı korurmuş.

Ülkede pek çok hırsız varmış.

Usta olanlarından biri, bir gün kentin belediye başkanının iri kıyım eşeğini çalmayı aklına koymuş.

Eşek de semiz mi semizmiş hani.

Ne kadar yük vurursan vur, gıkı çıkmazmış.

Hırsız, önce eşeği, sonra dükkândan şişeleri çalıp hayvana yükleyecek, böylece de zengin olacakmış.

Kararını vermiş hırsız. Gece yarısını beklemiş.

Vakitsiz sokağa çıkmış.

Yürürken, kendisi gibi bir hırsıza rastgelmiş.

– Böyle vakitsiz ne arıyorsun sokakta? diye somuş ona.

– Ben yabancıyım, Keşmir'e yeni geldim, şehri tanımak için geziyordum.

Bizim hırsız, densizlik etmiş birden:

– Tekin birine benzemiyorsun sen. Benim gibi hırsız olmalısın. Bu saatte bir bekçiler bir de hırsızlar dolaşır sokakta.

– İyi bildin, demiş yabancı, ben de hırsızım senin gibi.

Hırsız, yabancıya planını anlatmış.

– Eşeği birlikte çalalım, sonra da dükkânı soyar, köşeyi döneriz.

Yabancı hırsız kabûl etmiş.

Tam harekete geçeceklerken karşılarına bekçi çıkmasın mı!

Yabancı hırsız, duvardan atlayıp kaçmış.

Bizimki yakayı vermiş ele.

Ve bekçiye olup biteni anlatmış.

Bekçi, alay etmiş onunla:

– Sen de çok safsın hani. Başkan, eşeğini korumak için iki muhafız tuttu. Hem, şişe çalıp da ne yapacaksın. Topu topu kaç para eder ki o cam parçaları? Sen madem herşeyi göze almışsın, bari padişahın hazinesine göz dikseydin de onları çalsaydın. O zaman paçayı yırtabilirsen zengin olurdun.

Yabancı hırsız, duvarın arkasında dinliyormuş meğer.

Bekçi, yerli hırsızı götürüp, hapse tıkmış.

Yabancı durur mu artık.

"Bekçinin dediği doğru, çalınca padişahın servetini çalmalı, yoksa, yaptığın işin korku belasına bile değmez."

O gün saraya nasıl gireceğini hesaplamakla geçirmiş gününü.

Ertesi gece, sarayın duvarını sessizce oymaya başlamış.

Birkaç gün sürmüş bu.

Sonunda padişahın yattığı odaya çıkmaz mı!

Delikten başını uzatmış ki, bir maymun.

Belinde hançer, başında bekliyor padişahın.

"Koskoca Keşmir Şah'ını korumak için bula bula bu aptal maymunu mu bulmuşlar" diye geçirmiş aklından.

Maymun, olup bitenden habersizmiş.

Tam bu sıra, padişahın göğsüne, tavandan karıncalar düşmez mi!

Maymun:

"Eyvah! Padişahıma zarar verecek bunlar" diyerek çekmiş hançerini ve karıncaları öldürmek için kaldırmış...

Yabancı hırsız, dayanamamış, bağırmış:

— Heey! N'apıyorsun, öldüreceksin adamı!

Padişah gürültüye uyanmış.

Hırsızı yakalamışlar.

Hırsız:

— Ben, demiş, hazinelerinizi çalmak için girmiştim odanıza. Fakat, bu ahmak maymunun, karıncayı öldüreceğim derken, sizi canınızdan edeceğini görerek bağırdım.

Keşmir Şahı, hırsızı cezalandırmak şöyle dursun, ödüllendirmiş. Ve serbest bırakmış.

* * *

Mâhir Şah, dostu kurbağaya bu masalı anlatınca, ne kadar mutlu olduğunu görüp sevindi.

— Şimdi, dedi Kurbağacık, burada akıllı düşman hırsız, ahmak dostsa maymun mu oluyor?

— Ta kendisi, dedi Mâhir Şah, tıpatıp öyle. Ve bu masal, bize aptallarla dost olmaktansa, akıllı düşmanımız bulunmasının daha iyi olacağını anlatıyor.

— Peki, dedi Kurbağa, akıllıyla akılsızı nasıl ayırdedeceğiz?

— Bu konuda insanları üç gruba ayırabiliriz, dedi Mâhir Şah.

Birinci kısım, iyilik ve kötülüğe ilişkin belirgin bir düşüncesi olmayanlar.

Bu tür insanlar sadece eğlendirici olurlar.

Dostluğundan ne zarar ne de yarar görürüz.

İkinci gruptaki arkadaşlıklar, insanı sürekli geliştiren ilişkilerdir. Bu kısım dostların hep yararı olur bize.

Bir de, zarardan başka hiçbir şeyini görmediğimiz dostlarımız olur. İşte, asıl uzak durulması gerekenler bunlardır.

Kurbağa, Mâhir Şah'ın anlattığı bu güzel düşüncelerden çok etkilenmişti.

– Umarım, beni gerçek dostun olarak görmeye devam edersin, dedi.

– Bundan en küçük bir şüphen olmasın, dedi Mâhir Şah.

Ve kurbağacıkla, maymunların eski padişahının imrenilecek dostluğu yıllarca sürüp gitti.

Dostluk her şeyin üzerindeydi.

Kurbağa, bunu, çoluk çocuğunu maymunla arkadaşlığı uğruna terkederek göstermişti.

Gözünde artık hiç bir şey yoktu.

Canından çok sevdiği karısı, çocukları bir anda silinmişlerdi.

Ne yapıp yapıp maymunla dostluğunu sürdürmeliydi.

Kurbağanın eşi, acınacak bir durumdaydı. Aylardır haber alamıyordu. Çocuklar, "babamız nerede?" diye soruyorlar, ne cevap vereceğini şaşırıyordu.

Komşuları, yakınları kurbağayı ayıpladılar.

Vefasızlıkla suçladılar.

Mâdem haklı bir neden yokken bırakacaktın, zavallı dişi kurbağa ile zamanında evlenmeseydin, dediler.

Kurbağa'nın söylenenlere kulak astığı yoktu.

Varsa Mâhir Şah, yoksa Mâhir Şah.

Sonunda, konu-komşu ve akrabaları, kurbağanın eşine acıyarak bir çare aramaya koyuldular.

Bu vurdumduymazlığa bir son verilmeliydi.

Bula bula bir kocakarı buldular.

Darda kalanın yardımına yetişen bir tür sihirbazdı bu yaşlı kurbağa.

Bir süre düşündü, sonra:

– Maymun yok edilmedikçe sana kocanın yüzünü görmek yok kızım, dedi. Tek çare maymunu öldürmek!

İlkin bu yadırgandı.

Fakat çaresizlik tak etmişti canına.

– Nasıl yaparız, koskoca maymunu nasıl öldürürüz?

– Her şeyin bir olur yanı vardır kızım. Sen bana bırak.

Bir tuzak kuracaklardı. Önce, kurbağayı maymundan bir an uzaklaştırmak gerekiyordu.

Kocakarı Kurbağa:

– Sen, dedi kadına, yalancıktan hastalanacaksın. Ona haber salacağız. Karın ölmek üzere, son nefesinde seni görmek istiyor, diye. Çaresiz gelecek. Gerisi kolay, o hele bir gelsin.

Kurbağanın eşi, denileni yaptı. Yalandan ağlayıp bağırmaya başladı. Komşular yetiştiler.

– Eşime, acele haber gönderin, son kez görmek istiyorum onu, dedi.

Adadaki komşuları kurbağaya haberi uçurdular hemen.

– Kadıncağız ölüm döşeğinde, öldü ölecek, gelsin dünya gözüyle göreyim de gözüm açık gitmesin diyor, dediler.

Kurbağa, düşündü, taşındı, bir türlü karar veremedi.

Maymun'dan ayrılmak güç geliyordu ona.

Yıllardır sürdürdüğü dostluğu sanki, ayrılınca bozulacakmış gibi bir duygu vardı içinde.

Maymun da duymuştu karısının hastalandığını.

Çağırdı Kurbağa'yı:

– Hemen yola çık, o senin hayat arkadaşın. Hem, epeyidir ayrısın, uzaksın, son isteğini yerine getirmen üzerine vicdan borcudur, dedi.

Bunun üzerine, Kurbağa:

– Tamam, dedi, gidip bir yol göreceğim.

Ve yola çıktı.

Evine ulaştığında, çocukları cıvıl cıvıl sardılar dört bir yanını. Karısı yatıyordu, onu görünce gözyaşını tutamadı, kendisi de ağlamaya başladı.

– Meğer, dedi, sizi ne kadar özlemişim de haberim yokmuş.

Kurbağa, bir gün diye geldiği evinde günlerce kaldı.

Karısı, kısa zamanda iyileşti, kendine geldi.

Kocakarı durumu anlattı:

– Bak evladım, dedi karının hastalığı şimdilik geçti, fakat ne zaman yenileneceği belli olmaz. Bir kez tuttu mu yakasından artık bırakması imkânsızdır. Çok da tehlikelidir bu meret. İkincisinde olmasa bile üçüncüsünde mutlak öldürür.

Kurbağa çok üzüldü:

– Çaresi yok mudur bunun?

– Var, dedi Kocakarı; Mevlam çaresiz dert vermemiştir, bu ölümcül hastalığın tek çaresi, maymun kalbidir.

Kurbağa şaşırdı:

– Maymun kalbi mi?

– Evet, dedi Kocakarı, yanlış duymadın, bir maymun bulunup kalbi çıkarılacak ve kadıncağız hemencecik yiyecek onu. Yoksa, karını ölmüş bil.

Kurbağa'nın aklına Mâhir Şah geldi. Dostluğu uğruna herşeyi hiçe saydığı sevgili arkadaşı. O bilge hayvan! İyi kalpli ihtiyar.

"Olamaz olamaz!" diye seslendi içinden bir ses. "Dünyada olmaz, düşündüğüm şeye bak, arkadaşlığından gözüme hiçbir şey görünmeyen Mâhir Şah için neler düşünüyorum"

Kocakarı, Kurbağa'nın ikircikli halini görünce,

– Daha ne duruyorsun, hayat arkadaşın elinden gidiyor, hemen bir hal çaresi bulalım, böyle eli kolu bağlı durmakla birşey olmaz. Bir maymun bulmalıyız, dedi.

Kurbağa'nın içinde kıyametler kopuyordu.

Bir yanda çocuklarının annesi, öte yanda sevgili dostu.

Ne yapacağını bilmez bir halde.

– Benim maymun bir dostum var, dedi. Sesi ağlamaklıydı. Dokunsan ağlayacaktı.

Kocakarı:

– Öyleyse, dedi, sen onu buraya getirmeye bak. Biz, bir yolunu bulup öldürürüz, kalbini çıkartırız.

Kurbağa'nın içi "cızzz" etti bunu duyunca.

Ne söyleyeceğini bilemedi.

Çaresiz düştü yola.

Gide gide, Mâhir Şah'ın yanına vardı.

– Ne o dostum, yüzünden düşen bin parça?

– Sormayın efendim, sormayın, nasıl desem bilmem ki...

– Derdini söylemeyen dermanını bulamaz, demişler, söyle bakalım nedir seni böylesine üzen şey?

– Karım, efendim, karım çok hasta. Yanından ayrılmamı istemiyor. Fakat, ben de sizden ayrılmak istemiyorum.

– Ne yapacağız şimdi?

– Siz de benimle birlikte adaya gelseniz, böylece ben sizden ayrılmamış olurum, karım da benden.

– Düşündüğün şeye bak, dost dar günde belli olur.

– Yani, adaya gelecek misiniz benimle?

– Elbette, neden olmasın.

– Beni ne kadar mutlu ettiğinizi bilemezsiniz.

– Fakat bir problem var?

– Nedir efendim?

– Sen yüzme biliyorsun, fakat ben adaya kadar yüzemem.

– Kolayı var efendim, sizi ben götürürüm.

Maymun, çaresiz kabul etti. Ve adaya gitmek üzere atladılar suya.

Yol boyunca Kurbağa'da durgunluğun varlığını sezdi Mâhir Şah.

– Sende bir gariplik var, saklama benden nedir sorun?

Kurbağa renk vermedi.

– Yok efendim, n'olsun.

Yüzmeye devam ettiler. Kurbağa nefes nefese kalmıştı. Durgunluğu da iyice artmıştı. Kendi kendisiyle konuşur gibi bir hali vardı.

Maymun, ısrarla sordu:

– Sanki benden bir şey saklar gibisin Kurbağa kardeş, gerçek dostlukta var mı bunun yeri?

Kurbağa, artık dayanamadı. Bağırarak ağlamaya başladı:

– Artık dayanamayacağım. Sevgili dostum, karımın hastalığı ölümcül bir hastalık. Bir tek ilacı varmış, o da maymun kalbi. İşte bu yüzden seni kandırarak adaya götürüp orada öldürmeyi planladık. Fakat yapamayacağım, senin gibi vefalı bir dosta kıyamam. O kocakarının canı cehenneme!

Maymun kuşkulanmakta ne kadar haklı olduğunu anlamıştı. Hiç bozuntuya vermedi:

– Üzüldüğün şeye bak. Ben, gerçekten sevdiğim dostumun üzülmesini istemem. Kaldı ki, biz maymunlar kalpsiz de yaşarız. Hem, ben bu hastalığı bilirim. Bu yüzden çoğu maymunlar kalpsizdir. Kendi elimizle çıkarıp veririz hastalara kalbimizi.

Maymun, "ben şimdi adaya gidince ne yaparım kurbağaların içinde, yüzme de bilmiyorum, geri dönmem de imkânsız" diye geçirdi aklından.

– Aksiliğe bak ki, ben, yola çıkarken ağırlık yapmasın diye kalbimi evde bıraktım. Haydi dostum geri dönelim de alıp, sevgili karına götürelim onu.

Kurbağa'nın sevincine diyecek yoktu.

Hem karısı kurtulacak hem de dostundan ayrılmayacaktı.

Hızla geri döndüler.

Gölün kıyısına geldiler.

Maymun, karaya çıkar çıkmaz; bir ağaca sıçradı.

Kurbağa şaşkın şaşkın:

– Haydi dostum, kalbini al da gidelim, dedi.

Maymun, alaycı bir sesle:

– Vay aptal vay, dedi. Demek inandın bana. Kalp dediğin bir

makina mı ki, istediğinde çıkarıp atasın. Demek bu kadar ahmaksın sen. Ben, canımı kurtarmak için yalan söyledim sana. Hadi yolun açık olsun, senin gibi dost bana lazım değil.

Kurbağa şaşkınlıktan oracığa yıkılıverdi.

– Eyvah! Ben ne yaptım! diye dövünmeye başladı.

Maymun, yemiş koparıp yiyordu.

Neden sonra:

– Ne söylesen haklısın maymun kardeş, fakat yaptıklarıma pişmanım, bana çoluk çocuk gerek değil, ben senin arkadaşlığını istiyorum, artık kalbimden silip attım onları, lütfen beni bağışla ve dostluğuna tekrar kabûl et, diye yalvarmaya başladı.

Maymun, kararlıydı:

– Mâdem bu kadar kıymetliydi dostluğum, onu sürdürmeye çalışsaydın sen de. Bir şeyi elde etmek kolay, onu korumak zordur asıl, dedi.

Kurbağa, iyice ümitsizliğe düştü.

Ne kadar dil döktüyse, af dilediyse de hiç bir yararı olmadı.

Ayakları istemeye istemeye, üzüntü içinde geri döndü ülkesine.

Filozof Beydeba, bu masallarla neyi anlatmak istiyordu?

Kuşkusuz, elde edilen bir şeyin korunması gerektiğini.

Ayrıca bunun ne derece güç olduğunu.

Debşelem Şah,

– Üstadım, dedi; bir nimeti ele geçirmek kadar onu iyi değerlendirmek de önemli değil mi?

– Hip şüphesiz sultanım, dedi Beydebâ.

– Masalda kurbağanın üzüntüsü, artık geri dönmenin imkânsız olduğunu anlatıyor bize.

– Evet, dedi Beydeba, bu kurbağa bize ders veriyor. Diyor ki, "Siz de benim gibi olmayın. Maymunla dost olmak için ne kadar çırpındım durdum. Uğrunda karımı, çoluğumu çocuğumu hiçe saydım. Fakat bir çırpıda uçup gitti elimden. Siz siz olun gözünüz gibi koruyun elde ettiğinizi."

Debşelem Şah:

– Size, bir kez daha teşekkür ederim üstadım, dedi; böylesine önemli bir konuda aydınlattınız, irşat ettiniz beni.

– Bir düşünürün görevi budur padişahım, dedi Beydeba. Doğruyu güzeli arıyoruz biz; buna götürecek bilgiyi, hikmeti.

BOŞLUĞA ATILAN BİRKAÇ ADIM, GERÇEK ZEMİNE BASTIRIR AYAĞINI İNSANIN

DEBŞELEM ŞAH'IN bulduğu vasiyetnâmenin altıncı bölümünde, aceleciliğin olumlu ve olumsuz sonuçlarından söz ediliyordu.

Hind Padişahı, filozof Beydebâ'ya sordu:

– Saygıdeğer hocam, nerede acele etmek yararlı olur. Ne zaman acele etmemek bizi felakete sürükler?

Beydeba, gülümsedi.

Bir süre düşündü. Başı öne eğikti. Kaldırdı başını, hikmet bilgisine tutku ölçüsünde istekli olan Debşelem Şah'ın yüzüne baktı.

– Benim tercihim acele etmemekten yana sultanım, dedi. Benim gibi nice bilge de acele etmenin insanı güç durumda bıraktığını düşünürler. Dikkatli olmak, ağır ağır ölçüp tartmakta sayısız yararlar vardır.

Bu hikmeti açıklayan bir çok hikâye söylenmiştir.

Sana, aceleci bir Derviş'in öyküsünü anlatayım.

Aceleci Derviş Masalı

Vaktin birinde, kendisini ibadete vermiş bir Derviş yaşardı.

Yıllardır küçücük tekkesinde, yalnız başına kendi halinde, Allah'a yakarırdı.

Kimseye karışmazdı.

Dünya işlerine bulaşmaktan korkar, gündüzü oruçla, geceyi namazla geçirirdi.

Zaman, bir çok şeyi değiştirir, eskitirmiş.

Bizim Derviş de değişiverdi zamanla.

Böyle yalnız yaşamaktansa, evlenip çoluk çocuk sahibi olmanın daha doğru olacağını düşünmeye başlamıştı.

Derviş'in amacı inançlı insanların yetişmesiydi.

"Evlenip imanlı evlatlar yetiştiririm. Bu da bir tür ibadettir" düşüncesiyle, evlenebileceği bir kadın aramaya koyuldu.

– Çok doğru düşünmüşsün, dedi bir arkadaşı.

Terbiyeli ve becerikli bir eşin olursa hem dünyada hem de ahirette rahat edersin. Huzurun tadına doyulmaz zevkini yaşarsın. Çocukların olur. Onların her bakımdan yetişmeleri için uğraşırsın. Çocuk sahibi olmanın neşesini hiçbir şeyde bulamaz insan.

Derviş'in evlenme düşüncesine güç katmıştı bu sözler. Evliliğin bazı kötü sonuçlar doğurabileceğini de göz ardı etmiyordu. Ya da en azından bazı güçlükleri olabileceğini. Hem sonra, nasıl bir kadınla evlenmek kendisi için iyi olacaktı? Bütün bunlar, deneyim sahibi insanlarla tartışılması gereken konulardı.

Arkadaşı, Derviş'e bazı öğütlerde bulundu:

– Öncelikle, güzellik, zenginlik ve soy bakımından eşin sana denk olmalı. Bu, seni gerçek bir sevgiyle sevmesini sağlayacaktır. Senden daha zengin, daha güzel ve daha soylu bir kadın gün gelir tepeden bakmaya başlayabilir. Seni küçük görebilir. Bu çok olumsuz sonuçlar doğurur. Sevgi ve güven sarsılır, aranızda. Sonra, sağlıklı olmalıdır kadın. Evliliğin birincil gayesi çocuk sahibi olmaktır. Çocuk yapmaya engel bir durumu olan kadın bu bakımdan sana uygun değildir, derim. Ayrıca, evlenmeyi düşüneceğin kadın iyi bir eğitim almış olmalıdır.

Dul olmamalı. Başından daha önce bir evlilik geçmiş olan kadınla evlenmemeni öneririm.

Pek çok erkeğin kavuşmak isteyip de kavuşamadığı eşsiz güzellikteki bir kadınla evlenmek de başını derde sokabilir...

Arkadaşının anlattıklarını ilgiyle dinliyordu Derviş. Meğer bilmediği neler vardı. Evlenmekle iyi mi edecekti, yoksa, bir dizi mutsuz olay mı bekliyordu kendini? İçine bir kuşku da düşmemiş değildi hani.

"Herşeye rağmen evlenmek güzel" diye düşündü, "bir çocuğu olması, kimbilir ne kadar mutlu eder insanı. Üstelik hayırlı bir evlat olursa..."

Sonunda, Derviş kendisine uygun gördüğü bir genç kızla evlendi.

Herşey bir anda olup bitivermişti.

Oldukça sade bir yaşayışları vardı.

Eşini çok sevmişti.

O da kendisini seviyordu. Aralarında tam bir güven oluşmuştu.

"Meğer hayatı birlikte paylaşacağı bir hayat arkadaşı olması ne güzelmiş insanın" diyordu.

Fakat günler birbirini kovaladıkça, bir üzüntü kıskacında sıkılmaya başladılar.

Çocukları olmuyordu.

Derviş, gece gündüz dua etmeye, Allah'tan sağlıklı bir çocuk dilemeye başladı.

Sonunda duâları kabul oldu.

Karısı hâmile kaldı.

Derviş'in keyfine diyecek yoktu.

"Oğlumu en iyi şartlarda yetiştireceğim. İnançlı bir insan olması için ne gerekirse yapacağım. Ülkesine, milletine yararlı bir genç olarak büyüteceğim" gibi hülyalara daldı.

Karısı:

– Canım, oğlan olacağını nereden biliyorsun. Dereyi görmeden paçaları sıvamışsın. Ya kız olursa. Diyelim ki oğlan oldu, ya genç yaşta hatta henüz çocukken Allah elimizden alırsa...

Derviş:

– Çok haklısın karıcığım, fakat elimde değil, böyle hülyalar kurmadan edemiyorum, dedi.

Eşinin aceleci olmaması gerektiği konusundaki uyarıları etkisiz kalıyordu. Öğütleri beş para etmiyordu.

Karısı, fazla düşkünlüğün ve aceleciliğin insanı gülünç bir duruma düşüreceğine ilişkin bir öykü anlattı ona.

Kendisi gibi, saf bir dervişin öyküsüydü bu.

Hülyalı Derviş Masalı

Zamanın birinde yağ ve bal alışverişiyle uğraşan bir tüccar yaşardı.

Derviş komşusuna sürekli yağdan baldan bir miktar verirdi.

Sadaka olarak görürdü onu.

Derviş de ona, her zaman hayır duâda bulunurdu.

Dervişin karısı, tüccarın verdiği yağ ve balın bir kısmını kocasından habersiz biriktiriyordu.

Günün birinde kilerdeki küpler dolmuştu.

Derviş farkına vardı:

– Bunlar nedir? diye sordu.

Karısı:

– Bu küpte yağ, bu küpde de bal var, dedi.

Derviş çok sevindi. Karısının akıllıca bir iş yapmış olduğunu söyledi.

Günler yel, geceler yıl gibi akıp gidiyordu.

Derviş, küplerin karşısına geçer, sonugelmez hülyalara dalardı:

– Kimbilir bu küplerdeki yağla balı satsak ne kadar çok para kazanırız. Böylelikle zengin oluruz. Paramızla bir hayli koyun alır, bir sürü oluştururuz. Şimdi gebe olduğun çocuğumuz doğup da büyüyünce işler değişebilir. Gerçi biz onun en iyi şekilde yetişmesi için elimizden geleni yaparız. Ama, büyüyünce saygısızlaşırsa, ne olur bizim halimiz?

Karısı şaşırmıştı Derviş'in.

Adamın elinde pelit ağacından yapılmış bir değnek vardı.

– İşte o zaman bu değnekle güzel bir döverim onu, diyerek küplere vurmaya başladı.

– Seni gidi hayırsız çocuk seni! Al sana! Al sana! Adam çıldırmış gibiydi. Karısının şaşkınlığı iyice artmıştı.

– Hey! Ne yapıyorsun, küpleri kıracaksın, diye bağırdı. Ama yararı olmadı. Derviş değnekle vurunca küpler kırılmış, içindeki yağ ve bal dışarı akmıştı.

Zavallı adamcağızın üstü başı yağa bala bulandı.

Neden sonra hatasını anladı, ama iş işten geçmişti.

Böylelikle eldeki sermaye de uçup gitmişti.

* * *

Bizim Derviş, karısının anlattığı bu öyküye katıla katıla güldü.

Karısı:

– Böyle maskara olmak da var, dedi.

Derviş aldırış etmedi:

– Benimki masum bir hülyâ, dedi.

Sonunda karısının doğum günü gelip çattı.

Derviş, nurtopu gibi bir erkek çocuğunun dünyaya geldiğini öğrendiğinde, sevinç çığlıkları attı.

Artık düşleri gerçek olmuştu.

Oğlunu tam hayal ettiği gibi büyütecekti.

Çocuk memeden kesilince, büsbütün kendisi bakmaya başladı ona.

Yediriyor, içiriyor, üstünü başını giydiriyordu.

Gün boyu evde, çocukla uğraşıyordu.

Karısının uyarılarına kulak vermiyordu.

Günler geçip gidiyordu.

Bir gün, karısı:

– Ben annemlere gideceğim, çocuğu da götüreyim mi? diye sordu.

Derviş:

– Hayır, dedi, ben evdeyim, bakarım ona, sen git.

Kadın çaresiz çekip gitti.

Birkaç saat geçmemişti ki aradan, kapı çalındı telâşla.

Derviş açtı.

Saray'dandı gelenler.

– Padişahımız, dinî bir konunun açıklığa kavuşması için seni getirmemizi buyurdu, hazırlan gidelim, dedi adamlardan birisi.

"Eyvah!" dedi Derviş, "Ben ne yapacağım şimdi?"

Gitmemek olmazdı. Çocuğu yalnız başına evde bırakmaksa hiç olmazdı.

Bir yandan hazırlanırken, öte yandan kara kara düşünüyordu.

Bir kuşkudur kapladı gitti içini.

"Komşuya mı bıraksam acaba? Yok yok en iyisi beşiğe bağlayayım, zaten çabuk dönerim. Hem avcı kedimiz var, onu da odaya getiririm, böceğe, akrebe karşı korur çocuğu" diye düşündü. Kediyi yakalayıp odaya çocuğunun yanına koydu.

Saraydan gelen adamlarda birlikte gitti.

Neden sonra işi bitip döndüğünde, kapıyı açınca kedinin sesini duydu.

Baktı, kedinin pençesinden kan damlıyordu.

Bir anda kendisini kaybetti sanki.

Çıldırmış gibi, eline kaptığı maşayla kedinin başına bütün

gücüyle vurdu. Zavallı hayvanı oracıkta öldürdü.

Hemen içeri koştu.

Baktı, çocuk mışıl mışıl beşikte uyuyor.

Beşiğin yanında bir yılan can çekişiyor.

"Eyvah!" dedi, "Ben ne yaptım!"

Ve o günden sonra, Derviş'i aldı bir üzüntü. Kendisini bir türlü bağışlamıyordu.

Çocuğa olan ilgisi bile azalmıştı.

Günlerce yemek yemedi.

Su içmedi.

Uyku uyumadı.

Karısı ne yaptıysa, kendisini teselli edecek hiç bir şey bulamadı.

Keder içindeydi.

Kedinin çırpınan durumu gözünün önüne geldikçe, kalbinin acıyla yandığını hissediyordu.

Çocuğunu ölümden kurtaran zavallı kediyi kendi elleriyle öldürmüştü.

Ödüllendirmesi gerekirken canını almıştı.

"Aman Allahım, beni bu denli şaşkına uğratan nedir?" diye geçirdi aklından.

Karısı, öteden beri, aceleciliğin felâket olduğunu söylemişti.

– Gönlünü kaybederek hataya düşen bir tek sen değilsin. Sana aceleci bir padişahın öyküsünü anlatayım da, kimleri şaşırtıyor acelecilik gör, dedi. Ve sözü edilen hikâyeyi anlatmaya başladı.

Aceleci Hükümdar Masalı

Bir varmış bir yokmuş
Evvel zaman içinde kalbur saman içinde
Cinler cirit oynarken eski hamam içinde

Uzak mı uzak bir ülkenin

Büyük mü büyük bir sarayında

Ava çok meraklı bir padişah yaşarmış.

Maiyyetinin içinde ne kadar avcı varsa toplar, sık sık ava çıkarmış ormanda.

Bir de şahini varmış padişahın. Alımlı mı alımlı. Parlak tüylü. Gördüğünü kapar, çevik mi çevik.

Yine ava çıkmıştı bir gün.

Ararken ararken alımlı bir geyik göründü gözüne.

Attığı gibi vurdu geyiği.

Fakat sıyırdı geçti galiba ki, geyik yaralı yaralı kaçmaya başladı.

Şahin durur mu bunun üzerine, hemen efendisi saldı onu. Geyiğin ardından kovalamaya başladı.

Padişah da atıyla doludizgin izledi onları.

Geyik gide gide yüce bir dağın sarp yamacına vardı.

Şahin tuttu onu.

Padişah da atını durdurdu.

Çok susamıştı.

Gözü, dağın doruğunda yükselen kayalığa takıldı.

Aşağıya damla damla su akıyordu kayalıktan. Heybesinden tasını çıkardı. Tasa doldurdu suyu. Belki yarım saat sürmüştü suyun damlayarak dolması.

Neredeyse susuzluktan ölecek gibiydi. Bir çırpıda dikip içmek istedi.

Şahin ansızın kanat vurarak tastaki suyu yere döktü.

Padişah kızmıştı.

Şahin değil de bunu yapan başka biri olsaydı, gözünü kırpmadan vururdu onu.

"Neyse zararı yok, su nasıl olsa damlıyor" diyerek, tekrar doldurmaya başladı.

Tas yine dolduğunda, şahin aynı şekilde kanat vurarak yere düşürdü. Suyu döktü. Padişah, bu kez de şahini bağışladı. "Ya sabır" diyerek tası doldurmaya durdu. Üçüncü kez de aynı şey olunca, Padişah,

"Bu hayvan benim susuzluktan ölümüme neden olacak" diyerek şahini öldürdü.

Tam bu sırada, seyislerinden biri yetişti.

Saatlerdir at sürüyordu.

Ter içinde kalmıştı.

Padişah,

– Terkinde su var mı? diye sorunca, hemen kırbasını yetiştirdi ona.

Padişah suyu içti. Kendine gelince, şahinin yerde duran ölüsüne baktı.

Acımaya başladı.

Durumu seyise anlattı.

– Kimbilir Padişahım, dedi Seyis, belki de hayvanın yukarda gördüğü bir şey vardır.

Tırmana tırmana kayalığa çıktılar.

Baktılar ki ne görsünler.

Bir ejderha ölüsü. Suyun içinde duruyor.

– İyi ki içmemişsiniz Padişahım, dedi Seyis, yoksa Allah göstermesin zehirlenirdiniz.

Padişahın üzüntüsü bir kat daha arttı.

Yok yere şahini öldürmüştü. Üstelik hayvancağız kendisini korumaya çalışmıştı.

* * *

Dervişin karısı hikâyeyi bitirerek,

– Görüyorsun, acele etmek insanın başına ne işler açıyor. Fakat üzülmenin de yararı yok. Bu sana ders olsun. Bundan sonra işin aslını öğrenmeden hemen karar verme, dedi.

* * *

İhtiyar Bilge Beydeba, masalları anlattıktan sonra, Debşelem Şah'a sordu;

– Acaba acele etmenin hiç mi faydası olmaz insana? Ne dersin?

Padişah:

– Kimbilir, dedi, hayırlı işlerde belki de acele etmek gerekir. Ama, buna dair bir öykü anlatsanız daha iyi kavrarız bu gerçeği.

Beydeba:

– Bir gün, diye başladı anlatmaya.

Nil nehrinin kıyısında oturan biri, bir ses duyar:

"İmdaaat! Yetişin! Boğuluyorum, can kurtaran yok mu! N'olur yardım edin bana"

Adam sesin geldiği yöne bakar. Güçlü akıntıya kapılan zavallı bir adamcağız, acı acı yardım istemektedir.

Adam, kıyıdaki sandalı çözmeye çalışarak:

– Dayan geliyorum, diye bağırır.

Fakat ağır hareket etmektedir.

Sandalı uzun uzadıya inceler.

Dibinde delik var mı yok mu diye kontrol eder. Küreklerin bağ kayışları sağlam mı diye bakar.

Derken, bir başka adam çıkagelir.

Telaş içindedir.

"Yahu adam ölüyor, sandalı suya indirsene!"

Bizimki hâlâ kontrol etmekle meşguldür sandalı.

Öteki dayanamaz, elbiselerini bile çıkarmadan atlar suya.

Boğulmak üzere olan adamı tutup sahile çıkarır.

Bakarlar ki, adamcağız ölmüş.

– Biraz daha hızlı davransaydın kurtaracaktın adamı diye çıkışır öteki.

Beydeba, bu öyküyü de anlattıktan sonra, Debşelem Şah'a:

– İyilik yaparken de, hayırlı bir iş gerçekleştirirken de acele etmek çok gereklidir, dedi. Debşelem Şah:

– Acelecilik bazen yararlı bazen de zararlı değil mi hocam? dedi.

– Evet Sultanım, diyerek onayladı Beydeba.

VE, İLLÂ
KANATLARI YÜREĞİMDE DOSTLARIM

DEBŞELEM ŞAH, İbranice vasiyetteki yedinci bölümde yer alan öğütlere özel bir önem vermişti.

Burada, devlet yönetiminde oldukça gerekli bir politik tutuma ilişkin bilgiler yer alıyordu.

Bir lider, kendi aleyhinde birleşen düşmanlarından bazılarını kendisine dost etmeli, deniliyordu öğütte.

Ya da, düşmanlarını birbirine düşürerek kendisine zararsız hale getirmeli.

Debşelem Şah, Beydebâ'dan bunun inceliklerini sordu.

İhtiyar Bilge:

– Bu, dedi, bence de çok önemli bir konu. Düşmanını bazen kendine dost yapabilirsin. Veya, birkaç düşmanın varsa, bunları birbirine düşman ederek kendin için tehlike olmaktan çıkarabilirsin.

Gerçekte, dostuna bile her zaman güvenme.

Devlet yönetimi, kıskançlıkların, türlü hile ve oyunların çevrilmeye çalışıldığı bir dolaba benzer.

Seni çekemeyenler olabilir.

Bilerek veya bilmeyerek yaptığın bazı işler kimi zaman içten içe bir düşmanlık halkası oluşturabilir.

Bu yüzden düşmandan çok dostun olmalı.

Hatta düşmanlarını bile dost kılmak için çaba göstermelisin.

Bize bu gerçeği ders veren o kadar çok masal vardır ki, bunların içinde kediyle anlaşan akıllı bir farenin öyküsü dinlemeye değer.

Beydeba, bu girişten sonra masalı anlatmaya başladı.

Kedi İle Fare

KEDİNİN BİRİ, etin kokusuna dayanamayıp saldırınca, ayağını tuzağa kaptırmıştı.

Nasıl olup bittiğini anlamadan tuzakta sallandığını farketti.

Ağacın altında farenin yuvası vardı.

Gezmek için evinden çıkan fare, kedinin içler acısı durumunu görünce sevindi.

Fakat sevinci çok sürmedi.

Yere doğru süzülen Çaylak'ın gözü de faredeydi.

Çaylak, kediyi görünce yanıbaşında, fazla yaklaşamadı fareye. Ağacın dalına konup bekledi.

Fare korkmaya başlamıştı bu kez.

Çünkü bir de sansar görünmüştü karşıdan.

O da kedinin korkusundan fareye yaklaşmaya cesaret edememişti.

Akıllı fare, kendi kendine düşündü:

"Düşmanın en zararsızı yaban kedisi sayılır. Çaylak ve sansar beni bir lokmada yutmak için sabırsız bekliyorlar. Kedi gerçi benim düşmanım. Fakat çaylakla sansarı korkuttu. Onu tuzaktan kurtarabilirsem kimbilir beni bağışlar!"

Kediye yaklaştı.

– Oooo, sevgili dostum, geçmiş olsun. Nasıl oldu da girdin bu kapana?

Kedi kızdı.

– Kızma canım, dedi fare, seni ancak ben kurtarabilirim oradan.

Kedi:

– Haklısın, dedi, istesen beni kurtarabilirsin.

Fare, pazarlığa girişti.

– Fakat bana söz vermelisin.

Kedi anladı:

– Yeminlerin en ağırıyla yemin ederim ki sana dokunmayacağım.

Fare:

– Peki, dedi, öyleyse, şimdi yanına iyice yaklaşacağım senin, beni yalayacaksın, seveceksin, çaylak ve sansarı kaçırttıktan sonra, tuzağın iplerini kemirmeye başlarım ben de.

Kedi, kabul etti.

Fare'nin dediği gibi, yanına geldiğinde sanki onunla dostmuş gibi davrandı. Çaylak görünce bunu, umudunu keserek havalandı, sansar da çaresiz kuyruğunu toplayıp gitti.

Fare'nin içine kuşku düşmüştü.

Kedi bunu sezdi:

– Ne o, post gitti dostluk bitti mi, sözünde durmayacak mısın yoksa?

Fare:

– Hayır, dedi, sözümde durmaya duracağım amma, doğrusunu istersen sana güvenemiyorum.

– Yemin ettik ya.

– Yine de kuşku var içimde. Tuzaktan çıkınca anlaşmayı unutup yiyebilirsin beni.

Kedi'nin aklına bir öykü gelmişti.

Fare'yi inandırmak için anlatmaya başladı.

Ölümün Pençesine Atılan Kadın Masalı

BIR ZAMAN İran'da, saçını sakalını mesleğinde ağartmış bir çiftçi yaşarmış.

Günden güne işi gelişmiş, yeni topraklar edinmiş, verimli araziler satın almış.

Parası arttıkça artmış, yörenin ileri gelen zenginleri arasına girmiş.

Genç mi genç güzel mi güzel bir karısı varmış adamın.

Dört bir yana ün salmış güzelliği.

Esen rüzgârdan bile kıskanırmış çiftçi karısını.

Hele onu bir üzmeyegörsün, nazdan niyazdan geçilmezmiş önüne.

Adamcağız, binbir türlü dil döker, yalvarır, yakarır, yine kazanırmış sevgisini.

Zenginlikten har vurup harman savurur olmuşlar.

Bazen işler tersine döner.

Şimdi de öyle olmuş.

Devran dönmüş tersine.

Yıkım üstüne yıkım gelmiş. Önce sel, sonra kuraklık, derken çiftçinin bir kâbus gibi üstüne çöken yaşlılığı... Bir anda serveti samanı tükenivermiş. Kala kala elde bir çiftlik evi, birkaç dönüm de tarla kalmış.

Bolluğa berekete alışmış olan karısı:

— Bey, bey! Nedir bu halimiz? Ben açlığa susuzluğa dayanamam, çalış da birşeyler getir evimize, demiş.

— Söylemesi kolay, demiş ihtiyar çiftçi.

Bel bükülmüş, diş dökülmüş, saç sakal ağarmış. Bu halimle ne yaparım ben, miskin bir uşaklıktan gayrı? Zamanında yüzlerce adamım, hizmetçim vardı. Şimdi onların yanına girip uşaklık mı yapmamı istiyorsun. Yo, yo, bunu isteme benden...

Bir susmuş, iki susmuş kadın, sonra yine başlamış.

Adamcağız, bir öneride bulunmuş karısına.

– En doğrusu göç etmek. Çifti çubuğu satalım, Bağdat'a gidelim. Orada beni tanıyan yok. Sokaklarda satıcılık bile yaparım. Ne dersin?

– Neden olmasın, demiş kadın; sen çalıştıktan sonra.

Geride kalanı da satıp savuşup düşmüşler yola.

Az gitmişler, uz gitmişler.

Dere tepe çöl gitmişler.

Gide gide sahranın orta yerine varmışlar.

Küçücük bir göletin kenarında konaklamışlar.

Adamcağız çöküvermiş yere, sırtını ağaca dayamış, bir tas su istemiş karısından.

O suyu dolduradursun, adam dalıp gitmiş düşüncelere:

– Hanım, demiş; şimdi anlı şanlı bir kente varacağız. Köye oranla hayli kalabalık orası. Senin dayanılmaz güzelliğinden korkuyorum. Bana gösterdiğin bağlılığı orada da gösterebilecek misin acaba? Yoksa o günleri görmeyeyim, birine kapılıp gider misin?

Karısı:

– Neler saçmalıyorsun sen öyle! Bir daha duymayayım bunları. Ben seni hep sevdim, bundan sonra da seveceğim. Kalbini ferah tut. Kalbime senden başka hiç kimsenin sevgisi giremez, demiş.

Çiftçi'nin ihtiyar yüreğine su serpilmiş adetâ.

Tekrar koyulmuşlar yola.

Uzaktan Bağdat görünmeye başlamış.

Tam bu sırada, yakışıklı bir Arap genci atıyla çıkıvermiş ortaya.

Meğer bir şehzâdeymiş genç adam.

Kadını görünce bir anda, az daha aklını kaybediyormuş. Kadın da tutulmuş ona.

Uzaktan izlemeye başlamış. İlerde tekrar konakladıklarında varmış yanlarına. İhtiyar çiftçi yorgunluktan kadının dizinde uyuyakalmış.

Sessizce söyleşmeye başlamışlar.

Delikanlı, kendisinin bir şehzâde olduğunu, bu ihtiyar bunağı bırakıp gelirse saraylarda yaşayacağını söyleyince kadın dayanamamış. Yavaşça kocasının başını indirmiş dizinden.

Doğruca şehzâdenin terkisine atlayıvermiş.

Adamcağız uyanmış uyanmasına amma, atı alan Üsküdarı geçmiş.

– Hani verdiğin vefa sözü alçak kadın, ne çabuk unuttun! diye bağırmış arkalarından.

Çiftçinin karısıyla, şehzâde bir çeşmenin başına varmışlar. İnip su içelim, diyerek bir süre eğlenmişler orada. Kadın, izin isteyip yanından ayrılmış gencin. O bekleyedursun, kadını kötü bir sürpriz karşılamış ilerde. Ansızın bir arslan karşısına çıkmaz mı! Bir çırpıda parçalayıvermiş onu.

Şehzâde, geç kaldığını görüp kadının ardına gidince, ne görsün! Arslan paramparça etmiş kadını.

Hemen atına binip kaçmış oradan.

İhtiyar çiftçi neden sonra varınca, kadının parçalanmış cesedini görüp:

– Zavallı! demiş, kendi kendini attın ölümün pençesine. ..

* * *

Yaban kedisi bu masalı anlatarak:

– Sözünde durmayanın hali böyle olur sonunda, sen de tuzağın iplerini kemirmek için söz vermiştin bana. Şimdi bakıyorum unutmuş gibisin sözünü, dedi.

Fare kıkır kıkır güldü:

– Yanılıyorsun, dedi, sözümden caydığım filan yok. Ama, sana güvenmemin doğru olup olmadığında kuşkuluyum. Bak aklıma ne geldi. Şimdi ben senin bütün iplerini keseyim, sadece bir ip kalsın. Onu da avcı geldiği zaman kemireyim, böylece sen de ben de canımızı kurtararak kaçarız ha ne dersin?

Kedi buna da razı olmuştu.

Böylece fare ipleri kemirdi. Yalnız birini bıraktı.

O geceyi bu durumda geçirdiler.

Ertesi gün avcı çıkageldi.

Fare görür görmez, kalan ipi de kemirince, kedi fırladı birden kaçtı. Fare durur mu hiç, hemen yuvasına gizlendi.

Avcı, hem avı kaçırdığına üzüldü, hem de tuzağın iplerinin mahvolmasına.

Kedi, ertesi gün, farenin ziyaretine geldi.

– Senden gördüğüm bu iyiliğe karşılık artık söz veriyorum bundan sonra en küçük bir zarar vermemek niyetindeyim. Lütfen çıkar mısın delikten, sana başka söyleyeceklerim var.

Fare kanar mı hiç bu sözlere.

– Git işine, diyerek tersledi onu.

Kırk yıllık düşman bir anda dost mu olurmuş. Sen külahıma anlat onu. O günkü dostluğumuz geçici bir anlaşmaydı. Ne kadar dil dökersen dök, yine de sana kanmam. Bilirim ki, eski düşman dost olmaz. Senin soyun benim soyuma öteden beri düşmandır. Dünya kurulalı bu böyle gelmiş böyle gider. En iyisi unut olanları da çek git yoluna.

Kedi baktı ki, olacak gibi değil, çaresiz kuyruğunu toplayıp tıpış tıpış geldiği yere döndü tekrar.

KÖRLERİN İHTİRASI
YA DA İKİYÜZLÜLÜK

D EBŞELEM ŞAH, vasiyetin sekizinci bölümünde yer alan öğütle ilgili olarak Beydebâ'dan bazı açıklamalar istedi.

İhtiyar Bilge:

– İnsanların çoğunun sözüyle özü bir değildir, dedi. Sekizinci bölümün konusu budur.

– Peki, onlara karşı nasıl bir tutum içinde olmalıyız? diye sordu Padişah.

Beydeba:

– İkiyüzlülerin en belirgin özelliği, size aldatıcı bir güven vermesidir, dedi. Öncelikle buna dikkat etmek gerekir. Bir kez inanıverdin mi ikiyüzlüye, artık bir dizi olumsuz sonuçlarına katlanmak zorunda kalırsın. O yüzden onlarla en küçük bir ilişki kurmamalı. Hatta varolan bir ilişkiyi de hemen kesmelidir.

Debşelem Şah:

– Bu konuyla ilgili bir öykü anlatır mısınız hocam? diye sordu.

Yaşlı Bilge, biraz düşündükten sonra:

– Hemen aklıma geliveren bir masal var Sultanım, dedi. İstersen onu anlatayım.

Debşelem Şah, sevinçle kabul etti.

❦

Hind Padişahı İle Papağan

Bir varmış bir yokmuş.

Evvel zaman içinde kalbur saman içinde

Hind ülkesinin kocaman bir kentinde

Büyük mü büyük, anlı şanlı bir saray içinde

Feridun adında bir hükümdar yaşarmış.

Padişahın canından çok sevdiği, sevimli mi sevimli Fenze isimli bir papağanı varmış.

Devlet işlerinden arta kalan zamanını papağanıyla eğlenerek geçirirmiş.

Fenze dilli mi dilli bir papağanmış.

Türlü şaklabanlıklarla Padişahı çok eğlendirirmiş.

Fakat akıllı uslu bir vezir gibi de, zaman zaman dertleşirmiş onunla.

Bir gün küçücük, tatlı mı tatlı bir yavrusu olmuş Fenze'nin.

Masal bu ya, aynı anda Padişahın da bir şehzâdesi dünyaya gelmiş.

Çifte sevinç yaşanmış sarayda.

Feridun, Fenze'nin yavrusunu kendi çocuğu gibi görür olmuş. Papağan da şehzâdeyle, kendi yavrusunu ayırmamış birbirinden.

Getirdiği yiyeceğin yarısını ona, yarısını da yavrusuna yedirir olmuş.

Bazen uzaklara giderek meyve bulup getirirmiş Fenze.

Yine bir gün meyve aramak için dışarı uçtuğu bir zamanda Şehzâdeyle papağan yavrusu oynaşırken, zavallı kuş bilmeden elini gagalayıvermiş. Şehzâde buna çok kızmış. Kuşu tuttuğu gibi savurmuş duvara.

Küçücük yavrucak bir çırpıda oracıkta ölüvermiş.

Padişahın da haberi olmuş durumdan.

Üzülmüş.

Üzülmüş üzülmesine amma, Fenze'nin dönüp de olayı öğrendiği zamanki acısının binde birini hissetmemiş.

Zavallı anne papağan ne yapacağını şaşırmış.

Doluya koymuş olmamış, boşa doldurmuş almamış.

"Ne demeli bilmem ki" demiş, kara kara düşünmüş.

Ağlamaktan iki gözü iki çeşme, acısını, kederini gömmüş içine.

Fakat bir yandan da beklermiş ki Padişah Şehzâdeyi cezalandırsın diye.

Öyle ya. İki kardeş gibi aralarında fark gözetmeden büyüttükleri, sevdikleri yavruları sevgide de denk olmalıymış.

Padişahın umurunda değilmiş oysa. Fenze, günler günleri kovalayıp da Hükümdarın şehzâdeye küçücük bir ceza vermediğini görünce, "Anlaşıldı" demiş içinden, "yavrumun öcünü almak bana düştü."

Ve fırsat kollamaya başlamış.

Günlerden bir gün, şehzâdeyi Divan odasında yalnız bulunca, ansızın saldırarak gözünün birini çıkarmış.

Önce öldürmek geçmişse de aklından, acıyıvermiş delikanlıya.

Padişah durumu öğrenince, fellik fellik aramaya başlamış Fenze'yi.

Tam Fenze'nin odasına girince, pencereden, karşıki konağın çatısına uçuvermiş papağan.

– Fenze, niçin kaçıyorsun benden?

– Baksana yüzüme, enayi yazıyor mu?

– Neler söylüyorsun sen?

– Beni istediğin kadar suçlayabilirsin. Fakat unutma ki asıl suçlu sensin. Yavrumu yerden yere vurarak paramparça eden oğluna en küçük bir ceza vermedin. Senin yavrunun bir gözü kadar bile değeri yoktu anlaşılan. Herşey, oğluna farklı, yavruma farklı gözle bakmandan sonra oldu.

Feridun, papağanı kandırmaya çalışmış:

– Fenze, Fenze! Lütfen böyle düşünme. tamam, oğlumun sakat olmasına üzülmüyor değilim. Fakat sen çok dürüst davrandın. Acıdın ona. Öldürmedin. Gerçekte kısasa kısas isteseydin ne yapardım? Lütfen beni terketme. Yıllardır sana alıştım, aileden biriymiş gibi oldun. Beni böyle bırakıp gidemezsin.

Fence acı acı gülmüş:

– Sözlerinizdeki sahtelik doğrusu apaçık görünüyor. Artık yanınızda kalamam. Oğlunuzun gözünün sakat olduğunu sürekli görecek ve beni hiç bağışlamayacaksınız. Bu yüzden beni öldürmeseniz bile, en ufak bir yanlışımı görünce intikam duygusu, içinizde depreşecektir.

Feridun ne kadar yalvarıp yakardıysa da beş para etmemiş. Papağan, kurnaz padişahın kızgınlığını bildiği için kanmamış tatlı sözlerine.

– Kötülük yapanlar kötülük bulur padişahım, demiş. Şehzâdenin yaptığına karşılık eliniz kolunuz bağlı durunca ben cezasını verdim onun. Buna karşılık sizden iyilik göreceğimi sanmıyorum.

Tıpkı, Bağdat yakınındaki Rakka kentinde yaşayan dervişin öyküsünde olduğu gibi.

Feridun, papağanın sözünü ettiği hikâyeyi merak etmiş doğrusu. Ve papağandan anlatmasını rica etmiş. Papağan da başlamış anlatmaya.

Akıllı Dil Masalı

DEDİĞİM GİBİ, Rakka'da yaşarmış bu derviş.

Bir gün Hacca gitmek arzusuna düşmüş. "Ölmeden gidip o kutlu yerleri göreyim, mübarek taşına yüzümü süreyim" diyerek yola koyulmuş.

Çölde, az gitmiş uz gitmiş.

Günlerce yol almış.

Dinlenmek için bir yerde konaklamış.

Derken birkaç haydut çıkmış karşısına.

– Benim, demiş onlara, malım mülküm yok. Cebimde ancak yol harçlığım var. Bu da dişinizin kovuğuna değmez. Yine de isterseniz onu size vereyim. Yeter ki canıma dokunmayın.

Serseriler gülüşmüşler.

– Sakın ölümden korktuğumu sanmayın. Ben Hacca gidememekten dolayı üzülürüm.

– Adın ne senin babalık? diye sormuş birisi.

– Akıllı Dil, demiş Derviş.

Basmışlar kahkahayı hep birlikte.

– Akıllı Dil ha? Ne komik bir isim.

Tam bu sırada, yüzlerce kuş geçiyormuş üstlerinden.

Derviş onlara seslenmiş:

– Kuşlar, sevgili kuşlar! Siz şahit olun bari. Görüyorsunuz bu haydutlar bana zulmediyor. Yüce Allah, kuşkusuz durumu görüyor ve biliyor. Ondan başka sesimi duyuracağım kimsem yok. Siz de tanık olun. Haydutlar bu sözlere daha çok gülmüşler.

"Bu salağı öldürmezsek, gidip bizi şikâyet edebilir? diyerek, adamcağızı oracıkta şehit etmişler.

Dervişin ölümü duyulduğunda Rakkalılar çok üzülmüş.

Çevrede sevilen, sayılan biriymiş Akıllı Dil.

Kimseye bir kötülüğü dokunmamış. Kötülük bir yana, herkes, ondan güleryüz, sevgi ve yardımdan başka bir şey görmezmiş.

Aradan çok uzun bir zaman geçmiş.

Derviş'in katili bulunamamış.

Bir gün Rakka'da panayır kurulmuş.

Bizim haydutlar da buradaymış.

Tam bu sırada kuşlar, adamların başları üstünde bağrışarak toplanmasınlar mı?

İçlerinden biri,

– Sakın bu kuşlar, dervişin öcünü almak için gelmiş olmasınlar? diyerek alay etmiş.

Fakat, sözünü duyan bir köylü, gizlice gidip durumu halka duyurunca....

Haydutların çevresi bir anda kızgın bir topluluk tarafından sarılıvermiş.

Böylece serseriler, Dervişi öldürmenin bedelini linç edilerek ödemişler.

* * *

Fenze, masalı bitirip, padişah Feridun'a:

– İşte görüyorsun, fenalık eden fenalık buluyor. Yüreğindeki acının silinmemesinden korkarım. Artık buralarda duramam, sarayı ve seni terkedip gideceğim, demiş.

Feridun, tekrar papağanı kalmaya razı etmek için yalvarmaya başlamış:

– Fenze, sevgili Fenze, niçin böyle konuşuyorsun? Hem, senin anlattığın masalla bizim konumuzun ne ilgisi var Allah aşkına? Gerçek fenalığı sana oğlum yaptı, biricik yavrunu yok yere öldürdü. Sözgelimi suçlu olsan bile, padişahın şanına yakışır mı öç almak, söz veriyorum sana, bağışlandın artık. Ben herşeyi çoktan unuttum.

Papağan, padişahın sözlerine karşılık:

– Öç almak, şah veya dilenci ayrımı yapmaz. Ciğeriniz yanıyor sizin de, görüyorum. Oğlunuz canınızdan bir parçadır sizin. Ona gelen felaket kendinize gelmiş gibidir. Gerçekte insan, nefsini dünyanın malına mülküne değişmez. Size vaktiyle işitmiş olduğum bir öykü daha anlatayım da görün, ciğerparesi için insan yanar mı yanmaz mı?

Feridun, papağanın işi uzatmasına çok kızmıştı. Fakat belli etmiyordu. Kandırıp yakalamak için ne gerekirse yapacaktı.

"Alçak kuş" diye düşündü, "bir türlü kanmıyor sözlerime, ne yapsam acaba?"

Fenze, güzel kızla annesinin hikâyesini anlatmaya başlamıştı bile.

❀❀

Gül İle Annesi
-Can Tatlıdır Herşeyden-

ZAMANIN BIRINDE, bir kocakarının, Gül adında şirin mi şirin, güzel mi güzel kızı vardı.

Gülünce güller açılırdı yanaklarında.

Adı gibi kırmızı bir güldü sanki.

Henüz tam açılmamış bir gül goncası.

Kocakarının aklına biricik kızının ölümü geldiğinde ağlar dururdu:

– Ya Rabbi! Ey şanı büyük Allahım! Kızımın değil, o zaman benim canımı al n'olursun. O öleceğine ben öleyim.

Sakınan göze çöp batarmış.

Bir gün Gül hastalandı.

Yaşlı annesini aldı bir tasa.

Yemedi, içmedi, gece gündüz dualar etti.

Gözünden yaş eksik olmuyordu.

Sürekli ağlıyordu.

Her şey sonunda olacağına varacaktı. Fakat, canından çok sevdiğini sandığı kızının durumu çok üzmüştü kadıncağızı.

Bir de ineği vardı kadının.

O gün, otlanmaktan erken dönmüş eve. Doğruca mutfağa giderek küpten su içmek istemiş, derken küp başına geçivermişti. Sağa sola çarparak garip sesler çıkarmaya başlamıştı.

Kadıncağız keder içinde ağlarken, mutfaktan gelen sesin ölüm meleği Azrail'in sesi olduğunu düşünerek korkmuştu.

Titremeye başladı.

Gözlerini kapatarak,

– Ey kutlu ölüm meleği! Ey canımız elinde olan yüce Azrail. Hasta olan ben değilim, kızımdır. Onun yerine ben öleyim demiştim, şimdi bundan vazgeçiyorum, dedi.

* * *

Papağan hikâyeyi bitirdiğinde Feridun'a bakarak sinsi sinsi gülüyordu.

– Görüyorsun can ne kadar tatlı. İşte insanın yavrusu da kendine o kadar tatlı gelir. Onun uğradığı bir felaket, sanki kendi başına inmiş gibidir. Padişah:

– Fenze, işte asıl yanılgın burada. Oğlumu sevmiyor değilim. Fakat, inan bana, senin kalbimde apayrı bir yerin var. Biliyorsun, oldukça eskilere uzanan bir dostluğumuz vardı seninle, sonra, Allah bana bir evlat verdi. Onun sevgisini de seninkine kattım. Şimdi bir gözü kör olmuş, ne çıkar bundan, sen benim eski dostumsun, sana çok alışmışım, şimdi kalkıp beni terkediyorsun. Sonra olacakları düşünemiyorsun, lütfen artık beni fazla üzme, diyerek tekrar kandırmak için papağana türlü diller dökmeye başladı.

Papağan nuh diyor peygamber demiyordu.

Padişahın, kendisini yakalar yakalamaz öldüreceğinden emindi. O anı kolluyordu Feridun, bir çırpıda başını koparmayı.

Feridun, sonunda, "bir öykü anlatsam ona, acaba inandırabilir miyim?" diye düşünerek, Padişah'la Şarkıcı'nın hikâyesine getirdi sözü. ..

෴

Padişah'la Şarkıcı

Vaktin birinde, Padişahın, kendisini sürekli güzel şarkılarla eğlendiren bir müzisyeni vardı.

Sesi, ülkede benzersizdi.

Bir çok çalgı aletini ustalıkla çalıyordu.

Padişah, müzisyeni oğlu gibi severdi.

Günün birinde, kimsesiz bir çocuğu evlatlık edindi.

Ve, bir müzik adamı olarak yetişmesi için şarkıcının yanına verdi.

O da elinden geleni esirgemedi. Çocuğun usta bir sanatçı olarak yetişmesi için ne gerekiyorsa yaptı.

Günlerce çalıştırdı.

Repertuvarını zenginleştirdi.

Nota öğretti.

Üflemeli, vurmalı ve telli çalgıları tanıttı.

Çalması için uğraştı, didindi.

Çocuk öyle bir hale geldi ki, artık eski müzisyeni çoktan gerilerde bırakmıştı.

Boynuz kulağı geçermiş.

Evlatlığı da böyle olunca padişahın, keyfine diyecek yoktu.

Eski müzisyenini unutmuştu.

Varsa yeni oğlu, yoksa yeni oğlu.

Meclis kurulunca o çağrılıyor. Divan oluşunca eğlence için o düşünülüyor, eski müzisyen hatırlanmıyordu bile.

Yıllarını padişahı eğlendirmek için harcamış şarkıcı küskündü.

Kendi yetiştirmesi, gözden düşmesine neden olmuştu.

Bir kıskançlıktır aldı bizimkini.

"Ne yapayım ne edeyim, amanın ben nerelere gideyim," diyerek bir çare aramağa başladı.

Düşündü taşındı, danıştı, sordu, genci öldürmekten başka bir yol bulamadı.

Evet evet ne yapıp edip yok etmeliydi onu.

Vücudunu ortadan kaldırmaktan başka çare kalmamıştı.

Sonunda bir yolunu bulup öldürdü.

Padişah, müzisyenin bu işi yaptığını öğrenince küplere bindi. Yakalayıp huzuruna getirdiler.

– Niçin yaptın bunu? diye sordu Padişah.

– Ben, dedi eski şarkıcı, yıllarımı size verdim, saçımı sakalımı ağarttım bu yolda. Bir anda unutulmak çılgına çevirdi beni. Ne yaptığımı ben de bilemiyorum.

– Seni unutmuş değildik, zevkimizin yarısı o çocuk idiyse diğer yarısı da sendin. Şimdi beni yarı zevkimden yoksun bıraktın.

– Öyleyse, beni öldürmekle eğlencenizin diğer yarısını da yitireceksiniz! dedi şarkıcı.

Padişah bu cevap üzerine düşündü taşındı.

Haklıydı adam.

– Doğru söylersin şarkıcı. büsbütün yok etmiş olurum seni öldürmekle eğlencemi, diyerek adamlarına buyurdu:

– Kaldırın şunu yerden, bağışladım hayatını.

* * *

Padişah Feridun, papağana hikâyeyi anlattıktan sonra,

– Oğlumu öldürmüş olsaydın dünyada en çok sevdiğim varlığımı büsbütün elimden almış olurdun. Bir gözünü kör etmekle bir bakıma yarısını öldürmüş oldun. Tıpkı masaldaki gibi. Şimdi beni bırakıp gitmekle bütünüyle öldüreceğini düşünmüyorsun. Haydi Fenze, bırak inadı, sana söz veriyorum, kılına dokunmayacağım.

Papağan hâlâ diretiyordu.

– Bu sözlerine kanacağımı sanıyorsan yanılıyorsun sevgili Feridun, dedi. Yüreğinde ne denli acı çektiğini gözlerinden anlıyorum. Bu acının ne demek olduğunu iyi bilirim. Oğlun da benim yavrumu elimden aldı çünkü. Kalp kalbe karşıdır, derler, ne kadar doğru bir söz!

Padişah bıkıp usanmadan dil dökmeye devam ediyordu:

– Bak sevgili dostum, seni inandırmak için ne gerekiyorsa yapmaya hazırım.

– Yorma kendini padişah, dedi papağan, boş yere nefes tüketme. Artık eskisi gibi dost kalmamıza imkân olmadığını sen de biliyorsun. Arada üzüntü verici bir olay varken...

Feridun,

– Ben, tekrar dost olmağa çağırırken seni, inatçılıkta ısrar ediyorsun. Suç bende ki, sana boş yere yalvarıyorum. Öğütlerde bulunuyorum. Tıpkı, kurda söz anlatmaya çalışan zavallı bir derviş gibi.

Papağan, adı geçen öyküyü anlatmasını söyledi, padişaha.

Derviş İle Kurt

DERVİŞİN BIRI, yolda giderken kurda rastlar. Karnı müthiş acıkmıştır kurdun. Sinsice, bir koyun sürüsünü izlemektedir. Derviş, çok üzülür buna. Kurda öğütlerde bulunur.

Diğeri alay eder;

– Çekil yolumdan babalık, boş yere vakit kaybettirme bana, diyerek koyunların peşine düşer.

Derviş tekrar çıkar karşısına.

– Allah Allah, çattık belaya, işin gücün yok mu senin beybaba, diyerek dişlerini gıcırdatır kurt.

Derviş bu, durur mu?

– Yahu yazık günah değil mi o hayvancıklara. Ne istersiniz bilmem ki... Hem canlarına kıyıyorsunuz, hem de sahiplerini üzüyorsunuz. Gel vazgeç bu sevdadan. Daha zararsız şeyler avla, bak Allah sonsuz güzellikte nimetler sunmuş bize, diyerek tekrar öğüt verir.

Ama kurdun inadı tuttu mu tutar. Üstelik tam da ağzına layık kuzucuklar...

Kuyruğunu toplayıp tekrar düşer peşlerine.

Dervişse, çaresiz, üzgün bakakalır arkasından.

* * *

Feridun:

– Tıpkı sen de hikâyedeki kurt gibi bir türlü öğüt dinlemiyorsun, dedi.

– Haklısınız, dedi Papağan. Öğüdünüzü dinlemiyorum. Aramızda bir kez düşmanlık oluşmuştur. Bundan sonra ne söylerseniz boş olur. Kan var ara yerde. Benim zavallı yavrum, sizinse biricik oğlunuz...

Padişah Feridun, Papağanı aldatamayacağını anlamıştı. Yeni bir yönteme başvurdu:

– Pekala. Sana bu kez izin veriyorum. Nereye istiyorsa gönlün, git gez dolaş. Canın sıkılırsa tekrar gel. Kapım her zaman açık.

Papağan kurnaz mı kurnazdı. Buna da kanmadı. Üstelik bir de Arap'la Çörekçi'nin hikâyesini anlatarak alay etti onunla.

Çörekçi İle Arap

"Çölde yaşayan Araplardan biri, Bağdat'a gelmiş.

Çarşıda gezerken çörekçi dükkanının önünde durur.

Vitrinde kızarmış, nefis börekler, susamlı pideler, birbirinden alımlı pastalar, kekler vardır.

İştahla bakar onlara.

Ağzının suyu akar.

İçeri girip sorar:

– Camekândaki böreklerden, çöreklerden doyasıya yesem, kaç para ödemem gerekir?

Çörekçi:

– Yarım altın, der.

İçinden, "Yese yese en çok yarım altınlık börek yer" diye geçirir.

– Peki, der Arap, ben Dicle kıyısında bir yere gidiyorum,

sen istediklerimi oraya getir.

Çörekçi yanına bir hayli çörek alır, Arab'ın dediği yere götürür.

Suya batırarak yemeye başlar getirdiklerini.

O kadar çok yer ki adam, çörekçi şaşırır.

– Daha ne zamana dek yiyeceksin, şimdiden üç altını buldu, der Arab'a.

Oralı değildir adam:

– Şu Dicle'den su aktığı sürece yemeye devam edeceğim, der.

* * *

Papağan bir kahkaha patlattı hikâyeyi bitirince.

– Artık beni ancak düşünde görebileceksin dostum, dedi ve kanat çırparak havalandı.

Gözden kayboluşunu üzüntülü bakışlarla izledi Padişah.

Yığıldı kaldı oracığa.

* * *

Beydeba, anlattıklarını bitirince, derin derin soluklandı.

– Kötü düşünceli insanların tatlı sözlerine aldanmak her zaman tehlikelidir, dedi.

Debşelem Şah:

– Doğrusu Papağanla Feridun'un hikâyesi bunu bize çok iyi anlatıyor, dedi.

– Evet, padişahım dedi Yaşlı Bilge, şimdi hazır mısın, vasiyetin dokuzuncu bölümüne geçmeye.

– Siz hazırsanız ben çoktan hazırım, dedi Debşelem, coşkuyla Beydeba'nın anlatacağı yeni masalları dinlemeye koyuldu.

DOKUZUNCU BÖLÜM

BAĞIŞLAMAK BÜYÜKLÜKTÜR

Ü NLÜ HIND PADIŞAHI Debşelem Şah, filozof Beydebâ'ya vasiyetin dokuzuncu bölümünde yer alan konu hakkında ne düşündüğünü sordu:

– Hocam, suç ve cezaya ilişkin olarak, vasiyette ilginç fikirler yer alıyor. Sözgelimi, padişahların yakın adamlarından birisinin işlediği suç karşısında hemen karar verilmemesi gereğine işaret ediliyor. Cezayı uygularken merhametli davranılması öneriliyor.

Siz ne dersiniz?

İhtiyar Bilge:

– Aslında, dedi; cezadan çok bağışlamak daha yararlıdır. Bir çok düşünür, affetmenin bir yönetici için daha olumlu olduğu görüşündedir. Düşüncemi soruyorsun. Doğrusu ben de bağışlamaktan yanayım.

İşlenen her suçu ağır bir biçimde cezalandırırsa bir padişah, sarayında korku rüzgârları esmeye başlar. Bu da insanları ikiyüzlülüğe yöneltir. Oysa her suç isteyerek yapılmaz. Bu gibi durumlarda bağışlamak en doğru yoldur. Üstelik, suçlunun pişmanlığını artırır, kötü yola sürüklenmekten de alıkoyar.

Önemli bir konu daha var ki, o da, cezayı gerektiren durumlarda soğukkanlı olmak. Duygularına kapılarak bir karar verirse yönetici, aceleyle yanlışa düşebilir. Sonunda, kendisi pişman olur. Affetmek, büyüklüktür. Bunda anlatması güç bir zevk vardır ayrıca. Büyük Padişahlardan birisinin şöyle bir sözünü hatırlıyorum:

"Suçluyu bağışlamaktan ne denli zevk duyduğumu bilselerdi adamlarım, bana yaranmak için hepsi suç işlerlerdi."

Bu demek değildir ki, her suç bağışlanmalı. Asla. Cezalandırılmayan her kabahat, yeni bir suçun kapısını açar. Buna da meydan vermemek padişahların görevi olmalıdır.

Arslanla Çakalın öyküsü bize bu konuda aydınlatıcı bilgiler vermektedir.

Debşelem Şah:

– Bu hikâyeyi anlatır mısınız hocam? dedi.

Beydeba, titreyen, derin bakışlarla baktı padişaha;

– Dinlemek ister misin?

– Lütfen, dedi Debşelem Şah.

Ve yaşlı Bilge, sabırla anlatmaya başladı yeni bir öykü.

Arslan İle Çakal Masalı

Bir varmış bir yokmuş.
Böyle başlar bütün masallar.
Biz de böyle başlayalım.
Kimi zaman övgüler dizerek iyi kalplilere
Kimi zaman da kötüleri acımasız taşlayalım.
Evvel zaman içinde kalbur saman içinde
İn cin top oynarken büyük orman içinde
Bundan çok değil, sayısız zamanlar önceydi.
Pek çok hayvan yaşardı, Hindistan'da Çin'de.

Altından gümüş renkli billûr ırmakların aktığı,

Sonra dönüp dönüp ardına baktığı,

Türlü türlü çeşit çeşit meyve ağaçlarıyla,

Dağ yemişleri, kır çiçekleri, kalın gövdeli ihtiyar çınarlarıyla,

Rengârenk kanatlı cıvıl cıvıl kuşların ötüştüğü,

Denizle ormanın sımsıcak öpüştüğü,

Güzelliğin sınırsız bir sıçrayışla bütün çirkinlikleri aştığı,

Bir masal ülkesi vardı.

Yiğit adında bir Arslan, yanında akıllı tilkiler, kurnaz çakallar, yetenekli sansarlar, cesur kaplanlar, renk renk çizgi çizgi uçuşan kelebekler, böcekler, mavi kanatlı kuşlar, memelerinden bereketli süt fışkıran inekler, mor benekli kuzular olduğu halde, padişah olmuştu hayvanlara.

Halkını mutluluk içinde yaşatıyordu.

Güçlü bir danışma kurulu oluşturmuştu.

Kimler yoktu bu mecliste kimler.

Bir gün, vezir Kaplan,

– Sultanım, dedi; Ferise adında bir çakal kardeşimiz var. Doğrusu onun sarayınızda bulunmaması bir eksiklik. Bilim ve düşüncede hepimizden ileridir. Hele takva ve ibadette, herkesi geride bırakır. Kendi hâlinde yaşayan bir garip derviştir. Çevresine dalga dalga ışık saçar. Onun düşünceleriyle gönüller aydınlanır. Cahillik, yerini hikmet bilgisinin sonsuz güzelliğine bırakır. Kendisine et ve kan yemeyi yasaklamıştır. Gündüzleri sürekli oruç tutar. Gece, sabaha dek ibadet eder.

Arslan, ilgiyle dinliyordu Kaplan'ı.

Birden uçarı hayali, Ferise'yi resimlendirdi zihninde.

Kimbilir, böyle değerli bir danışmanı olsa, neler yapmazdı.

– Hemen, dedi; gidiniz kendisine, saraya kadar gelmesini rica ediniz.

Bir kurul oluşturuldu. Elçiler kurulu.

Gidip Ferise'ye, padişahın kendisiyle görüşme isteğinde olduğu haber verildi. Derviş Ferise,

– Buyruğu başımüstüne! dedi, bana biraz izin verin, yapmam gereken birkaç iş var, hemen bitirip geleceğim.

Öyle ya, padişahtı çağıran. Bütün ormanın yöneticisi.

Gitmemek olmazdı. Gerçi Ferise, kalabalıkta bulunmaktan hoşlanmazdı.

Hele hele, üst düzeyde yöneticilerle, şöhret sahibi kimselerle düşüp kalkmak, onun defterinde hiç yazmazdı.

Çaresiz saraya gitti.

Hemen Padişah'ın huzuruna alındı.

Arslan:

– Buyursunlar, efendim buyursunlar, şeref verdiniz, bize bu onuru bağışlamakla ne kadar mutlu ettiniz bilemezsiniz, yollu övgülerde bulundu.

Oturup başbaşa saatlerce konuştular.

Padişah, Çakal'ın dostluğunu kazanmak için ne gerekiyorsa yapmak düşüncesindeydi:

– Gerçi saygı duyuyorum, fakat böyle yalnız başınıza ıssız bir evde yaşayacağınıza, lütfedip gelseniz, bizimle birlikte yaşasanız... Sizin gibi dervişler, gerçi hep yalnızlığı seçerler. Fakat, kalabalık içinde yalnızlığı aramak da dervişliğin şanından değil midir?

Ferise:

– Beni dünyaya çağırıyorsunuz, oysa, çoktan terketmiştim onu. Bilmem ki... Diyerek, kuşkusunu dile getirdi.

Arslan, böylesine değerli bir bilgiyi kaybetmek niyetinde değil:

– Burada, halka hizmet etmek, engin bilginizden başkalarını yararlandırmak, niçin dünyaya kapılmak olsun? Tam tersi, Allah'ın rızasına uygun bir yaşayış değil midir?

Ferise ne kadar kabul etmediyse de, Arslan o kadar çok ısrar etti ki... Koskoca Padişahı kırmak olmazdı.. Çaresiz:

– Pekala, dedi, mâdem bu kadar çok istiyorsunuz, şimdiye dek hiç kalp kırmadım ben, sizin gibi kıymetli bir yöneticiyi de darıltmam yakışık almaz, diyerek kabul etti.

Ve, hemen saraya yerleşti.

Arslan, her konuda ona danışır oldu.

Ferise'nin düşüncesini almadan herhangi bir uygulama başlatmıyordu.

Varsa Ferise yoksa Ferise.

Aralarında güçlü bir dostluk oluşmuştu. Öyle ki, Çakal Başvezirlik makamına getirildi. Görevinin gerektirdiği bütün yetkilere sahip kılındı.

Buna rağmen Ferise, eski yaşayış biçimini terketmemişti.

Yine, üzerine giydiği bir elbiseden başka hiçbir eşyası yoktu. Yine et yemiyor, kan içmiyordu. Gündüz oruçlu, gece zikir ve ibadetle doluydu.

Arslanın içi içine sığmıyordu.

Sonunda özlemini çektiği bir yardımcıya kavuşmuştu.

Hiç bir konuda kuşku duymuyordu.

Sonuna kadar güveniyordu Ferise'ye.

Dürüsttü bir kere. Yalan söylemezdi.

Kimsenin hakkını çiğnemezdi. Duygularını işine karıştırmadan karar verirdi. Soğukkanlıydı.

Devletin malını kullanırken çok dikkatliydi.

Asla rüşvet yemediği gibi, engel de olurdu.

Hepsinden önemlisi, oldukça zeki ve bilgiliydi. Divan kurulduğu zaman devlet yönetimiyle ilgili birçok konuda hikmetli sözler söylerdi. Herkes onun bilgisinden yararlanıyordu.

Ferise'nin kısa zamanda önemli bir göreve getirilmiş olması, her zaman olduğu gibi kötü kalplileri rahatsız etmişti.

Kıskançlık damarları kabarmıştı.

Ve çok geçmeden hakkında ileri geri söylentiler, dedikodular kaynatılmaya başlandı.

Ferise'nin de korktuğu buydu zaten.

Saray'da ne denli bir fitne kazanının kaynadığını öteden beri düşünmüştü.

Bu yüzden, şimdiye dek, yönetimle ilgili hiç bir konuya bulaşmak istememişti.

İşler büyümeden, Arslan'a uygun bir dille rica etti:

– Şevketli Sultanım uygun görürlerse görevimden ayrılmak isterim.

Arslan şaşırdı.

– Ne demek oluyor bu şimdi. N'oldu Ferise, biri bir şey mi söyledi, anlatsana.

– Hiç kimse bir şey söylemedi, hiç bir şey de olmadı, fakat vezirlik mezirlik bana göre değil sultanım, bağışlarsanız, tekrar tekkeme dönmek, eski sade yaşayışıma kavuşmak niyetindeyim.

– Ferise, burada da sen tıpkı tekkedeki gibi yaşamaktasın. Bütün ısrarlarımıza rağmen, devlet malından maaş bile almıyorsun.

– Mesele o değil efendim, kalbime bir sıkıntı geliyor zaman zaman. Kendimi dünya işlerine kaptırdığımı düşünüyorum. Şimdiye dek, sadece ahiret için çalışmıştım. Böyle birdenbire dünyaya kapılmış olmam çok üzüyor beni, tıpkı sineklerden ders alan dervişin öyküsündeki gibi duygular üşüşüyor zihnime.

Arslan, Ferise'nin sözünü ettiği öyküyü dinlemek istediğini söyledi.

Bunun üzerine Çakal, masalı anlatmaya başladı.

☙❧

Açgözlü Sinekler

Vaktin birinde gönül adamı bir derviş varmış. Gözünde hiç dünya sevgisi olmadığı gibi, kalbinde de geçici olana karşı en küçük bir bağlılık duymazmış.

Bir gün şehre inmiş.

Çarşıda gezinip duruyormuş.

Tanıdığı bir helvacı, dükkânına buyur etmiş kendisini.

Çaresiz içeri girmiş.

Biraz oturup hoş beş etmişler. Oradan buradan konuşmuşlar.

Dükkan sahibi, bir kavanoz bal çıkarmış dervişe ikram etmiş.

Balın kokusunu alan ne kadar sinek varsa çevrede üşüşmüşler kavanoza.

Helvacı, görünce bunu, sineklikle başlamış onları kovmaya.

Bir kısmı kaçmış, bir kısmı bala yapışıp kalmış.

Derviş'in gözlerinden yaş süzülüyormuş.

Arkadaşı:

– Hayrola, niçin ağlıyorsun? diye sormuş.

Derviş:

– Kaldır şu kavanozu lütfen, demiş.

Helvacı bir şey anlamamış.

Neden sonra Derviş:

– İşte dünya da tıpkı böyledir, demiş. Bu kavanoz gibidir. İçindeki bal, dünyanın geçici tatlarıdır. İnsan bunlara bir kez daldı mı, artık kolunu kanadını kurtaramaz. Ayaklarımız dünya zevklerine yapışıp kalmadan uyanmalıyız.

Helvacı, şaşkın şaşkın dinliyormuş.

– Biraz dolaşayım diye kente geldim. Görünce, beni davet ettin, çok geçmedi, önüme bir kâse bal koydun, adım adım dünyanın zevklerine yaklaştırdın. Doğrusu kendimden çok korkuyorum. Bir kez girdi mi kalbime mal hırsı sonu gelmez, uzayıp gider, ben de artık boğulacak gibi batarım içine.

* * *

Ferise, bu ilginç masalı anlatarak:

– Padişahım! dedi, ben de tıpkı masaldaki derviş gibi adım adım kötü bir yolda ilerlediğimi sanıyorum. İzniniz olursa, bundan kurtulmak için terketmek istiyorum sarayı.

Arslan üzgündü.

Ferise, sürdürdü konuşmasını:

– Sakın ola ki, terkettiğimi düşünmeyin, sizi; gerçekten sevdim, saydım. Bana layık olmadığım görevler verdiniz. Güveninizi sundunuz, çok güzel davrandınız... Fakat size değil, kendimedir kızgınlığım.

Arslan:

— Olmaz azizim, dedi, dünyada olmaz, senin gibi değerli bir veziri kaybetmek aklımın ucundan geçmez. Hem, gerekçelerinin pek de inandırıcı olmadığını görüyorum, senin dilinin altında bir bakla var amma hayırlısı...

Çakal:

— Ne olsun ki, dedi, gerçekten birşey yok Sultanım.

Arslan inanmıyordu.

— Yok yok, birşey var benden gizlediğin.

Arslan, yine inanmadı.

— Lütfen söyle, dedi, eğer küçücük bir sevgin varsa bana.

Çakal atıldı:

— Ne haddime efendim, sizin sevginize layık olmaya çalışıyorum ben. Sonunda Ferise, gerçek nedeni söyledi. Bir fitne kaynatıldığından söz etti. Arslan, bunu da önemsiz buldu:

— Sana, dedi o denli güveniyorum ki, kim ne söylerse söylesin inanmam mümkün değil. Kalbini ferah tut. Eğer bir söylenti duyarsam, en önce ben kellesini vururum onu yayanın.

Ferise, rahat bir nefes aldı.

· Fakat, sarayda kalmak, sanki ilerde kendisini çok mutsuz edecekmiş gibiydi.

Gerçekte insanların arasına karışmaktan korkuyordu. Sanki uğru bir el, o sırça köşkü yıkacak, bir anda herşey büyüsünü kaybedecekti.

Arslan ise, böylesine değerli bir adamını yitirmeyi göze almıyordu.

Aralarındaki sevgi öyle güçlendi öyle güçlendi ki, artık birlikte olmadıkları an yok gibiydi.

Bunun üzerine, çakalı kıskananlar yeni yeni plan hazırlıklarına giriştiler.

Sarayda, Ferise'nin varlığından rahatsız olanlar bir araya gelip, bir heyet kurdular.

Bütün fitne eylemlerini onlar gerçekleştireceklerdi.

Ne yapılacağı önce, bu heyette tartışılacak, sonra karara bağlanıp uygulanmaya geçirilecekti.

Heyette kurnaz bir tilki de yer alıyordu.

İlginç bir düşünce attı ortaya.

– Padişahın gözünden düşürmek için çakalı, etkili ve kolay bir yol geldi aklıma, dedi.

– Nedir? diye sordular.

– Sultanın yemeğini her gün kim götürüyor ona?

– Kiler sorumlusu, dedi birisi.

– Güzeeel, öyleyse hemen onunla ilişkiye geçelim, çok iş düşecek kilerciye.

Kiler Vekilharcını buldular.

Durumu anlattılar.

O da, Ferise'yi çekemeyenler arasındaydı.

Anlaştılar.

Ve ertesi gün, Ferise'nin iş için uzak bir yere gittiği zaman, Arslan'ın yemeğini götürüp evine gizlediler.

Kral, her günkü gibi, yemek odasına indiğinde yiyecek bir şey bulamadı masanın üzerinde.

– Heeey! Kilercibaşını çağırın bana! diyerek kükredi.

Tilki ve diğer fitneciler, sevinç içindeydiler. Planları adım adım ilerliyordu.

Yemek işlerinden sorumlu adamı gelince Arslan kükreyerek sordu:

– Nerede benim yemeğim sersem?

Adam ezildi, büzüldü, yutkundu.

– Ne susuyorsun be adam, tepelerim şimdi ha?

– Yemeğinizi başveziriniz Ferise alıp götürdü efendim.

– Nee! Ferise mi götürdü, nereye?

– Artık bundan sonra, padişahın yemeği iyice kısılacak, az yemek verilecek ona diye de tembih etti.

Arslan şaşkınlık içindeydi:

– Anlamadım, ne dedi, ne dedi?

Tilki atıldı bu sıra:

– Efendimiz, ben de bu kulakcağızımla duydum, tıpatıp öyle konuştu. Artık bundan sonra padişaha az yemek verilecek, dedi. Arslan'ın omuzları çöktü. Kulaklarına inanamıyordu.

"Nasıl olur, Ferise benim hakkımda nasıl böyle düşünür, anlayamıyorum?" diyerek şaşkınlıkla birlikte içten içe bir kuşkunun içine yerleşmesine fırsat verdi.

Tilki, zaman bu zaman diyerek, aldı sözü. Ferise hakkında olmadık şeyler anlatmaya başladı:

– Söylemeye dilim varmıyor ama, şevketli sultanımız bilsin isterim, Ferise cenapları sadece bunu söylemekle kalmadı, "peki padişahımız ne yiyecek?" sorusu üzerine de, "ne yerse yesin, ziftin pekini yesin" diye cevap verdi. Zaten, efendim, öteden beri, sarayda dönen dolaplardan bütün adamlarınız rahatsız. Ferise'nin gözü, öyle sanırım tahtınızda, neler kaynatıyor neler, bir bilseniz...

Bir başkası sözü aldı bu kez. O da zavallı çakal hakkında akla alınmayacak suçlamalar, yalanlar anlattı.

Arslan yıkılmıştı sanki.

Kulakları uğulduyor, kalbinde bir çarpıntı bir çarpıntı.

– Gidiniz, dedi, kimse kalmasın huzurumda, defolun!

Hepsi korku içinde terkettiler odayı.

Kral, bir süre yalnız kaldı. Üzüntüden kahroluyordu. En çok sevdiği, değer verdiği adamı, kendisine böylesi çirkin bir plan hazırlıyordu.

"Besle kargayı oysun gözünü" diye mırıldandı Arslan.

Mutlaka öğrenmeliydi, işin iç yüzünü kesinkes anlamalıydı.

Karakulak geldi aklına.

O, genellikle böyle durumlarda soğukkanlı ve dürüst davranırdı. Hemen gelmesini emretti.

Karakulak içeri alındı.

Arslan, Ferise hakkında ne düşündüğünü sordu.

Şanssızlığa bakın ki, o da fitneci grubun içindeydi.

Fakat kurnaz davrandı Karakulak.

– Ferise'yi en az sizin kadar ben de severdim padişahım, fakat doğrusu, böylesine dervişçe yaşayan bir adamın sarayda değişebileceği aklımın ucundan geçmezdi. Ama gördüm ki, yerinize göz dikmiş. Yemeğinize bile dil uzatacak kadar alçalmış. Bu durumda, kuşkusuz gerekli cezası verilmeli. Verilmeli ki, diğerlerine de ders olsun, böyle bir şeye girişmesinler...

Arslan, onu da kovdu huzurundan.

İnanmak istemiyordu söylenenlere.

Ferise gibi bulunmaz bir yardımcıyı, bir arkadaşı gözden çıkarmayı düşünmek çok acı geliyordu.

Kurdu çağırdı bu kez.

O da, Ferise'nin aleyhinde çalışanlardandı.

Söz birliği etmişçesine, aynı suçlamaları yaptı. Sonunda da,

– Derhal idam edilmeli böyle hainler Efendimiz, dedi.

Arslan ne diyeceğini şaşırmıştı.

Bütün adamları tekrar çağırttı.

Herkes geldi, divana durdu.

Sesi ağlamaklıydı Arslan'ın:

– Arkadaşlar! Biliyorsunuz, bir süredir, sarayda hepimizin sevdiği, saydığı değerli vezirimiz Ferise yönetim aleyhinde çalışmalarda bulunuyor. Son olarak yiyeceğime de göz dikerek, gerçekte ne denli alçak olduğunu göstermiş bulunuyor. Bu durumda, bize de, idamına imza atmak kalıyor. Derhal birkaç kişi görevlendirilsin. Hazırlıklara başlansın. Yalnız, kendisi burada değil. Döner dönmez bir grup elçi gönderilsin evine. Acaba gerçekten yemeğim evinde mi, ayrıca kendisi ne düşünüyor ihanet konusunda, son kez görüşü alınsın...

Düzenbazlar, Arslan'ın huzurundan çıkarken, birbirlerine bakıp gülümsediler.

Ferise'yi kıskanan fitneciler, artık işin sonuna yaklaştıklarını düşünerek seviniyorlardı.

Birkaç kişilik kurul oluşturuldu.

Ferise'nin evine doğru yola çıktılar.

Zavallı Çakal, olup bitenden habersizdi.

Arslan, gizlice bir araştırma daha yaptırmıştı. Adamları, Ferise'nin, hakkında böyle bir karar verilmesi karşısında çok sinirlendiğini, Arslan hakkında sert konuştuğunu bildirdiler. Arslan, bu kez,

– Hemen gidip gebertin o alçağı, diye yâverlerine emir verdi.

Arslan'ın Ferise'yi iyi tanıyan bir annesi vardı.

Kadıncağız olanları görüp kaygılanmıştı.

"Ferise dünyada böyle bir şey yapmaz, gerçekte karıncayı bile incitmekten çekinen büyük bir evliyadır, mutlaka, onu kıskanan fitnecilerin işi bu" diyerek, hemen Arslan'ın yanına gitti. Kapıda, Ferise'nin ölümü için görevlendirilmiş adamları görünce de,

– Sakın ola ki, ikinci bir buyruk gelinceye kadar çakalın kılına dokunmayın, diye sıkı sıkı tembihlerde bulundu.

Arslan, annesini görünce, kederi daha da arttı.

Anne Arslan, durumu bütün çıplaklığıyla anlattı oğluna.

– Ferise'nin böyle bir şey yapacağına nasıl ihtimal verebiliyorsun. O zavallı derviş, senin zorunla sarayda kalıyor, yoksa dünya malında mülkünde zerre kadar gözü yok. Bunu sen de biliyorsun.

Arslan'ın içindeki kuşku daha da güçlendi.

– Doğru, dedi, ya suçsuzsa, ne yapıyorum ben aman Allahım, eşi bulunmaz bir adamın kanına giriyorum.

Arslan, hemen yâverlere haber salınmasını, geri dönmelerini buyurdu.

Anne Arslan:

– Meraklanma, dedi, ben her ihtimale karşı, yaverlerine öğütledim, hemen öldürmeyin ikinci bir buyruk bekleyin diye.

Arslan rahat bir nefes aldı.

– Fakat, anne, dedi, bunca adamın Ferise'nin aleyhinde anlaşması bana biraz tuhaf geliyor, yani insan kıskançlık uğruna böyle bir felaketi göze alabilir mi?

– Niçin almasın evladım, dedi Anne Arslan. Kıskançlık öyle bir duygudur ki, insanı en aşağılık suçu işlemeye rahatça itebilir. Koca bir sarayı, hatta kenti göz kırpmadan yakabilir insan. Kıskançlığı yüzünden hayatından olan bir adamın hikâyesi hatırıma geldi, anlatayım da dinle.

୧୬

Kıskanç Adam Masalı

Bir zamanlar, Bağdat'ta, Kıskanç Adam adında biri yaşardı.
Kıskançlıkta kimse ona yetişemezdi.
Değil başkalarını, kendisini bile kıskanırdı.
Kimsenin mutluluğuna tahammülü yoktu.
Yüreğinin kapısına, kıskançlık canavarı otağ kurmuş.
İçeri iyilik perisinin girmesine engel oluyordu.
Kıskanç Adam'ın, dindar mı dindar, derviş mi derviş bir de komşusu vardı.
Gözünde ne dünya malı, ne de para hırsına yer yoktu.
Gece gündüz ibadetindeydi.
Bağdat çevresinde güçlü bir şöhret edinmişti bu yüzden. Onun başına yeminler edilirdi. Her işte vekil tutulurdu.
İyilik meleği gibiydi.
Kıskanç Adam, Derviş'in herkes tarafından sevilip sayılmasına bir türlü dayanamıyordu.
"Neden bu kadar seviyorlar onu anlamıyorum," dedi.
Bir kez fitne tohumu düştü mü bir kalbe, kolay kolay çıkıp gitmez oradan. Kötülük adına ne varsa çağırır, kendisini büyütür de büyütür.
Bizim Kıskanç da, Derviş'i gözden düşürmek için gece gündüz fitnenin peşine takılıp gitmişti.
– Nasıl etsem de şu aptal zahidi halkın gözünden düşürsem, diye düşündü durdu.

Sonunda, akılları hayrette bırakan bir plan kurdu.

İnsan çıldırdı mı bir kez, artık gözüne hiçbir şey görünmezdi.

Kıskanç Adam da ne yaptığını bilmez bir haldeydi.

Doğruca köle pazarına gitti.

Genç bir köle satın aldı.

Bir zaman onun eğitimiyle uğraştı.

Bir yandan da kıskançlık ateşi yakıp kavuruyordu içini.

"Artık planımı uygulayabilirim" dedi ve köleyi alıp evin damına çıktı.

— Şu evi görüyor musun? dedi Köle'ye, Derviş'in evini göstererek.

— Evet, dedi Köle.

— İşte o evin damında beni boğarak öldüreceksin.

Köle'nin beti benzi attı birden.

Neler de söylüyordu bu adam?

"Aman Allahım çıldırmış olmalı," diye düşündü.

— Bak, dedi Kıskanç Adam, dediğimi yaparsan cebimde bir kâğıt bulacaksın, orada servetimin gizlendiği yer yazılı.

Köle:

— Aman efendim, böyle şey olur mu? Ne diyorsunuz siz! Dünyada olmaz, yapamam, lütfen ısrar etmeyin, dedi.

— Saçmalama! diyerek çıkıştı Kıskanç Adam, zengin olacaksın daha ne istiyorsun.

Köle hayretler içindeydi:

— Sizi buna iten nedir efendim? diye sordu.

— O derviş, dedi Kıskanç Adam, herşey o ahmak yüzünden. Bağdatlıların gönlüne girmiş. Herkes seviyor, sayıyor. Bu da beni kahrediyor anladın mı, eğer dediğimi yaparsan, herkes onun yaptığını düşünecek böylece gözden düşecek. Bir kere leke sürdün mü, gerisi kolay...

Kıskanç Adam'ın anlattıkları Köle'yi şaşkına çevirmişti.

O kadar çok ısrar etti ki, adam, zorunlu olarak dediğini yapmak durumunda kaldı.

Bir gece, Kıskanç Adamı Derviş'in damına götürdü. Ve keskin palayla bir çırpıda kesti kafasını. Cebinden de azat kâğıdıyla hazine haritasını alıp İsfehan'a kaçtı. Orada zenginlik içinde yaşadı ömrünün sonuna dek.

Derviş ise, sonu gelmez sorunlarla karşı karşıya kalmıştı.

Düne kadar kılına bir şey dokundurmayanlar,

– Vaay! Meğer bizim derviş bildiğimiz bu alçak, bir kâtilmiş! diyerek, yakalayıp, yargıcın huzuruna çıkardılar onu.

Kadı Efendi, elde onun öldürdüğünü belgeleyen bir delil olmadığından idamına karar veremedi.

Fakat, ömür boyu hapis cezasıyla cezalandırdı.

Yalancının mumu yatsıya kadar yanarmış.

Bizim Kıskanç Adam'ın servetine konan Köle de yakayı ele verdi çok geçmeden.

İsfehan'a giden bazı tüccarlar, kölenin bir eli yağda bir eli balda yaşadığını görünce şaşırmışlar, işin aslını öğrenip, hemen Kadı'ya koşmuşlardı.

Kadı, "gerçek ortaya çıktı," diyerek, Derviş'i özgürlüğüne kavuşturmuştu.

* * *

Hayvanların Sultanı Arslan'ın annesi, hikâyesi anlattıktan sonra, anlamlı anlamlı baktı oğlunun gözlerine:

– Oğul, dedi, görüyorsun, meyveli ağaç taşlanır. Kıskançlık insana, olmadık işler yaptırır, ola ki, bizim Başvezir de böyle alçak bir komploya kurban gitmesin.

Arslan, olayın sıcaklığından biraz olsun kurtulmuş olduğundan, annesine hak verdi.

– Peki, nasıl anlayacağız suçsuz olduğunu? diye sordu.

Anne Arslan, yılların verdiği deneyimle:

– Kolay evladım, dedi, çok kolay.

Yalancının bir diğer özelliği de korkak olmasıdır. Sen, Ferise'nin suçsuz olduğuna inandığını söyle, kızarak, bağırarak onları suçla bakalım ne yapacaklar.

Arslan'ın aklına yattı bu öneri.

Hemen topladı adamlarını.

Kükredi. Korku verici sesler çıkardı. Bağırdı, kızdı,

– Ferise gibi masum bir vezirimi kim, ne hakla suçluyor, o, değil dünyanın basit çıkarları, cennet sevdası, hatta cehennem korkusu içinde bile değil. Sadece ve sadece Allah rızasını esas almış zavallı bir derviş. Suçsuz bir insana olmadık iftiralar atmaya utanmıyor musunuz? Neymiş efendim, "artık padişaha yemek verilmeyecek" demişmiş... Yok, benim tacımda tahtımda gözü gönlü varmış... Serseriler! Az daha eşi menendi bulunmaz, değerli bir vezirimden edecektiniz beni!. Defolun gözüm görmesin! Diyerek olmadık sözler etti.

Bunun üzerine, tilki, kurt, sansar ve diğer adamları korku içinde kaçıştılar. Bazıları,

– Biz ettik siz etmeyin efendimiz, bir kez şeytana uyduk.

– N'olur bağışlayın bizi efendimiz, o kadar çok seviyordunuz ki onu, kıskançlık bizi bu alçaklığa sürükledi, biçiminde itirafta bulundular.

Arslan, gerçeği ortaya çıkarmıştı sonunda.

Ve Annesine,

– Ne kadar elini öpsem ne kadar ayağına sürsem yüzümü yine de azdır yaptıkların anneciğim, dedi, senin insaflı yüreğin olmasaydı, zavallı Ferise'nin kanına girmiş ve kıymetli bir danışmanımı da kaybetmiş olacaktım.

Böylelikle hak yerini bulmuştu.

Fakat ortada bir ihanet vardı.

Arslan, komployu hazırlayanları teker teker belirleyip gerekli cezayı verdi.

Ama, Ferise'nın kırılmış gönlünü nasıl alacaktı.

Zavallı Derviş, sarayda son olanlardan da habersizdi.

Arslan, evine gitti başvezirinin.

Ferise, şaşırdı.

– Fakirhanemizi şenlendirdiniz, Allah da gönlünüzü şenlendirsin, dedi, saygıyla.

Arslan utangaç utangaç bakıyordu önüne.

– Beni gerçekten bağışlıyor musun Ferise? dedi.

Gönlü yüce Derviş:

– Ne demek efendimiz, dedi, bağışlamak Allah'a özgüdür. Bizler günahkâr kullarız.

– Ne kadar iyisin Ferise, doğrusu şimdi seni yeniden kazanmanın sevincini nasıl yaşıyorum bir bilsen.

– Ben, zaten, dedi; çakal, ötedenberi insaflı olduğunuzu düşünerek umutlanıyordum. Gerçeği er veya geç ortaya çıkaracağınızdan emindim. Padişahlar için bağışlamaktan daha güzel bir süs yoktur. Onları güzelleştiren merhametli oluşlarıdır.

Arslan, vezirin tekrar saraya gelip gelmeyeceği konusunda kaygılıydı.

– Saraydaki yerin ve görevin seni bekliyor Ferise, dedi; halka hizmeti ibadet olarak görürdün, şimdi sürdürmeyecek misin bu ibadeti?

Ferise, bir süre düşündükten sonra,

– Hakka bağlılığa zarar vermediği sürece evet, dedi.

Ve birlikte saraya döndüler.

* * *

Beydeba, büyük bir dikkatle kendisini dinleyen Debşelem Şah'a;

– Acıma duygusu bir yönetici için ne güzel bir yol gösterici değil mi padişahım? dedi.

Hikâyenin tatlı havasından sıyrılan Debşelem Şah:

– Şimdi daha çok anladım, dedi; bağışlamanın cezalandırmaktan daha yüce olduğunu, çok teşekkür ederim hocam.

Yaşlı Bilge:

– Unutma ki, asıl bağışlayıcı, kerem sahibi ulu Allah'tır. Ve bu güzel özellik, insana, O'nun verdiği bir armağandır. Kutlu bir armağan.

ONUNCU BÖLÜM

HAYAT,
KORKUDAN KURTULUNCA BAŞLAR

D EBŞELEM ŞAH, devlet yönetiminde engin bir deneyim
sahibiydi.

Yılların birikimiyle, güç durumlarda kaldığında nasıl davranacağını kestirebiliyordu.

Bulmuş olduğu gizli vasiyetteki öğütlerin onuncu bölümü,
dağarcığına yeni bir tat katacaktı.

İyilik yap denize at, balık bilmezse Halık bilir, demişler.

Hind Padişahı, insanın kendisi için doğru bulmadığını, başkaları için de doğru bulmaması gerektiğini de iyi biliyordu.

Fakat, bu konularda yoğunlaşan öğütlerin ayrıntılı açıklamasını istedi Beydebâ'dan.

Ve yaşlı Bilge'ye sordu:

"İyilerin iyiliklerine, kötülerin de kötülüklerine karşı yöneticinin tutumu nasıl olmalıdır üstadım?

Beydebâ, sakalını sıvazladı.

Bakışlarıyla, Debşelem Şah'ın doymak bilmez merakını alkışlıyordu.

– Bana, dedi, gençliğimi hatırlatıyorsun. Tıpkı senin gibi

uçarı bir zihnim vardı. Yıllardır dışarda kalmış bir sünger gibi emmekle doymayan bilgi isteğine hayran kaldım. Seni, halkın adına kutlarım padişah.

Debşelem Şah, Bilge'nin anlattıkça zenginleşen hikmetçi üslubuna tutulmuştu.

– İyilik de kötülük de, dedi Beydebâ, karşılık beklerler. Güzel bir başarının ödüllendirilmesi kadar çirkin bir olaya neden olanların cezalandırılması da gereklidir.

Zalim bir arslanla ona dost olan Karakulağın öyküsü, bize ilginç dersler verir bu konuda.

Debşelem Şah, masalı anlatmasını istedi Yaşlı Bilge'den.

– Zeki bir dinleyicim olduktan sonra, hikâye anlatmak zevklerin en büyüğüdür bana, dedi ve adı geçen masalı anlatmaya başladı.

ଏବେ

Arslan İle Karakulak Mabalı

Bir varmış bir yokmuş
Allahın kulu çokmuş
Zaman zaman içinde
Sanki bir an içinde
İnsan eli değmemiş
Yolcuya uğrak olmamış
Yemyeşil ağaçlarla
Rengârenk çiçeklerle
Süslü bir ormanda
Yırtıcı mı yırtıcı
Zalim mi zalim
Bir Arslan yaşarmış.
Hayvanlar onun

Adaletsiz yönetiminden
Kızgın, sinirli halinden
Bıkıp usanmışlar.
Bu baskı, bu işkence
Dünya durdukça sürüp gidecek sanmışlar.
Bir tek dostu varmış Arslanın, o da Karakulak. Gerçi avından arta kalanla geçinip gidiyormuş, ama; arslanın öyle ulu orta, keyfi ve zevki için kan içmesine çok içerliyormuş.
Ormanın dağına taşına korku sinmiş.
Günlerce, hatta aylarca; korkudan dışarı çıkamaz olmuşlar, zavallı hayvanlar.
Karakulak, Arslan'ın yaptığı haksızlıklara içten içe kızıp dururken, gün gelip değişivereceğini de ummuyor değilmiş.
Fakat çok dayanamamış, bir zaman sonra ayrılmak için ondan, bahaneler bulmaya çalışmış. "Gün gelir, mazlumun ahı göğe kadar çıkar... Arslanın da ettiği yanına kalmaz," diyerek terketmeye karar vermiş.
"En iyisi terketmek bu diyarı" demiş ve düşmüş yola.
Az gitmiş uz gitmiş
Orman boyunca düz gitmiş
Gide gide, köklerini farenin kemirdiği bir fidana rastgelmiş.
Zavallı fidan dile gelip konuşmuş:
– Hiç yüreğin sızlamıyor mu bana can veren damarlarımı kesip kurutuyorsun. O kemirdiğin elyaf beni toprağa bağlayan ve ondan hayat alan sinirlerimdir, neden acı veriyorsun bana?
Farenin gözü bir şey görür mü?
Sürdürmüş kemirmesini.
Zavallı fidancık, damarları büsbütün kesilince acı acı inleyerek yıkılmış yere.
Fare kıs kıs gülüyormuş marifetine.
Tam bu sırada yıkılan ağacın yanındaki delikten yılanın biri çıkmaz mı! Tuttuğu gibi fareyi bir çırpıda indirmiş midesine.
Karakulak, kenarda merakla izliyormuş olup biteni.

Ağacın çığlıklarını sanki yılan duymuş gibi ansızın çıkmış, fareye gerekli dersi vermiş.

Karakulak bunları düşünürken, bir kirpi görünmez mi! Yılanı gelip kuyruğundan yakalamış, büzülmüş büzülmüş, tortop olarak, üzerinde yuvarlanmış, Yılan kan revan içinde kalmış. Kirpi, kanı emmeye başlamış.

Derken, bir tilki çıkagelmiş. Kirpi, görünce onu iyice büzülmüş dikenli zırhına girmiş.

Bir süre beklemiş kurnaz Tilki, derken ne yapıp etmiş, kirpinin başını uzatmasını sağlamış ve tuttuğu gibi afiyetle yemiş onu.

Çok geçmeden Tilki'nin yaptığı da yanına kalmamış aç bir köpek saldırmış ona da. Boğazından tutarak birkaç kez yere çarpmış ve tilkiyi oracıkta boğuvermiş. Savaşı kazanmanın keyfi içinde giderken köpek, ağaçların arasından bir kaplan saldırmaz mı ona! Köpek fazla dayanamamış kaplanla boğuşmaya, o da diğerinin elinde can vermiş.

Kaplan, gururdan sarhoş, geldiği yöne geri gitmiş.

Usta bir atıcı pusuya yatmış, onu izlermiş meğer.

Avcı'nın oku, kaplanın solundan girip sağından çıkmış.

Bağırarak çırpınırken avcı yetişmiş, bir çırpıda kesivermiş boğazını.

Derisini yüzmüş.

Sevinç içinde dönüyormuş ki, yoluna bir eşkiya çıkmış.

Rengârenk, işlemeli posta gönlü düşmüş, avcıdan istemiş, o da yanaşmamış buna.

Haydut, çektiği gibi kılıcını avcının bir vuruşta başını gövdesinden ayırmış.

Postu kaptığı gibi mahmuzlamış atını.

Bizim Karakulak, olanları şaşkınlık içinde izliyormuş bir köşede.

Küçük dilini yutmak üzereymiş.

Yol kesen adam atını uçarcasına koştururken, yaşlı bir ağacın toprağın üzerine çıkmış köküne atının ayağı takılınca, yuvarlanıvermiş yere.

Başını, "küüt" diye çarpmış bir ağacın gövdesine.

Oracıkta, soluksuz kalıp ölüvermiş.

* * *

Karakulak, kararını vermiş, kimsenin ettiği yanına kalmıyormuş. Gidip o zâlim arslana anlatacakmış, bunları, "Bu huyundan vazgeç, kimseye zarar verme, gün gelir sana da ulaşır bu işin ucu, yardımseverlik, acıma daha yüksek duygulardır" diyecekmiş.

Düşündüğü gibi de yapmış.

Arslan'a saatlerce öğütte bulunmuş.

Gördüklerini bir bir anlatmış.

Arslan'ın kulak verdiği yokmuş.

Karakulağı bir güzel azarlayıp geri göndermiş.

Günler birbirini kovalamış.

Karakulak, kendi dünyasında sessiz bir yalnızlık içinde yaşayıp gidiyormuş.

Arslansa eski baskıcı tutumunu daha da artırmış. Hayvanlar elinden inim inim inler olmuşlar. Kimse gözüne görünmek istemiyormuş.

Bir gün Arslan ormanda gezerken geyiğe rastlamış. Yanında iki miniminnacık yavrusu varmış geyiğin. Arslan, onları görünce iştahı kabarmış.

Geyik yalvarmış, yakarmış dokunmaması için.

Arslan bu dinler mi? Gözünü hırs bürümüş.

Bir güzel yemiş yavruları.

Anne Geyik iki gözü iki çeşme, ağlıyormuş acı içinde.

Öte yanda Arslan'ın ininde de buna benzer bir olay yaşanmaktaymış.

Avcının biri, yavrularını kesip derilerini yüzmekteymiş.

Akşam eve dönmüş ki ne görsün!

Yavrularının derileri yüzülmüş, kafaları kesilmiş, cesetleri öylece duruyor.

Bir kükremiş ki Arslan, yeri göğü inletmiş sanki.

Komşusu Çakal çıkagelmiş bağırtıya.

– Hayırdır sultanım, böyle acı acı inlemek de niye? diye sormuş.

Arslan olup biteni anlatmış.

Çakal, iyi kalpli biriymiş.

Ona bazı öğütlerde bulunmuş.

Bir de Zâlim Oduncu'nun öyküsünü anlatmış ona.

☙❧

Zalim Oduncu Masalı

Bir varmış bir yokmuş
Dünyada kötü kalpliler çokmuş.
Bunlardan biri de paraya düşkün mü düşkün,
Gözünü dünya hırsı bürüyen,
Maldan mülkten gayrı hiç bir şeyi görmeyen bir odun tüccarıymış.

Dağ köyünde yaşarmış bu adam.

Yoksul köylülerin ormandan kesip getirdikleri odunu yaz boyunca oldukça düşük bir bedelli satın alır, kışın kat kat fazla bir ücrete satarmış.

Yıllar boyu böylesi haksız bir kazançla servetine servet ekleyip durmuş.

Günün birinde, ambarına ateş düşmesin mi!

Odunları yanmakla kalmamış, bütün eşyası da kül olmuş, elinden uçup gitmiş.

Yangından arta kalan ateş parçalarının karşısında bağırıp çağırıyormuş, "bu yangın belası nereden gelip beni buldu?" diye.

Bir Derviş çıkagelmiş bu sıra;

– Bu yangın, yıllardır ahını aldığın mazlumların ağlamaların-
dan çıkmıştır, demiş.

Bu da hırslı oduncuya unutulmaz bir ders olmuş.

* * *

İyi kalpli Çakal, masalı anlattıktan sonra, yavrularını kaybet-
menin üzüntüsü içinde kıvranan Arslan'a:

– Sen, geyiğin yavrularını korusaydın, onlara dokunmasay-
dın, kimbilir belki de başına gelmeyecekti bu üzücü olay, demiş.

Arslan, karşı çıkmış buna:

– Çok saçma! Ben, ormanın kralıyım. İçindekiler de benim
sayılır, istediğimi yapmakta özgürüm.

Çakal gülmüş acı acı:

– Yaşın kaç senin? diye sormuş.

– Kırk, demiş Arslan.

– Yahu, biraz insaf et, sen kırk yıldır canını yakıyorsun hay-
vanların, kırk yılda bir kez de senin canın yanıyor, bağırıp duru-
yorsun.

Arslan, Çakal'ın biraz ileri gittiğini düşünmüş.

Düşünmüş düşünmesine amma, doğrusu, Çakal gerçeği söy-
lüyormuş. Buna rağmen kendisini hâlâ haklı görüyormuş.

Çakal:

– Ne ederse onu bulur insan. Bu, yaşadığımız dünyânın de-
ğişmez bir kuralı. Ne demişler, etme bulma dünyası. Yazık değil
mi, sen yıllardır ormana korku salmışsın, zavallı hayvanlar gü-
venlikleri her an tehlikede korku içinde yaşıyorlar. Oysa, güven
içinde yaşamalarını sağlaması gereken sensin. Bence, yavruları-
nın uğradığı bu felaket sana Allah tarafından yapılmış bir uyarı-
dır. Artık zulmetmekten vazgeç, iyilik üzere ol.

Bu sözler Arslan'ı etkilemiş olmalı ki, et yememeye, kan iç-
memeye, yalnızca meyvelerle yetinmeye yeminler etmiş.

Artık sadece ormandaki yemişlerle yaşıyormuş.

Bu gitgide mesele olmaya başlamış.

Birçok hayvan aç kalıyormuş.

Onların on günde yediğini, Arslan bir çırpıda yiyip bitiriyormuş.

Hakkında şikâyetler başlamış.

Canı fena halde sıkılmış buna.

Gidip Çakal'a anlatmış durumu.

– Artık hiç bir hayvana pençe atmıyorum, ne et yiyorum ne de kan içiyorum, bu yakınmalar neden?

Çakal:

– Onlar haklı, demiş.

Arslan küplere binmiş:

– Nasıl olur, daha ne istiyorlar, tekrar eski yırtıcı halime mi döneyim?

Çakal:

– İşte senin asıl yanlışın burada, demiş. Bir hatadan başka bir hataya kaçıyorsun. Sadece meyveyle sebzeyle geçinen o yaratıkları da düşünmelisin. O kadar obursun ki, geriye bir şey bırakmıyorsun. Meyveyi, Allah onlar için yaratmış. Sen, rızıklarına gök dikiyorsun.

Arslan ne yapacağını şaşırmış,

– Peki ne yapayım ben, açlıktan öleyim mi?

– Hayır, demiş Çakal, bak bir ormana, her yan ot ve ağaçla dolu. Niçin yaprak yemeyi, ot yemeyi denemiyorsun?

Arslan, bu kez, yeminini bozmayarak, Çakal'ın önerisine uymuş.

Artık sadece ot ve yaprak yemeye başlamış.

Böylece kötü arzularına da gem vurmuş.

* * *

Beydebâ, öykünün sonuna geldiğinde, Debşelem Şah'a sordu,

– Sence doğru mu Arslanın yaptığı?

– Bilmem, dedi Debşelem Şah, bana biraz tuhaf geldi Arslanın yalnızca ot ve yaprak yemesi.

Beydebâ güldü,

– O dedi, masal. Kuşkusuz Arslan'ın yaratılış itibariyle yiyeceği et türünden şeylerdir. Yüce Yaratıcı, her hayvanı ayrı fıtratta yaratmıştır. Kimi ot yer kimisi de et. Et yiyene ot yedirmek ters düşüyor görünüşte. Fakat, öyküde asıl anlatılmak istenen, sınırsız istekleri frenleyebilmektir. Arslan'ın yeminden önceki durumunu gördün, herkes elinden illallah demişti. Oysa, et ve kan yemeyip sadece otla yetinmesi sayesinde, nefsini eğitebildi. Kötü arzularının önüne geçebildi.

Debşelem Şah,

– Böylece biz bu öyküden, kötülük eden kötülük bulur sonucunu da çıkarabiliriz değil mi hocam? diye sordu.

Ünlü Bilge,

– Şüphesiz, dedi, iyilik eden de iyilik bulur diye tamamladı.

İŞİ GERÇEK SAHİBİNE VERMEK
YA DA ADALETİN GÜZELLİĞİ

İ BRANİCE ÖĞÜTLERİN onbirinci bölümünde insanın, kendi yapısına uygun işlere yönelmesi üzerinde duruluyordu.

Debşelem Şah, Beydebâ'dan buna ilişkin bilgi vermesini istedi.

Yaşlı Bilge:

— Yüce Allah, her insana ayrı bir yetenek vermiştir, dedi.

İnsan yaradılışına uygun bir alanda her zaman başarılı olur.

Kabiliyetli olmadığı bir uğraşta ise, olumsuz sonuçlar alır.

Bu yüzden bir yönetici, buyruğu altında yaşayan insanların ilgi ve yeteneklerine göre davranmalıdır. İşi erbabına vermelidir. İlgi ve yeteneği, hangi yöndeyse, ona göre iş vermelidir.

İbranice konuşan bir Derviş'i ziyaret eden yabancının öyküsü bu hikmeti açıklamak için yeter sanırım.

Debşelem Şah:

— Bu hikâyeyi anlatır mısınız hocam? diye sordu.

Beydebâ:

— Ben de sözü ona getirmek niyetindeydim zaten, dedi ve öyküyü anlatmaya başladı.

Sınırı Aşan Derviş

Bir zamanlar, Hindistan'ın Kunuç kentinde İbranî asıllı bir Derviş yaşardı.

Çevre halkının sevgisini o denli kazanmıştı ki, tekkesi, tıpkı padişahların sarayı gibi ziyaretçilerle dolup taşardı.

Her gelen de bir armağan getirirdi Dervişe.

Oysa o, perhiz yaptığı için, getirilen yiyecekleri yemezdi.

Konuklara ikram ederdi.

Günün birinde bir misafir geldi tekkeye.

Derviş onu da güleryüzle karşıladı.

İkramda bulundu.

Yedirdi, içirdi, armağanlar verdi.

Bazı öğütlerde bulundu.

Sonra sordu,

– İyi ki geldin, nereden gelip nereye gidersin?

Adam,

– Ben, dedi aslen Avrupalıyım. Fakat Türkistan'da yaşıyorum. Başımdan geçmedik şey kalmadı. İzin verirseniz anlatmak isterim.

Derviş,

– İzni biz değil Yüce Allah verir, dedi, lütfen anlatın.

Adam başladı anlatmaya,

– Ekmekçilik yapardım ben, dedi. Çok şükür kendimize yeten bir kazancımız vardı, geçinip giderdik.

Bir gün komşum bağına davet etti.

Gittim. Bazı konuklarıyla birlikte yedik içtik.

Sağdan soldan konuştuk.

Derken söz dönüp dolaşıp çiftçiliğe geldi.

Komşum, ne kazandığımı sordu. Ben, "on yatırır iki kazanırım" dedim. Kâr oranım buydu çünkü.

Güldü:

"Ben" dedi, "bire on, bazen yirmi kazanırım"

Neyse uzatmayayım sözü, epeyi konuştuk söyleştik. Kalkıp eve geldik.

Aklıma takılmıştı, bire on, hatta yirmi kazanmak. Öteden beri duyardım, çiftçilik en güzel geçim yoludur, diye. Ben niçin yapmayayım, diyerek ekmekçiliği bırakıp ziraat işleriyle uğraşmaya karar verdim.

Çok sevdiğim bir Derviş dostum vardı. O haber almış ekmekçiliği bırakacağımı. Geldi, öğüt yollu çok sözler etti bana.

"Herkes her aklına düşen işte başarılı olamaz. Bunun nedeni açıkgözlülüktür. Sen, sanatınla kazanıyorsun, ekmeğini, çiftçiliği bilmezsin etmezsin nene gerek, girme bu işlere"

"Ben" dedim, "keyfimden girmiyorum bu işe, sanatımla geçinmekte güçlük çekiyorum, hem denesem bir kez ölmem ya, dünyanın sonu da gelmez"

Derviş:

"Doğrusu" dedi, "senin gözünü hırs bürümüş. Tıpkı atmacayı kıskanarak belaya düşen açgözlü bir kuş gibisin"

Dervişin neden söz ettiğini anlayamadım ilkin.

Meğer bir öyküden bahsedermiş.

"Lütfen anlatır mısın?" diye rica ettim.

O da kırmadı beni, anlattı.

Açgözlü Kuşun Hikâyesi

Bir gün su kıyısında böcek avlayarak geçinen bir kuş, semiz güvercini avlayıp afiyetle yiyen atmacayı görmüş, çok kıskanmış.

"Ben, böyle çarın çamurun içinde böcek peşinde koşayım da, o bir anda avların en güzelini yakalasın. Bu haksızlık değil mi? Hem, niçin onun gibi büyük av peşinde koşmayayım!" diyerek başlamış yükseklerden uçmaya.

Çölde yaşayan garip bir adam da izlemeye başlamış onu.

"Bu kuş, atmacaya özeniyor ya, Allah sonunu rast getirsin" demiş.

Bizim açgözlü, başlamış güvercin aramaya.

Çok geçmeden bir martı görünmüş.

Düşmüş ardına.

Martı, suyun yüzeyine kadar inmiş, tekrar havalanmış.

Bizim açgözlü kuş da onun gibi inmiş suyun üzerine fakat bir anda havalanamadan bulanık suya saplanmış kalmış.

Bunu gören çöl adamı, gelip yakalamış onu.

Evine götürüp çocuklarına bir güzel yedirmiş. Böylece atmaca gibi olacağım derken canından olmuş.

* * *

Derviş dostum bu hikâyeyi anlatıp:

"O açgözlü kuşun akibetine uğramandan korkarım" dedi.

Oysa ben kararlıydım.

Onu dinlemiyordum bile.

"Şansımı denemek istiyorum" dedim.

Ve fırındaki bütün araç gereçlerimi sattım. Çifte çubuğa yatırdım paramı.

Tarlama, ölçü ile ektim tohumu.

Meğer dışardan göründüğü gibi değilmiş çiftçilik.

En azından ürünün büyüyüp yetişmesi için bir yıl geçmesi gerekirmiş.

Çoluk çocuğumu neyle geçindirecektim bir yıl süresince?

İşte düşünmediğim bu idi.

Hemen işe koyuldum.

"Ürün yetişedursun, ben bu arada ekmekçiliğe tekrar döneyim," diye düşündüm.

Eşten dosttan borç aldım. Fırın aletlerimi tekrar edindim. Şehirde başladım ekmekçiliğe.

Fakat ürün bakım ister, sulama, çapalama ister. Kurda kuşa

karşı koruman gerek.

Bir şehirde, bir köydeydi ayağım.

"Bu böyle olmaz," diyerek, ürün zamanı da yaklaştığı sıra bir arkadaşıma, fırın işlerini emanet edip köye yerleştim.

Fakat durum sandığım gibi olmadı.

Şimdiye dek görülmemiş fırtınalar çıktı. Yerle bir etti ekini.

Çiftten çubuktan zarar ettim.

Ekmekçiliğe yeniden döneyim, gidip şehirdeki dükkânımı göreyim, dedim. Gidip baktım ki ne göreyim! Kendisine güvendiğim arkadaşım dükkânı satıp savurmuş, kaçmış, gitmiş. Yerinde yeller esiyor.

Böylece kaldık mı açta açıkta.

Çoluk çocuk sefil, aç.

Perişan oldum.

Bizim İbranî asıllı Derviş, adamcağızın hayat öyküsünü dinledikten sonra,

– Zavallı, dedi, senin durumun tıpkı iki eşli adamın durumuna benziyor.

Adam bir şey anlamadı Dervişin sözünden.

Şaşkın şaşkın baktı.

Derviş:

– Bak, dinle, dedi sana bir hikâye de ben anlatacağım.

Sakalını Yolduran Adam

VAKTIYLE, ülkenin birinde, orta yaşlarda iki eşli bir adam yaşardı.

Hanımlarından birisi, kendisinden yaşlı, diğeriyse gençti.

Adamcağızın bir huyu vardı.

Boş zamanlarında, başını eşlerinin dizine koyar yatardı.

Genç eşinin dizinde uyurken, kadın, adamın başındaki ağarmış kılları yolardı.

Yaşlı karısının dizinde uyurken de siyah tüyleri koparırdı karısı.

Adamcağız, gün geldi sokağa çıkamaz oldu.

Görenler gülüyordu, yolunmuş sakalına.

* * *

Derviş:

– Sen, dedi tıpkı bu adam gibi olmuşsun.

Adamcağız üzüldü.

– Gerçekte ağlanacak bir durumun var biliyorum, dedi Derviş. Ama üzülmene gerek yok. Burası senin evin sayılır, istediğin kadar kalabilirsin.

Adam sevinmişti.

Dervişe çok teşekkür etti.

Ve Tekke'ye yerleşti.

Derviş, öğrencileriyle İbranice konuşuyordu. Adamsa bu dili bilmediğinden konuşulanları anlamıyordu.

İçine, İbraniceyi öğrenme hevesi düştü.

İsteğini Derviş'e açtı.

Derviş:

– Benim için hiç mahzuru yok. Hay hay, dedi, fakat, İbranice sandığın gibi kolay bir dil değil, öğrenmen çok güç.

Adam ısrarlıydı,

– İbranice, İsrailoğullarının dilidir, öğrenince kutsal kitabımız hakkında daha sağlıklı bilgim olur, ülkeme dönünce yakınlarıma da anlatırım bunu, dedi.

Derviş:

– Gösterdiğin ilgi gerçekten güzel bir şey. İsteğinin olması da övülesi bir durum. Fakat dil öğrenmenin sana göre olmadığı düşüncesindeyim. Her işin bir erbabı olur. İnsanların ayrı ayrı konulara yetenekleri vardır. Ekmekçi iken, çiftçiliğe heveslendiğini oysa başaramadığını kendin anlatmıştın. Tıpkı, bunun gibi,

Şımdi de diline hiç benzemeyen İbraniceyi öğrenmeye kalkışıyorsun. Kendi dilini unutmandan korkarım. Bu girişiminle, Öykünmeci Karga'ya benzeyeceksin, dedi.

Adam, adı geçen karganın hikâyesini dinlemek istediğini söyleyince Derviş'e, anlatmaya başladı o da.

ಱ

Öykünmeci Karga

KARGANIN BIRI, seke seke yürüyen güzel mi güzel bir keklik gördü.

Ne de güzel yürüyordu.

Alımlı alımlı. Binbir türlü cilveyle.

"Ben de onun gibi yürüyemez miyim?" diye iç geçirdi.

Ayaklarına baktı. Yürüdü biraz.

"Aman Allahım ne kadar kaba" dedi.

"Mutlaka başarmalıyım, tıpkı keklik gibi yürümeyi başarmalıyım" diyerek, kekliği izlemeye başladı.

Nereye giderse arkasından gitti. Nasıl yürüyorsa, tıpkı karga da onun gibi yürümeye çalışıyordu.

Keklik izlenmekten çok rahatsızdı.

Bir böyle iki böyle, bir gün patladı artık:

— Ey siyah tüylü çirkin kuş, artık bezdirdin beni, ısrarla niçin takip ediyorsun?

Karga, kaba sesine tatlı bir tavır vermeye çalışarak,

— Sevgili sultanım, dedi, senin o zarif yürüyüşünü çok beğendim. Ben de senin gibi sekerek yürümek istiyorum. Ayıp değil ya, iyi şeylere öykünmek.

Keklik, gevrek gevrek güldü:

— Ne kadar benzerse benzesin, hiç bir şey aslı gibi gerçek olamaz. Çaban, boşunadır. Vazgeç.

Karga vazgeçer mi!

Sürdürdü davranışını.

Fakat ne yaptıysa bir türlü başaramadı keklik gibi incelikli yürümeyi.

Başaramadığı gibi, zavallı kendi yürüyüş biçimini de unutup gitti.

Herkese karşı gülünç bir duruma düştü.

* * *

İbranî asıllı Derviş, dil öğrenmek isteyen ekmekçiye, bu hikâyeyi anlatıp çok öğütler verdi.

Adam, dediğim dedik diyordu.

İlla da öğreneceğim İbraniceyi.

Derviş, çaresiz kalıp, kabul etti.

Derslere başladılar.

Aradan uzun zaman geçti.

Fakat adam bir türlü öğrenememişti İbraniceyi.

Öğrenemediği gibi, kendi dilini de unutmuştu.

Yaptığına yapacağına bin pişman olmuştu amma, iş işten geçmişti.

* * *

Beydeba, onbirinci bölümün hikâyelerini de bitirmişti böylelikle. Anlattıklarını daha da özleştirerek, şöyle dedi Debşelem Şah'a:

– Sevgili Padişah! İşte insan yeteneği olmayan işlere heves ederse sonu tıpkı ekmekçininki gibi olur. Yeni bir şeye kavuşacağım derken elindeki avucundakinden de olur.

– Peki, padişahlara düşen nedir öyleyse hocam?

– Görev vereceği adamlarının kabiliyetini göz önüne almak. Devlet işleri arzu ve heves doyurmakla olmaz.

Kim neye ehliyetli ise, ona görev verilir.

Debşelem Şah yine sordu:

– Yeteneğinin hangi yönde olduğunu nasıl belirleyeceğiz o

halde?..

– Kolay, dedi Beydeba. Bu işe çocukken başlanır. Henüz gençliğin bahar çağındayken, insanların neye ilgi duyduğu bellidir. İşte ağaç yaşken eğilir diyerek, yeteneğine göre yönlendirilmelidir insan. Bu da, padişahların üzerine düşen önemli bir görevdir.

ACIMA, SINIRSIZ BİR GÜZELLİK DENİZİDİR

BEYDEBA ile yaptığı söyleşilerle hikmet bilgisinin sınırsız dünyâsında gezinen Debşelem Şah, zihnine üşüşen soruları birer birer soruyordu.

Sıra onikinci bölümde yer alan konulara gelmişti.

İbranice yazılmış olan vasiyette, bu bölümde, idarecilerin bazı nitelikleri sayılmaktaydı.

Sözgelimi, bir yöneticinin, birlikte çalıştığı insanlara karşı son derece yumuşak başlı davranması gereğinden söz ediliyordu.

Hindlilerin korkusuz Padişahı, İhtiyar Bilge'ye bu bölümle ilgili düşüncesini sordu.

Beydeba:

— Bir padişahta bulunması gereken üç önemli özellik vardır, dedi.

Cömertlik, yani elinin açık olması, gözünün gönlünün dar olmaması.

Kahramanlık.

Düşmanlarını, aylarca süren uzaklıktan korkutabilecek bir cesaret.

Ve yumuşak huyluluk.

Merhamet.

Acıyarak, şefkatle davranmak.

Debşelem Şah:

– Bunlar içinde sizce en önemlisi hangisi? diye sordu.

Yaşlı filozof düşündü bir süre:

– Bence, dedi, en vazgeçilmez olanı, yumuşaklıktır. İnsanlara merhamet etmek, acıyarak, severek, koruyarak davranmaktır.

Debşelem Şah, tekrar sordu:

– Niçin vazgeçilmez oluyor yumuşak huyluluk hocam?

– Çünkü, dedi Beydebâ, sevgili padişahım, herşeyden önemlisi, insana insanca bir şefkatle davranmayı başarabilmektedir. Sözün gelişi, el açıklığıyla bazılarının gönlünü kazanabilirsin. Fakat onlara yumuşak davranmazsan nefretlerini çekersin. Ya da cesaret ve kahramanlıkla çok ülkeler fethedebilirsin. Fakat, kalpleri kazanmak, yumuşakbaşlılıkla mümkün olur. Yoksa korkusuzluk tek başına bazen hiç de iyi bir özellik sayılmaz. Veya cömertlik tek başına yeterli bir davranış değildir.

Büyüklüğün gereği alçakgönüllülüktür.

Başarı elde etmek kimi zaman insanı büyüklenmeye itebilir.

Böyle durumlarda, insanlara yüksekten bakmak, kendisini erişilmez görmek sevgi değil, nefret doğurur.

Demek ki, gerçek büyüklük, nefsini küçük görebilmektedir.

Debşelem Şah, filozoftan, bu konuyla ilgili bir öykü olup olmadığını sordu.

Yaşlı Bilge de:

– Olmaz olur mu sultanım, dedi, sayısız öyküler söylenmiştir, yaşanmıştır bu konuda.

Ve Beydebâ, yeni bir hikâyeye daha başlıyordu.

Gönlü Yüce Padişah

Bir varmış bir yokmuş,
Allahın güzel kulları sayılamayacak kadar çokmuş.

Evvel zaman içinde

Kalbur saman içinde

Cinler cirit oynarken

Eski viran içinde

Dünya dünya olmazken

İnsan ona doymazken

Rum imparatorlarına Kayser,

İran padişahlarına Kisra,

Çin sultanlarına Hakan denmezken

Ülkeler içinde uzak bir ülke

Sultanlar içinde yüce bir sultan

Hindistan'ın sarayında Hilar adında

Bir padişah otururdu.

Servet desen ondaydı.

Güçlü ordu onda.

Hele hele adaletli yönetimiyle dünyaya örnek olmuştu.

İki oğlu vardı padişahın.

Süheyl ve Mah adında.

İkisi de iyi yetişmişti. Korkusuzdular. En güçlü hocalardan ders almışlardı. At binmeyi, ok atmayı, mızrak kullanmayı henüz çocukken öğrenmişlerdi.

Babaları, halkına karşı adaletli davranmakla, onlara iyi bir öğretmen olmuştu.

Anneleri, eşsiz bir İran güzelliği taşırdı üzerinde.

Hilâl gibi kaşları, sürme çekilmiş gibi simsiyah gözleri, beline kadar inen kıvrım kıvrım saçları, iki kaşı arasındaki ben'iyle, çok güzel kıskandırmıştı.

Padişah olur da veziri olmaz mı.

Hilar Padişahın da akıllı mı akıllı bir veziri vardı.

Adı, Bilar'dı.

Hemen her konuda, özellikle de çözülmesi güç problemlerde ona danışılırdı.

Eli çabuktu.

Vezirin bir de yazısı güzel bir kâtibi vardı.

Seyislerin özenle baktıkları iki fil, iki deve ve cins bir arap atı...

Padişahın geziye çıktığında yanında götürdüğü hayvanlarıydı bunlar.

Uzun yola dayanıklıydılar.

Hilar Sultan, yönetimle ilgili işlerin çoğunu vezirine bırakmıştı. Vezir, padişahın ne düşündüğünü bildiği için, genellikle onaylayacağı kararlar verirdi.

Deneyimli bir idareci olduğundan, çoğunlukla aksamadan yürürdü devlet işleri.

Padişahsa, bundan yararlanarak sık sık eğlenceler düzenlettirirdi sarayda.

Gümüş işlemeli kılıcını parlatır.

Ahıra iner, hayvanların durumunu kontrol ederdi.

Günler sessiz sedasız geçip giderken, ateşe tapan grubun çıkardığı karışıklık ülkede önemli bir sorun oldu.

Mecusî de denilen bu grup, Hind dinine bağlı halk üzerinde önemli bir etki yapmağa başlamıştı. Kendi inançlarını yaymak amacıyla her türlü hileye başvuran mecusîlere karşı, Padişah vezirini görevlendirdi.

Ateşetaparlar, olağan kimseler değillerdi. Her birisi bir bilim dalında uzmanlaşmıştı.

İlginç bilim alanlarında sürekli yenilikler yaparlardı.

Vezir Bilar, hemen harekete geçti.

Eylemcileri birer birer belirleyerek çoğunu öldürdü.

Dört yüz kadarını da zincire vurdurttu.

Ve Padişahın huzuruna getirdi.

Hilar Şah, esirlere, öncelikle yumuşak davranılması gerektiği görüşündeydi.

– Kimsenin kılına dokunulmasın, diye emir verdi.

Sonra vezirine:

– Bunları uzmanı oldukları alanlarda sarayın çeşitli bölümlerinde çalıştırın, dedi.

Böylece bu sorun da atlatılmıştı.

Padişah, tekrar eğlencesine devam etti.

Gece, uykudayken bir ses işitti.

Uyandı.

Çevreyi dinledi.

Tuhaf bir sesti bu.

Fakat uyandıktan sonra kesilmişti.

– Allah Allah! düş gördüm galiba, diyerek yeniden uykuya daldı.

Çok geçmeden bir düş gördü.

Rüyâsında, dolunay gibi parlak iki balık; kuyrukları üzerine dikilmiş, kendisini selamlıyordu.

"Hayırdır inşallah" dedi.

Korkuyla uyandı.

"Böyle kâbuslar görmektense uyanık durmak daha iyidir" diyerek yatağında bir süre oturdu.

Fakat biraz sonra gözkapakları aşağı indi. Tekrar uyudu.

Bu kez, düşünde, bir kazla, uzun boyunlu iki ördeğin havada uçtuklarını görüyordu.

Hayvanlar, durup durup:

"Gaak gaak, vaak vaak" diye bağırıyorlardı kendisine.

Bir kez daha uyandı korku içinde.

"Allah'ım sen büyüksün, neden böyle tuhaf düşler görüyorum" diye mırıldandı.

Bir süre uyanık durduktan sonra bir kere daha daldı uykuya.

Bu defa, yeşil renkte, üzerinde siyah ve beyaz benekler bulunan bir yılanın bacağına sarıldığını görmüştü.

Fırlayarak uyandığında alnında boncuk boncuk terler birikmişti.

Kalbi küt küt çarpıyordu.

"Neler oluyor, aman Allah'ım, bu düş de neyin nesi" diye bağırdı.

Kalktı, odada biraz gezindi. Adamlarını uyandırsa mıydı?

Hayır hayır, sonra kendisini korkaklıkla suçlayabilirlerdi. Ya da, bir gecede bu kadar çok düş görüldüğüne inanmazlardı.

En iyisi tekrar uyumak, diyerek uzandı yatağa.

Bildiği bazı duaları okudu.

Daldı.

Bir kez düş kıskacına almıştı padişahı.

Kolay kolay bırakmazdı.

Yine rüyânın ürkünç kucağına düştü.

İlginç bir düştü bu. Vücudu tepeden tırnağa dek kızıl kan içindeydi.

Uyandığında ürpermeyle baktı bedenine.

Hiç bir şey yoktu.

Artık uykunun sersemletici etkisinden de kurtulamıyordu.

Birbiri ardısıra yedi kez düş gördü.

Uçarcasına giden bir ata binmişti. Rüzgârla yarışıyor gibi, atın yeleleri havada dalgalanıyordu. Bir pelerin vardı omuzunda.

Sonra, başının üzerinde, alev alev bir yangının yükseldiğini görmüştü.

Ardından bir kuş başına konmuş, sürekli beynini gagalıyordu.

Korku verici bir bağırtıyla uyandı.

Yatakta doğrulduğunda, ne denli yüksek bir çığlık attığını kendisi de bilemedi.

Bir anda saraydakiler ayaklandılar. Herkes çığlığın geldiği tarafa koşuştu.

Padişah, yataktan kalkmış, şaşkınlık içinde, olup bitene bir anlam bulmaya çalışıyordu.

– Yok bir şey, gidin, beni yalnız bırakın, dedi toplananlara.

Ne yapacağını şaşırmıştı Hilar Şah. Anlatsa gördüğü rüyâyı, kimbilir neler düşüneceklerdi. "Çıldırmış bizim padişahımız" derlerdi, ya da "artık bunadı, kötü düşler, sanrılar görüyor" diyerek yüz çevirirlerdi ondan.

Hilar Şah düşündü, taşındı, ne yapsaydı, kime söz etseydi gördüklerinden.

Sonunda bir çıkış yolu geldi aklına, doğru ya, sarayın çeşitli dairelerinde çalışan mecusî tutsaklar vardı, onların arasında bulunurdu böyle kişiler. Düş yoran, rüya tâbir edenler. Simya biliminden anlayanlar, hipnotizma, manyetizma bilginleri...

Vakit geçirmeden buyruk verdi. Teker teker huzura alındı ateşetaparlar. Padişah bir bir anlattı gördüğü rüyâyı.

İçlerinden biri:

– Ey şanı yüce Padişah! dedi.

Düşleriniz gerçekten çok önemli. Üstelik de çok ilginç. Fakat bize süre vermelisiniz. Bir anda tabir etmek güç bizim için. İzniniz olursa, gidip diğer arkadaşlarımıza da danışmalıyız. Onların yorumlarını da almalıyız ki, sağlıklı bir sonuca varabilelim.

Hilar Şah, düşündü, doğru söylüyorlardı. Üstelik başka çaresi de yoktu.

– Yalnız, dedi gürleyen sesiyle, kimse duymayacak bunu, bir sır olarak saklayacaksınız. Eğer açığa vurursanız ben de kellenizi vururum bilmiş olun!

Mecusîler arkadaşlarının yanına döndüler hemen. Dörtyüz ateşetapar biraraya geldi, danışıp söyleştiler.

İçlerinden kurnaz biri şöyle dedi:

– Bu, bizim için önemli bir fırsattır arkadaşlar. Öcümüzü alacağımız an gelmiştir. Hilar denilen alçak arkadaşlarımızın kanını dökmüştür. Ulusumuzu kırıp geçirmiştir.

Kaygıyla karşılandı bu düşünce.

Diğeri, sürdürdü konuşmasını:

– Hemen tepki duymayın söylediklerime, bir dinleyin hele.

Padişahın düşlerini öyle yoralım ki, ölümünün yakın olduğunu sansın. Kurtulması için ölümden de, en yakın adamlarını gözden çıkarması gerektiğini söyleyelim. Aralarına bir kez sokarsak fitneyi artık kendilerine gelemezler. Bir kıvılcım tutuşturabilirsek yangını büyütürüz.

Hemen herkes benimsedi bu öneriyi.

Rüyâsını nasıl yorumlayacaklarını konuştular. Söz birliği ettiler. Kime sorulursa aynını söyleyecekti.

Padişahın huzuruna çıkmak istediğini bildirdiler vezire.

Divana girdiklerinde yaşlı bir mecusî söz alarak şöyle konuştu:

– Devletli Padişahım! Düşündük taşındık, şimdiye dek edindiğimiz tabir bilgileri ışığında, düşünüzü yorumladık. Fakat size olumlu şeyler söyleyemeyeceğiz. Rüyalarınız, yakında dehşet verici olayların meydana geleceğini bildiriyor.

Padişah kaygıyla dinliyordu.

– Yakınlarınız tarafından başınıza kötü işler açılacak. Önlemini almazsanız, ilerde geç olabilir. Sözgelimi, kuyrukları üzerine yükselerek sizi selamlayan iki ışıklı balık, oğullarınızdır. Ayağınıza sarılan benekli yılan, eşiniz İraht'tır. İki ördekle kaz ise, fillerinizdir. Develerinizi, hizmetçi biçiminde görmüşsünüz. Başınızda yanıp duran ateş veziriniz Bilar, tepenizi gagalayan kuş ise, kâtibinizdir.

Padişah korkunç bir şey duymuş olmanın dehşeti içindeydi.

Alnından ter taneleri süzüldü aşağı doğru.

Titremeye başladı elleri.

Bir aralık doğrulmuştu yerinden, tekrar yığılıp kaldı tahtında.

– Bunların yüzünden çıkacak olayları nasıl önleyebilirim?

Yaşlı Mecusî:

– Sözü geçenleri hemen idam ettirmelisiniz. Başlarını vurdurup kanlarını bir havuza doldurmalısınız. Sonra biz dörtyüz ateşetapar biraraya gelip dualar okuyacağız. Havuza girip yıkanacaksınız. Böylelikle, sonugelmez belaları başından önlemiş olacaksınız.

Padişah ansızın fırladı oturduğu tahttan:

– Neler söylüyorsun be adam! Karıncayı incitmekten kaçınan biriyim ben. Sonunda ölüm dahi olsa, kimsenin kılına dokundurtmam, diye bağırmaya başladı.

Kurnaz Mecusî, sesine hüzünlü bir ton vererek:

– Kuşkusuz, kimse bir yakınının kılına dokunmak istemez

sultanım, dedi. Fakat can canandan tatlıdır. Sonuçta kendiniz için doğacak olumsuzlukları göze alıyorsanız, siz bilirsiniz, karar sizin. Bize danıştığınız için yaptık bu yorumu.

Hilar Şah, huzurundan çıkardı mecusîleri.

Duydukları sanki bir kâbus daha yaşatmıştı ona. Ah o rüyâlar! Bir türlü çıkmıyordu içinden. Sanki sürekli karşısında canlı duran bir resim, bir görüntü gibiydi. Her anı, düşlerle yaşıyordu.

"Ya söyledikleri gerçekse o ateşetaparın?"

Günlerce kapandı odasına.

Koca padişah tanınmaz bir haldeydi.

Sanki on yıl ihtiyarlamıştı on günde.

Her şey, o uğursuz gece başlamıştı.

"Oğullarım, aman Allahım! Olamaz, nasıl onların kanıyla yıkanırım ben, ya karım, dünyalar güzeli hayat yoldaşım, eşim; biricik arkadaşım, vezire ne demeli, Bilar Ray, bulunmaz bir yeteneğe ve zekaya sahip o suçsuz adam... Hayır hayır! Olamaz, bu gördüklerim, işittiklerim gerçek olamaz, biri uyandırsın beni bu kâbustan..."

Sanki zehir katılmıştı aşına.

Ne yiyor, ne içiyor, kendi halinde, sessiz geziniyordu sarayın koridorlarında.

İzbelerde, karanlık kuytularda.

O şen şakrak padişah gitmiş, yerine korku ve kuşku dolu bir deli gelmişti.

Artık eğlence, şenlik düzenlemek yasaktı sarayda.

Padişahtaki değişim ne vezirin gözünden kaçtı, ne de eşinin ve şehzâdelerin.

Vezir akıllıydı gerçekten, deneyimliydi.

Üstelik Şah, sık sık ateşetaparlarla gizli saklı toplantılar yapıyordu. Neydi bunun altında yatan?

Kendisine gidip sormaya cesaret edemedi vezir.

Düşündü, taşındı, en iyisi gidip hanımefendiye sormaktı.

Ve Iraht Sultan'ın huzuruna vardı bir gün.

– İşin içyüzünü bir tek sizin bileceğinizi düşündüm Sultanım, dedi. Padişahımıza son günlerde garip bir hal oldu sanki. Oldukça sessiz, durgun, neşesiz. Ayrıca merakımı bağışlarsanız nedir bunun nedeni.

İraht Sultan da bilmiyordu.

– Doğrusu benim de dikkatimi çekti, dedi, fakat bana biraz kırgın, sormaya cesaret edemem.

Vezir haklıydı:

– Mutlaka birşeyler yapmalıyız sultanım, dedi, padişahımızın üzüntüsü bizim üzüntümüzdür, neşesi bizim neşemiz. Herkes üzerine düşeni yerine getirmeli kusursuzca. Bunun anahtarı da sizsiniz. Çünkü ona çok yakınsınız. Ne de olsa eşisiniz. Kırgınlığı atın bir yana, toplayın cesaretinizi de sorun bir kez, öğrenelim işin aslını.

İraht Sultan, vezirin kendisini yüreklendiren sözlerini de alarak arkasına, huzura çıktı. Padişaha üzüntü veren şeyin nedenini sordu.

Hilar Şah, kestirip attı:

– Bazı durumlar olur ki, ne sen sorabilirsin ne ben söyleyebilirim, lütfen üsteleme.

İraht Sultan da kararlıydı artık:

– Eğer bunca yıllık birlikteliğimizi itiyorsan bir yana, ne ben sorayım ne de sen söyle, fakat karı-koca oluşumuzun varsa küçücük bir hatırı, lütfen söyle.

Padişah uzun uzun düşünceye daldı bir zaman.

Sonra toparlayarak kendisini, anlattı bir bir.

İraht Sultan oldukça sâkin görünmeye çalışarak,

– Düşündüğün şeye bak, dedi; Yüce Allah bir dert yaratmış indirmiş yeryüzüne, ardından bir de dermanını. Senin sağlığın selametin yoluna hepimizin canı feda olsun. Gerekiyorsa gözümüzü kırpmadan uğrunda ölmeye de hazırız.

Padişahın gözleri doldu. Yutkundu. Sanki boğazında bir şey düğümlenmişti.

– Lütfen, dedi böyle konuşma, senden önce ben ölürüm.

Sensiz dünyayı ne yapayım ben.

Iraht Sultanın gözlerinde bir umut ışığı parladı:

– Korkarım bu vehimlerle sizi huzursuz edenler kasıtlı olarak yapmaktalar bunu. Hele ki o alçak mecusîler öç almayı düşünmüş olmasınlar. Rüyâlarınız hiç de öyle kötüye yorulacak gibi değil bence. İzniniz olursa, Karidon adında bir düşünürümüz var, bir de ona danışalım, ne dersiniz?

Padişah'ın yüzü günlerden beri ilk defa güldü.

– Niçin olmasın, dedi, hemen çağırtalım onu.

– Olmaz, dedi Iraht Sultan, o, dünyadan el etek çekmiş bir mağarada yalnız başına yaşar. Dışarı da çıkmaz hiç. Biz gitmeliyiz ona.

– Gidelim, dedi Hilar Şah.

Doğruca filozofun yaşadığı mağaraya gittiler.

Gelenin padişah olduğunu görünce, kapıya dek çıktı Karidon, mutluluk dolu bir yüzle karşıladı onları. Yanında bulunanlardan ikram etti, saygıyla, sevgi dolu bir yürekle "hoşgeldiniz, safalar getirdiniz" dedi.

Padişah olup bitenleri anlattı.

Yaşlı filozof dinledikçe renkten renge giriyordu.

Hilar Şah'ın sözü bitince,

– Şanı yüce padişahım hiç meraklanmasınlar, dedi.

O ateşetapar ulus, bize düşmanlıkta demek bu kadar ileri gittiler?..

Az daha onarılmaz, geri dönülmez bir felakete sürükleyeceklerdi sizi.

Düşlerinizde birbirinden güzel mutlu haberler var.

Korku değil, sevinç verici rüyâlar görmüşsünüz.

Size selam veren balıklar, yakında huzurunuza gelecek olan Serendipli elçilerdir.

Filler, bunların getirecekleri ağır armağanlardır. İki ördek ve kaz ise, Delhi padişahının göndereceği atlardır. Yılanı, mücevherlerle süslü bir kılıç olarak belinize kuşanacaksınız, o da bir armağandır. Vücudunuza bulaşan kızıl kana gelince, Gazne hükümdarının bir hediyesidir o, oldukça süslü bir kaftan.

Ata biniyorsunuz, bu da çok müjdeli bir düş. Yakında, egemenliğiniz genişleyecek. Şam ve Mısır ülkelerinin sultanları, buyruğunuza girecekler.

Başınızda parlayan ateş, gerçekte bir taçtır.

Sizi çok seven Seylan padişahının armağanı.

Filozof Karidon, sözün burasında bir süre düşündü, bakışlarına biraz kaygı bulaştı.

– Başınızı gagalayan kuşa gelince, bu, sizin bir zaman üzüntü dolu günler yaşayacağınızı gösteriyor. Çok sevdiğiniz birisi, fazla yüz bulmuş anlaşılan.

Birşey daha var. Düşleri peşpeşe görmenizin de bir nedeni var, sözünü ettiğim armağanlar ve konuklar birbiri ardısıra gelecekler size.

Hilar Şah ve Iraht Sultan, hakimin yorumlarını dinledikten sonra çok mutlu olmuşlardı. İçleri rahat saraya döndüler. Padişah, filozofa hediyeler vermek istedi, bilge kabul etmedi bunu.

– Beni buraya kadar gelmekle onurlandırdınız, bu bana yeter, dedi.

Padişah saraya döndüğünde mutluluktan uçuyordu.

Aradan bir hafta geçmişti ki, peşpeşe elçiler, armağanlar sökün etmeğe başladı.

Filozofun dedikleri bir bir çıkıyordu.

Yalnız Hilar Şah'ı değil, bütün saray halkını sevindirmişti bu.

Vezir, öteden beri padişahın yaşadığı kâbusun dağılmasına ne kadar sevinmişti.

"Çok şükür Hilar Şah eski durumuna kavuştu" diye rahatlamıştı.

Padişah, kendisine kötülük yapmalarına karşılık mecusîleri cezalandırmadı.

Gelen armağanlardan bir kısmını da onlara dağıttı.

Hediyeler arasında görkemli bir elbiseyle zümrüt işlemeli taç en çok gözkamaştıranıydı.

Hilar Şah, tacı eşine; giysiyi de vezirine vermeyi düşünmüştü. Vezir:

– Bu göz alıcı elbise de sultanımıza yaraşır, lütfen o alsın, dedi.

Padişahın bu sıra, Efruz adında eşsiz güzellikteki cariyesi dikkatini çekmişti.

Kenarda, kendi halinde duruyordu.

Herkes gibi bakışları, armağanlara çakılıp kalmıştı.

Kimbilir gönlünden neler geçiyordu.

– Gel Efruz, dedi Padişah.

Dalgınlıktan sıyrılan güzel cariye, ürkek adımlarla yaklaştı.

– Bu elbise senin, al bunu.

Utanç içindeydi kadın, yüzü kıpkırmızı kesilmiş, başı öne eğilmişti.

– Al al çekinme, haydi al bakalım, diye ısrar edince Padişah, çaresiz titreyen ellerini uzattı Efruz.

Gerçekte Padişah, eşleri ve cariyeleri içinde en çok Efruz'u beğenirdi. Güzellikte ne denli benzersiz olduğu apaçıktı.

Iraht Sultan içten içe bir kıskançlık ateşiyle kuşatıldığını hissetti, bir şey diyemedi, yutkundu kaldı.

Günler sonra patlak verecekti olay.

Ve padişah, Iraht Sultan'ın elindeki tacı da alacak, Efruz'a bağışlayacaktı.

Hatta, gözünü kırpmadan eşinin idamına karar verecekti.

Vezir, Padişahın kararı karşısında ne diyeceğini şaşırmıştı.

Yıllardır sarayda, Efendi'sinin sadık bir yardımcısı olmuştu. Iraht Sultan gibi, seçkin bir insanın bir çırpıda gözden çıkarılmasına gönlü razı olmadı. Sultan'ı, "boğdurttum" diye yalan söyleyip, uzakta bir şatoya gönderdi. Orada güven içindeydi.

An gelir, insan verdiği karardan dönme gereğini hisseder.

Dün ak dediğine, bugün kara diyebilir.

Padişah Hilar Şah da, aylar önce verdiği ölüm kararından ötürü pişmanlık içinde kıvranıyordu. Biricik eşi, oğullarının anası, akıllı, yetenekli, becerikli Sultan'a nasıl da kıymıştı.

Günlerce acıdan nasıl yaşadığını bilemedi Hilar Şah.

Veziri Bilar'ı çağırttı huzuruna,

— Ben kendimi kaybedip böyle bir yanlışlık işledim. Kızgındım, ne yaptığımı bilemiyordum, Efruz'un güzelliğinin sihrine kapılmıştım. Ya sen, Vezir; senin de mi basiretin bağlandı. Sultan'ın gözümüzün nuru, gönlümüzün ışığı olduğunu bilmez miydin, güzelim canına kıyılacak kadar suçlu muydu, söyler misin?

Vezir, kurnaz kurnaz gülüyordu bıyık altından.

Başı öne eğik, sessizce dinliyordu.

— Vezir kimdir? Padişahın yanıldığını hissettiği yerde, yanlışın önüne geçen kimsedir. Doğrusu benim kadar sen de suçlusun Bilar. Kendimi bağışlayamıyorum, ama seni de doğrusu affetmek mümkün değil.

Vezir artık kendini tutamadı.

— Bu, dedi, size iyi bir ders oldu Padişahım.

Padişah şaşırdı, Bilar'ın korkusuzca huzurda konuşması garibine gitti.

— Artık, önemli bir konuda karar verirken ne denli dikkatli olmak gerektiğini öğrenmiş oldunuz. Fakat, bana az önce söylediklerinizden de pişmanlık duyacaksınız.

— Neler söylüyorsun sen be adam? diye çıkıştı Padişah.

— Sultanım efendimiz, yaşıyor, dedi vezir.

Hilar Şah'ın beyninde şimşekler çaktı.

— Neee, yaşıyor mu?

— Evet, bir gün gelecek pişman olacaksınız, diye içimdeki sese kulak verdim, yıllarını saray ve padişah hizmetine adamış bir sultanı öldürtmeye gönlüm elvermedi. Onu, Büyük Şato'ya gönderdim. Buyruğunuz olursa hemen gelecektir.

Hilar Şah, kulaklarına inanamıyordu.

Sevinçten gözleri yaşardı.

— Hemen, dedi, hemen, ne duruyorsunuz sersemler arabayı hazırlayın, ben gidip getireceğim kraliçemi.

* * *

Beydebâ, hikâyeyi bitirince:

– Görüyorsun, dedi, öfkeyle kalkan zararla oturuyor.

Debşelem Şah:

– Çok heyecan verici bir öyküydü, dedi. Gerçekten de kızgınlık sonucu verilen bir karar sonradan onarılması imkânsız yaralar açabiliyor insan hayatında. Hele, söz konusu olan bir padişahsa. Ve yönetime ilişkin bir konuysa...

Beydebâ'nın gözleri ışıldadı. Debşelem Şah'a övgü dolu bir ifadeyle baktı.

"İçinde konuşan gerçeğin dili sanki" diye düşündü.

ZAMAN, HAYATIN ÇİLİNGİRİDİR

B IR FILOZOF IÇIN belki de en önemli şey, söylediklerinin yankısını bulabilmektir.

Beydeba, bu bakımdan şanslı sayılırdı.

Debşelem Şah gibi zeki bir öğrencisi olmuştu ömrünün son günlerinde.

Hayatını düşünce ve hikmet bilgisine harcamış olan Yaşlı Bilge, Debşelem Şah'ın bulduğu vasiyetin onüçüncü bölümünü açıklayacaktı şimdi.

İbranice öğütlerin bu bölümünde, padişahın birlikte çalıştığı insanlara güvenebilmesi gerçeği yer alıyordu. Bunun yolu ancak güvenilir kimselerle birlikte olmaktan geçiyordu.

Padişah:

— Bu apaçık bir gerçek kuşkusuz hocam, dedi, fakat örneklerle derinleştirebilir miyiz konuyu?

Beydebâ,

— Şimdiye dek güvenden söz ettik, dedi. Ama, insanlararası ilişkilerde güven kadar önemli bir başka şey daha yoktur. Ne denli durursak duralım üzerinde yine de eksik sayılır anlattıklarımız.

Güven, öteden beri gerçek inanç sahiplerinin dayandığı bir temel olmuştur.

En güzel uygarlıklar, en güçlü imparatorluklar hep güven yamacında yeşermiştir.

Bir yöneticinin belki de vazgeçilemez ölçüde muhtaç olduğu özelliktir güven.

Güvensiz gerçek insandan söz edemeyiz.

Padişah ne zaman güvenin padişahı olursa, o an gerçek hayata uyanmış sayılır.

Bu hikmeti açıklayan ibret verici hikâyeler vardır.

Bir kuyumcu ve gezginle padişah arasında geçen hikâyeyi anlatmadan geçemeyeceğim.

Debşelem Şah, öyküyü anlatmasını rica etti Bilge'den.

O da başladı anlatmaya.

İnsanlar Zulmeder, Kader Adalet Eder

ZAMANIN BIRINDE, Halep'te adaletiyle dört bir yana ün salmış, bir padişah yaşardı.

Kendi halkı dışında, komşu ülkelerin insanları da severlerdi onu.

Ülkesini sevgiyle yönetirdi.

Kolay kolay kızmazdı.

Yüzünden, insanı içten içe kavrayan bir gülüş eksilmezdi.

Bir de kızı vardı padişahın.

Dünyalar güzeli bir sultan.

Onun da benzersiz güzelliği dillere destan olmuştu.

Gülünce sayısız güller açılırdı yüzünde.

Gözleri bir tuzaktı insanlar için. Bir kez düşünce ellerine, kolay kolay kurtulamazdı insan.

Babasının bir tanesiydi kızı.

Onun için deli divane olurdu.

Üzülecek olsa, ondan daha çok üzülür; sevincinde daha fazla sevinirdi.

Sultan'ın takıları, süs araçları başlı başına bir hazine oluşturmaktaydı.

Öyle ki, küpeler, gerdanlıklar, bilezikler hele yüzükler... Her biri, uzak bir ülkeden getirtilmiş akikler, zümrütler, yâkutlar ve incilerle süslenmişti.

Sultan kız düşkün mü düşkündü süse, inciye, mercana.

Babası, onun bu tutkusunu bildiği için başka ülkelere gönderdiği elçilere, sürekli, süs eşyası ısmarlardı. Saraya gelen armağanların çoğu Sultan Kız'a verilirdi.

Doğum günü yaklaşıyordu kızının. Padişah, bu günün anısına, eşsiz güzellikte bir takı yaptırmak istedi.

İşlemeci bir usta arandı.

Halepli bir kuyumcuyu önerdiler Padişah'a.

Şöhreti çevre ülkelere taşmış bir kuyumcuydu bu.

Padişah, hemen saraya getirilmesini buyurdu. Bulup getirdiler apar topar.

Gerekli takılar, süs eşyaları ısmarlandı. Belirli bir süre verildi. Kuyumcu gidip harıl harıl çalışmaya başladı.

Padişah, Sultan Kız'a:

— Yakında sana yeni mücevherler armağan edeceğim dedi, ülkenin en iyi kuyumcusu yapıyor senin için.

Sultan'ın sevincine diyecek yoktu.

— Arslan babacığım benim, sen padişahların da babaların da en iyisisin, diyerek boynuna sarıldı babasının.

Sonunda verilen tarihte, kuyumcu yaptığı süs eşyalarını getirdi.

Getirdi ki ne takılar...

Şimdiye dek yapılanların en iyisi.

Eşi benzeri bulunmaz türden.

Sanki, kuyumcu gözünün nurunu, alnının terini, kalbinin inceliğini işlemişti takılara.

Padişah, hayretler içindeydi.

– Bunları sen mi yaptın kuyumcu? dedi, doğrusu yaman bir sanatkârmışsın, bravo sana.

Ve buyurdu, kuyumcuya şimdiye dek kazandığından daha çok para verdiler.

Kuyumcu, bu olaydan sonra, ayağını saraydan hiç eksik etmedi.

Padişah da bayılmıştı adamın sözüne sohbetine.

Açık sözlüydü.

Kurnazdı. Nerede neyi konuşacağını iyi biliyordu.

Hele hele Sultan Kız'ın mücevherlere bayılması, kuyumcunun Padişah'la daha da yakınlaşmasına neden oldu.

Sık sık geliyordu saraya. Padişah'la söyleşiyordu.

Sultan Kız, perde arkasından kuyumcunun sesini işittiğinde kalbinde bir coşku duyuyordu.

Kimi zaman tahta perde aralığından seyrediyordu adamı.

Yakışıklıydı da hani.

Sultan Kız, bakınca ona, yüreği küt küt atıyordu.

Sonunda olan oldu.

Padişah kuyumcuyla kırk yıllık dostmuş gibi iyice yakınlaştı.

Önemli devlet sırlarını konuşur oldular.

Sorgusuz sualsiz huzura girip çıkmaya başladı.

Padişahın devlet yönetimiyle ilgili işlerde eşine az rastlanır bir veziri vardı.

Durumu kaygıyla izliyordu.

Ülkenin en büyük idarecisi, nasıl olur da bir kuyumcuyla bu ölçüde yakın bir ilişkiye girerdi. Akıl erdiremiyordu vezir. Padişahı canından çok severdi. Gidip, uyarmak istedi onu. Bir süre kararsız bekleyip durdu. Sonunda dayanamayıp huzura çıktı.

– Efendimiz, dedi Vezir, gerçi değerli zamanınızı almak gücüme gidiyor, fakat üzerime düştüğü için izninizle bir konuda düşüncelerimi sunmak istiyorum.

Padişah meraklandı:

– Buyur sevgili vezirim, seni dinliyorum.

– Böylesi bir konuda fikrimi açıklamamı yadırgayabilirsiniz. Fakat sizi gerçekten sayan ve seven bir adamınız olarak, bir bakıma borç oldu bu üzerime.

– Sözü uzatmana gerek yok vezir, söyle ne söyleyeceksen.

– Tabî efendim. Son günlerde bendenizi kaygılandıran bazı şeyler oluyor.

– Ne gibi?

– Kuyumcudan söz etmek istiyorum.

– N'olmuş kuyumcuya?

– Kuşkusuz öteden beri padişahlar sanatçılara ilgi göstermiş, onları desteklemişlerdir. Hatta, unutulmaz armağanlar, bağışlar vermişlerdir. Yalnız, hemen hiç biri, özel konuların görüşüldüğü toplantılara katmamışlardır onları. Hareme girecek kadar yakınlaştırmamışlardır.

Vezir, sözün burasına bir nokta koydu ansızın.

Çok ileri gittiğini düşündü.

Padişah, sessizce dinliyordu onu.

Vezir, sürdürdü konuşmasını:

– Şanı yüce padişahımızın yanlış anlamayacağını umarım. Kuşkusuz valide sultanları da Sultan Kız'ımızı da düşünmek bize düşmez, bizden önce padişahımız efendimizin duyarlı olduğunu biliriz. Fakat, kuyumcunun saraydaki rahat davranışları pek yakışık almıyor gibi. Ya da bana öyle geliyor.

Padişah susuyordu. Anlaşılan vezirin söyledikleri hoşuna gitmemişti.

Vezir, sözü tekrar aldı:

– Dikkat bakımından Padişah'ımızdan ilerde olduğumuzu sanacak kadar küstah değiliz. Fakat, efendimizin yöneticilik niteliği de, kuyumcu gibi sıradan insanların bilgi alanına girmemeli.

Burnunu fazlaca sokmaya başladı saraya. Dikkat ediyorum,

bizden birisini ödüllendirseniz kıskançlık içinde kıvranıyor.

Hikmet üstadları, "insanların en alçağı, başkasının kazandığı ilgi ve sevgiyi çekemeyenlerdir" demişler.

Bu durumda, kuyumcu sorununun Padişahımızca çözülmesi gereğine inancımız da tamdır.

Padişah, bir zaman düşündükten sonra:

— Kuyumcu sorunu diye bir sorun olduğunu sanmıyorum. İyi niyetli olduğuna eminim. Sen de biraz büyütüyorsun galiba bu işi, ha ne dersin?

— Padişahımız daha sağlıklı düşünür kuşkusuz, fakat fazla değil az söylediğimi sanıyorum efendim.

— Yahu ne demişler, "yüzü güzel olanın huyu da güzel olurmuş." Kuyumcu, hiç de senin kuşkulandığın gibi fitneci, çıkarcı bir adama benzemiyor.

— Her ne kadar bazı insanların dış görünüşü güzel olursa da, bu onların ahlak bakımından güzel olduğu anlamına gelmemeli.

Güzel huy, güzel eğitim görmüşlere özgüdür.

Padişah, vezirin dilinin altında bir bakla olduğunu sanarak,

— Senin gizlediğin bir şey var sanki dedi.

— N'olacak Padişahım, içimdekini apaçık söyledim size.

— Sen, dedi Padişah, meraklanma vezir, bir sorun çıkaracağına kanaatim gelirse önce ben geçerim harekete.

Vezir, "herhalde vardır bir bildiği padişahımızın" diyerek huzurdan ayrıldı.

Zaman bir aydınlıktı.

Nasıl olsa bir gün er-geç içyüzü ortaya çıkacaktı kuyumcunun.

Aradan bir hayli zaman geçti.

Sanki göz açıp kapayıncaya dek geçti.

Vezirin sandığının aksine, kuyumcu daha çok sevgisini kazandı padişahın.

Artık saray, ikinci eviydi.

Hemen her gün gelip gidiyordu.

Sultan Kız'a yeni bir taç yapıyordu.

İnciye, yakuta gerek duyuldu.

Hazineden bir kısmı karşılandı. Yine de eksikti. Kuyumcu, oldukça zengin bir tüccarın kızında taç için gerekli taşların varolduğunu biliyordu. Sultan Hanım'a anlattı. Kıza haber salındı. Sultan Kız'a gelip, kendisinde bu tür akiklerin, yakutların olmadığını söyledi tüccarın kızı. Kuyumcu ısrarla, varolduğunu söylüyordu. Sultan Hanım'ın canı çok sıkılmıştı. Tüccarın kızını, saray adamlarına teslim etti. Günlerce işkence ettiler kızcağıza. Binbir türlü naz, binbir türlü niyaz içinde büyümüştü kız. İşkenceye dayanamayarak ölüp gitti.

Biricik kızının böylesine korkunç bir cinayete neden olduğundan habersizdi padişah. Olay kısa zamanda halk arasında yayıldı. Padişahın durumu bildiğini sananlar ona lanetler yağdırmaya başladılar.

Vezir üzüntü içindeydi.

Padişaha halkın duygularını bildirmek üzere huzura çıktı.

– Efendimiz, böylesi önemli bir durumda, sessiz sedasız kalmak şanınıza yakışmıyor. Lütfen suçlu kimse cezasını en kısa sürede veriniz, dedi.

Bir şey anlamadı bu sözlerden Padişah.

– Yine neden söz ediyorsun Allahaşkına?

– Sarayda işlenen acı cinayetten haberiniz olmadığını mı söylemek istiyorsunuz?

– Ne cinayeti vezir, açık konuşsana.

Vezir olanları bir bir anlattı padişaha.

Yüreğine inecekti az daha.

Olayı hemen araştırıp, kızıyla eşini uzak bir bağa sürdürdü. Ve geçici bir süre orada kalmaya mahkûm etti.

Bir tür tutuklamaydı bu.

Padişahın üzüntüsü anlatılamayacak gibiydi.

Vezir doğru söylemişti, uyardığı zaman gerekeni yapmamıştı.

Kuyumcu için ölüm buyruğu çıkarttı.

Fakat kurnaz adam, önceden haber alarak kaçmıştı.

Bir gün sultanın tutuklu bulunduğu bağdaki eve gitti.

Gizlice görüştü.

Sultan Kız, ateş püskürüyordu kuyumcuya:

– Defol alçak! Sana uyup zavallı kızın kanına girmekle kalmadım, babamın da hışmına uğrayarak özgürlüğümden oldum. Hemen defol, gözüm seni görmesin!

Kuyumcu, artık duramazdı orada.

Ayrıldı, üzüntü içinde. Bir yandan da pişmanlık duyuyordu.

Bir zaman serseri serseri dolaştı ortalıkta.

Sonunda yolu bir köye uğradı.

Köylüler, köyün girişinde gizli bir yere, yırtıcı hayvanlar için tuzak kurmuşlardı. Derince bir çukur kazmışlar, üzerini de çerçöple örtmüşlerdi.

Bir kaplan yavrusuyla maymun duruyordu tuzağın yanında. Kuyumcu, hırsla atıldı üzerlerine, yakalayıp satarım diye düşünerek. Hayvanlar bu ani saldırı karşısında ürktüler ve kuyumcuyla birlikte çukura düşüverdiler.

Kuyuda meğer bir yılan yok muymuş! Adamı aldı bir tasa. Belindeki hançeri çıkarıp hazır bekledi. Fakat hayvancağızların derdi ortaktı. Birbirleriyle dalaşarak ellerine bir şey geçmeyeceğini düşündüler. Sessizce beklemeye başladılar.

Çok geçmeden bir ayak sesi duydular.

Oradan geçmekte olan bir gezgin, onları görünce, "öncelikle adamı kurtarmalı" diyerek, kalınca bir halat sallandırdı çukura.

Kuyumcudan önce maymun davrandı. Ve bir çırpıda ipe tutunarak yukarı çıktı. Onu kaplan yavrusu ve yılan izledi.

Kuyumcu,

– Beni bırakmayın burada, lütfen beni de çıkarın, diyerek ağlamaya başladı.

Gezgin, elinden ipi tekrar sarkıtmak istedi.

Maymun atıldı,

– Bize yaptığınız bu iyilik için ne kadar teşekkür etsek azdır. Kaplan da yılan da, size en küçük bir zarar vermek düşüncesinde değil. Ben zaten zararsız sayılırım sizin için.

Madem gezginsiniz, yolunuz düşerse, yuvalarımıza bekleriz sizi de.

İyiliğinizin karşılığında bir şeyler sunmak isteriz.

Fakat bizden size öğüt olsun, lütfen kurtarmayın şu adamı, onun hayvanlara bir yararı yok ki, insanlara olsun.

Gezgin, maymunun söylediklerine pek kulak asmadı.

Üstelik, kuyumcuyu da tanımıştı.

Padişahın, ne denli önem verdiğini biliyordu ona.

Ne çare ki, son olaylardan habersizdi.

Sonunda ipi sallandırdı Gezgin.

Kuyumcu da tutunarak çıktı yukarı.

O da Gezgine teşekkür etti, adres bıraktı, yolu düştüğünde mutlaka uğramasını rica etti.

Ayrıldılar.

Her biri bir yöne doğru gitti.

Kuyumcu, yine epeyi zaman serseri serseri dolaştı.

"Padişahın kızgınlığı geçmiştir" diye düşünerek ülkesine geri döndü.

Kuyumcunun tahmin ettiği gibi padişah, artık yatışmıştı.

Aradan çok zaman geçmişti.

Kuyumcu, canını kurtarmıştı kurtarmasına ama, padişahtan eski ilgiyi de bulamadı.

Sultanı bile bağışlamamıştı çünkü.

"En iyisi, sessiz sedasız bir köşede durmak" diye düşünüp tekrar yalnızlık köşesine çekildi Kuyumcu.

Öte yandan Gezgin, o ülke senin bu ülke benim dolaşmış ve üçyüz altın kazanarak yurduna dönmek üzere yola koyulmuştu.

Derken karşısına azılı iki hırsız çıkarak neyi var neyi yok elinden almıştı.

Gezgini hırsızlar bir ağaca bağladılar. Ölsün diye bırakıp gittiler zavallıyı.

Çaresizlik içinde bağırıp durmaktayken adam, ansızın maymun çıktı karşısına.

Gezgini görür görmez,

– Vay! Sen bizi o derin çukurdan kurtaran adamsın. Aman Allahım, kim bağladı seni buraya? diyerek, ipi çözdü.

Gezgin, başından geçenleri anlatınca, maymun çok üzüldü.

– Haydi yuvamıza gidelim de dinlen orada biraz, dedi. Yola çıktılar. Gide gide evine geldiler. Maymun, türlü meyveler çıkarıp ikram etti Gezgin'e. Adamcağız kaç gündür açtı. Bir güzel karnını doyuruverdi.

Maymun:

– Siz, dedi, dinlenin, ben hırsızların peşine düşeceğim. Çok geçmez, altınlarınızı da alarak geri dönerim.

Ve Gezgin'in bir şey söylemesine fırsat vermeden hızla uzaklaştı.

Hırsızlar, epeyi zaman yol aldıktan sonra, bir çeşmenin başında dinlenmek üzere uyumuşlardı. Maymun sessizce heybelerini karıştırdı. Gezginin altınlarıyla birlikte diğer mücevherleri de alıp, yakında bir yere gömdü. Ağacın yüksek bir dalına çıkıp beklemeye başladı. Hırsızlar uyandıklarında, eşyalarının karmakarışık olduğunu görünce telaşlandılar.

Bu ıssız yerde kim yapardı bunu?

Biri:

– Bizim gibi bir hırsız olmalı, dedi.

– Saçmalama, dedi öteki, insan ne arasın burada, mutlaka cin-peri işidir bu, haydi durmayalım, kaçalım.

Korku içinde uzaklaştılar oradan.

Maymun dönüp Gezgin'e haber verdi. Geldiler, gömdüğü yerden çıkardılar altınları. Gezgin, böylece yitirdiğinden daha çoğunu bulmuştu.

Gezgin, Maymun'a teşekkür ederek ayrıldı.

Artık, doğruca ülkesine gidecekti.

Yolu ormana düştü.

Giderken ansızın korkunç bir ses işitti.

Korkudan olduğu yere çakıldı kaldı.

Birden, çalılıklardan bir kaplan çıkmasın mı? Az daha ödü kopuyordu Gezgin'in. Dizlerinin bağı çözüldü. Her yanı titriyordu.

Kaplan, salyalı ağzını açmış, iştahla yaklaşıyordu ona.

Birden durdu. Gezgin, gözlerini kapamış bekliyordu. Kurtulmanın imkânsız olduğunu sanıyordu. Ses çıkmayınca açtı gözlerini. Kaplan dile geldi:

– Aman Allahım, sen osun, sen, kuyudan beni kurtaran gezgin. Yahu ne arıyorsun buralarda?

Gezgin de hatırlamıştı Kaplan'ı.

– Ticaretimi yaptım, yurduma dönüyorum, dedi.

Kaplan:

– Şu gördüğün çiftlikte, padişahın kızı kalıyor. Bir de gerdanlığı var ki görme gitsin. Onu da alıp getireyim sana, kazancın iyice artsın. Ülkene zengin dönersin.

Gezgin:

– Bana, dedi, kanlı para lazım değil, lütfen böyle bir şeye kalkışma.

Kaplan üzüldü,

– Bak, dedi, darılırım sonra, sen unutamadığım bir iyilik yaptın bana, bırak da karşılığını vereyim.

Gezgin ne kadar direttiyse de Kaplan'ı razı edemedi.

– Peki, dedi, nasıl bilirsen öyle yap.

Kaplan, gidip bir süre sonra pençeleri ve ağzı kanlar içinde döndü. Elinde olağanüstü güzellikte bir de gerdanlık getirmişti.

Gezgin, gerdarlığı çaresiz alıp, düştü yola.

Şehre gelir gelmez, Kuyumcuyu merak etti.

Bir zaman aradıktan sonra, evini buldu.

Kuyumcu evdeydi.

– Oo sevgili dostum, nerelerdesin, epeyi zamandır yoktun?

Gezgin:

– Yeni döndüm, dedi.

Ve, Kuyumcuyla bir hayli söyleştiler. Gezgin, Kuyumcunun

artık padişahın gözünden düşmüş olduğunu öğrenince çok üzüldü.

– Üzme kendini dostun, dedi Kuyumcu, herşey olacağına varır.

Gezgin'in aklına ilginç bir fikir geldi:

– Bak, dedi, bende bir hayli mücevher ve altın var. Dilersen, tekrar işe başlayabilirsin, ortak bir dükkân açalım ha ne dersin?

Kuyumcu gözlerine inanamıyordu, bu gerdanlık... Bu, Sultan Hanım'a yaptığı gerdanlıktı.

– Nereden buldun bunu?

Gezgin de anlattı başından geçenleri.

Kuyumcu kurnazca güldü.

– Pekala, dedi, kabul ediyorum önerini.

Ve ertesi gün, hemen Padişaha gitti.

Aklı sıra, Gezgin'i suçlayacak, Sultan Kız'ı onun öldürdüğünü ispatlayacaktı. Böylece, tekrar padişahın gözüne girebileceğini düşünüyordu.

Düşündüğü gibi de oldu.

Zavallı Seyyah, ne olduğunu anlamadan, apar topar saraya götürüldü.

Padişah, ferman etti:

– Bu soysuzu götürün, uyuz bir eşeğe ters bindirerek sokaklarda gezdirin. Sonra da zindana atın, yarın şafakta kent meydanında idam edilecek!

Kuyumcu, kıs kıs gülüyordu. Sevinçten içi içine sığmıyordu. Padişah, yaptığına karşılık ödüllendirmiş, yeniden dostluk kurmuştu onunla.

Zavallı Gezgin'in başına bunlar da mı gelecekti?

Yaralı bir eşeğin üzerinde utanç içinde gezdirildi ve hücreye hapsedildi.

Gece, yorgunluktan dalıp gitmişti ki, garip bir sesle uyandı. Islık gibiydi.

Baktı bir yılan.

– Zavallı, dedi kendi kendine, yarın nasılsa öleceğim, bari sen sokuver de bu gece olsun.

Yılan dile gelip,

– Senin, dedi, iyiliğini unutmadım. Bir süre izledikten sonra uğradığın haksızlığı görünce, nasıl ödeyebilirim yaptığını diye düşündüm. Sonunda, Valide Sultan'ı zehirledim. Şimdi, şişmiş bir tulum gibi yatıyor odasında. Öldü ölecek diye bekliyorlar başını. Bu ot, bir panzehirdir. Al bunu, gidip padişaha, annenizi kurtaracağım, de. Ola ki seni bağışlar.

Gezgin, umutsuzca baktı bir tutam ota.

"Denemekten ne çıkar" diyerek, zindancıya bağırdı.

Güç bela, huzura çıkarıldı.

Otu kaynatarak suyunu içirdi.

Bir çırpıda iyileşiverdi, Sultan.

Padişah:

– Cana karşı can. Hayatını bağışlıyorum senin, dedi, özgürsün.

Gezgin, gitmek niyetinde değildi.

– İzniniz olursa şayet, bazı sırlar açıklamak isterim dedi.

Ve ne olmuş ne bitmiş bütün ayrıntısıyla anlattı.

Padişah, yeni bir buyruk çıkardı.

Kuyumcu bu kez kurtulamayacaktı.

Sabahın ilk ışıklarıyla, Gezgin'in asılışını seyretmek için kent meydanına gelmişti.

Muhafızlar yakalayıp, darağacına çıkardılar.

Şaşkın şaşkın bağırıyordu:

– Bırakın beni, ne yaptığınızı sanıyorsunuz siz, suçlu ben değilim, asılacak adam ben değilim!

* * *

Yaşlı Bilge Beydeba, böylece bir öykünün daha sonuna gelmişti. Coşku içinde Debşelem Şah'a baktı.

– Nasıl, eden buluyor değil mi?

– Evet, dedi Hind Padişahı, eden bulduğu gibi, bu hikâye bize önemli bir ders daha veriyor.

Padişah, öyle uluorta kişilerle dostluk kurmamalı.

Beydeba:

– Seni, dedi, halkın adına kutlarım Padişah. Ne mutlu o halka ki, senin gibi akıllı, yetenekli bir hükümdarı var.

KADER KONUŞUNCA GÜÇLÜ BİR SESLE, KUŞKUSUZ SUSARMIŞ İNSAN

DEBŞELEM ŞAH, vasiyyetin son bölümüne gelindiğinde:

– Hocam, dedi, doğrusu vasiyetin anlamakta en çok güçlük çektiğim bölümü burası oldu.

Beydebâ,

– Anlamakta güçlük çekmen çok doğal, diye cevap verdi. Kader ve kaza, öteden beri insanların zihninde önemli sorular oluşturmuştur.

Debşelem Şah:

– Sözgelimi, dedi, vasiyette, Allah'ın takdirinden öte yol olmadığı biçiminde açıklamalar var, ne dersiniz?

Yaşlı Bilge:

– Kader konuşunca insan susar padişahım, dedi.

Doğrusu da bu. Sözün gelişi, bütün bir felsefe tarihi, ölüm üzerinde düşünmekten ibarettir. İlk filozoftan günümüze değin, ölüm gerçeği hemen her beyni meşgûl etmiştir.

Gerçekte, insanın duyguları sınırsız. İstekleri sonsuz. Fakat, arzularına ulaşma şansı çoğu zaman az, hatta imkânsızdır. Bu da, bizi, ister istemez, olgunluk düşüncesinden uzaklaştırır.

Bir bakıma, gücümüzden öteye gidemeyiz.

Yani, sınırlarla kuşatılmışız.

– O halde?

– O halde, kader ve kaza düşüncesine inanmak, bizi sonuçta ondan kaçamadığımız mutlak teslimiyetin kucağına atar. Mutlu olmanın belki de tek çıkar yolu budur.

– Çoğu zaman bilgisiz kimselerin zevk içinde rahat bir yaşantı geçirdiklerini görüyoruz. Akıllı, bilgili kişiler binbir türlü sıkıntı içinde yaşıyorlar, sebebii nedir sizce?

– Bazen olur ki, her çeşit araç âciz kalır. İnsanın eli kolu bağlanır. Kendim kazanacağım, bütünüyle ben elde edeceğim derken, elimizdekinden de oluruz. Sözgelimi, tilki oldukça kurnazdır. Fakat bir elma kurdu gibi olamaz beslenmede. Çoğunlukta aç susuz gezer durur. Demek ki, bazı şeyler yalnızca bizim isteğimize ve çalışmamıza bağlı değil. Onları, Yüce Yaratıcı sonsuz rahmetiyle gönderiyor bize.

Debşelem Şah:

– Bu konuyu örnekleyen bir öykü anlatmanızı rica etsem? diye sordu.

Yaşlı Bilge:

– Sabırlı bir şehzâdenin güzel bir öyküsü var. Onu anlatayım dilerseniz, dedi.

Padişah, sevinçle kabul etti.

Ve Beydebâ anlatmaya başladı.

Sabırlı Şehzade

VAKTIYLE Rum ülkesinin padişahı ölünce tacı tahtı sahipsiz kalmıştı.

İki oğlu vardı.

Büyüğü baskın çıkarak tahtı ele geçirdi.

Kısa zaman içinde, saraydakilerin gönlünü kazanarak sultanlığını sağlamlaştırdı.

Küçük şehzâde ise kaçmakta bulmuştu kurtuluşu.

Günlerce, aç susuz yol aldı.

"Nedir bu benim başıma gelenler?" diyerek keder içinde gezindi durdu.

Birinci geceyi uykusuz geçirmiş, sabaha dek düşünmüştü. Geleceği n'olacaktı. Nereye gidecek, ne iş yapacaktı?

Sonunda,

"Bu, bana Allah'ın takdiri" diyerek, duruma katlanmaktan başka çaresi olmadığını anladı.

Yolda, güzellikte Hazret-i Yusuf'a yetişebilecek oranda yakışıklı olan bir gençle tanıştı.

Acısını onunla paylaştı. Birlikte yola koyuldular.

İkinci geceyi daha rahat geçirmişti. Ne de olsa, kendisiyle söyleşebileceği bir yoldaşı vardı. Derdini anlatabileceği.

İki arkadaş giderken giderken bir başka gençle karşılaştılar. Zengin bir tüccarın oğluydu.

– Ben de katılabilir miyim size? deyince.

– Neden olmasın, diyerek onu da aldılar yanlarına.

Üç arkadaş geceyi, bir köyde geçirdiler. Ertesi gün, köylü delikanlının biri de katıldı onlara. Böylece arkadaşlık halkası genişledi. Dört kişi oldular.

Yola düzüldüler tekrar.

Gide gide bir şehre vardılar.

Kentin girişinde, eğleştiler bir süre. Geçimlerini sağlamak için çalışmaları gerekiyordu. Para kazanmak kolay değildi. Şehzâde dışındaki üç genç oldukça çalışkan, çaba sahibi insanlardı. Yıllardır köylerinde ekmeklerini taştan çıkarmayı öğrenmişlerdi. Şehzâde ise, sarayda daha çok el bebek gül bebek büyütülmüştü.

İnsanın ne kadar çalışırsa çalışsın, Allah'ın kendisine takdir ettiğinden fazlasını elde edemeyeceği düşüncesindeydi.

Diğer yol arkadaşları şehzâdeyi suçladılar.

– Tembelliğin bir başka adıdır senin bu yaptığın. Evet, Allah'ın takdir etmesiyle olur herşey, fakat herhangi bir çaba göstermeden, tembel tembel oturmakla da bir yere varılmaz, dediler.

Şehzâde:

– Ben de farklı bir şey söylemiyorum, dedi. Çaba bizden, takdir Allah'tan.

– Öyleyse ne yapacağımızı kararlaştıralım, dedi birisi.

Bir başkası,

– Hepimiz birden kente dalalım, gün boyu hangi işi bulursak onu yapalım, akşam gelip kazancımızı paylaşırız, önerisinde bulundu.

– Olmaz! dedi Şehzâde, niçin hergün herkes çalışsın. Yalnızca birimiz çalışırız her gün. Onun kazancını harcarız. Böylece, dört günde bir çalışma sırası gelir herbirimize.

Bu öneri doğrusu yabana atılamayacak gibiydi.

O geceyi aç, susuz geçirdiler. Ertesi gün kimin gideceğini kura ile belirlediler. İlkin Köylü Delikanlı gitti.

Kentin sokaklarında, çarşıda pazarda bir süre gezindi durdu.

"Acaba, en çok neye ihtiyaç var bu şehirde?" diye düşündü.

Dikkatini çekmişti, odun oldukça azdı kentin pazarında, çarşısında.

"Tabi, neden olmasın" diyerek, doğruca dağa gitti.

Dağ, meşe, pelit, akasya, servi ve çamlarla örtülüydü.

Ormanda gün boyu kurumuş ağaç dallarını, yaşlanmış ağaçların dal ve budaklarını kesti, denk yapıp şehre getirdi, iyi bir bedelle sattı.

Kazandığı parayla da bir hayli yiyecek, içecek şeyler satın aldı.

Kentin kale kapısından dışarı çıkarken, duvara,

"Arkadaşlarına, çalışarak yiyecek ve içecek götürenlere ne mutlu!" cümlesini yazdı.

Çalışma sırası, genç ve yakışıklı delikanlınındı.

Kentin daracık sokaklarında gezerken, nereye gittiğini anlayamadan, yolu üzerinde, güllerle süslü bir bahçedeki konak ilgisini çekmişti.

Zengin ve soylu bir hanımın konağıydı burası.

Pencerede oturan güzel kadın, yakışıklı delikanlıyı görünce ansızın gönlünün ona aktığını hissetmiş, konağa almıştı.

Gün boyu yiyip içtiler, birlikte oldular, neşeli, mutlu anlar yaşadılar.

Akşam, güneş ışıklarını yeryüzünden çekmeye başladığı zaman, Konak sahibi kadın, delikanlıya yüz altın armağan verdi.

Ne kadar ısrar ettiyse de kalması için, Delikanlı,

– Beni bekleyen arkadaşlarım var, mutlaka gitmeliyim diyerek diretmiş ve Konak'tan ayrılmıştı.

Kentin çıkışında, kale duvarındaki yazı dikkatini çekti.

Kendisi de bir cümle yazdı oraya:

"Yakışıklı olanlar paraya darlanmasınlar, güzelliğin bir günlük bedeli, yüz altındır"

Üçüncü gün Tüccarın oğluna gelmişti çalışma sırası.

O da kentte bir zaman gezindikten sonra, tüccarlarla görüştü. Onların alışverişlerini izledi.

Günlük satışı çok olan malların neler olduğunu hemen anlamıştı.

Bedelini biraz sonra ödemek üzere bazı mallar aldı, oracıkta hemen, bir miktar kârla satıp elinden çıkardı. Ücretini ödedikten sonra, eline geçen parayla yeni eşyalar satın aldı. Onları da elden çıkardı. Bir böyle iki böyle, akşamı etmiş, bin altın gibi yüksek bir paranın da sahibi olmuştu.

Arkadaşları için bazı yemişler, meyveler, içecekler aldıktan sonra, kentten çıkarken, kale duvarındaki yazıları okumuş, bir cümle de kendisi eklemişti:

"Ticaret yapan için para kazanmak işlerin en kolayıdır. En az kazancı, günde bin altındır."

Sonunda sıra, şehzâdeye gelmişti.

Arkadaşları, ona kuşkuyla bakıyorlardı.

Sarayda el bebek gül bebek büyümüş bu çıtkırıldım padişah

oğlunun bir şey kazanamayacağından emindiler. Üstelik çalışmaktan çok, insana yardım eden şeyin talihi olduğunu düşünüyordu. Allah'ın takdirinden öteye geçmek imkânsızdır görüşündeydi.

Sabahın ilk ışıklarıyla birlikte yola düştü şehzâde.

Kente girdiğinde, saray olduğunu sandığı görkemli yapının çevresinde insanların üzüntü içinde toplandıklarını gördü.

Yaklaşıp, birine sordu:

– Hayrola, nedir bu kalabalık?

Adamcağız iki gözü iki çeşme ağlıyordu.

Kızgın kızgın baktı şehzâdeye.

– Bilmiyor musun?

– Neyi?

– Sevgili padişahımızın öldüğünü.

Şehzâde sustu.

Öyle ya, herkesin matemde, yasta olduğu bir zamanda öyle uluorta ortalıkta dolaşmak hiç de akıl kârı değildi. Üstelik, onların acısına da ortak olmadan. "En iyisi, şöyle bir kenarda sessiz sedasız durmak. Böylece dikkatlerden de kaçmış olurum" diye düşündü.

Fakat çok geçmeden, şehzâdenin tuhaf davranışları saray muhafızlarının gözüne takılmıştı. Kuşkulandırmıştı onları. Apar topar götürüp zindana attılar şehzâdeyi.

Cenaze töreninden sonra, vezirler, danışmanlar, komutanlar divanda toplantı halindeydiler.

Padişah'ın hiç çocuğu yoktu.

Yerine kimin geçeceği tartışılıyordu.

Muhafızbaşı, başvezire:

– Efendim, tören anında, kalabalık içinde kuşkulu davranışlarını gördüğümüz bir genci tutukladık. Korkarım ki casus olabilir. Emir buyurursanız huzurunuza çağırayım.

– Çağırın, dedi başvezir.

Şehzâdeyi Divan kuruluna getirdiler.

Uzun uzun soruşturdular.

Şehzâde:

— Ben, dedi, babamın ölümü üzerine, ağabeyimle tahta kimin geçeceği konusunda ayrılığa düşerek ülkemi terkettim...

Böylece başından geçenleri etkileyici bir üslupla anlattı Şehzade.

Herkes, çıt çıkarmadan dinliyordu onu.

O denli etkilemişti ki onları, gözlerinde övünç dolu bir ışıltıyla, şehzâdeye bakıyorlardı.

Başvezir sözü aldı sonra:

— Sevgili arkadaşlar, izin ve onayınız olursa, böylesine soylu ve akıllı bir şehzâdeyi başımızda padişah olarak görme dileğinde olduğumu söylemek isterim.

Derken diğer vezirler, saray görevlileri de konuştular. Herkes, şehzâdenin tahta geçmesini istiyordu.

Şehzâde, o geceyi sarayda ülkenin yeni hükümdarı olarak geçirdi.

Ertesi gün arkadaşlarını görmeye giderken kentin çıkışındaki duvara şu cümleyi yazdırdı:

"Allah'ın lutfu ve bağışlaması olmadan insanın bir işi başarması imkansızdır."

* * *

Beydeba, hikâyenin sonuna geldiği zaman,

— Allah'ın takdirine inanmak, insanı dünyada da yüce makamlara eriştirir, dedi.

Debşelem Şah, hikmet hazinesinin tükenmeyeceğini biliyordu.

Yaşı bir hayli ilerlemiş olan Bilge'yi artık fazla yormamak gerektiğini düşündü.

Günlerdir, hikmetin ışıltılı aydınlığında insan, tabiat, adalet, yönetim, zaman, kibir, iyilik, kötülük, bilim, sanat ve daha nice konuda eşsiz bilgiler edinmişti.

Artık, ülkesine dönmek, halkının mutluluğu yolunda, edindiği deneyimlerle de çalışmak, durmadan dinlenmeden çalışmak istiyordu.

– Beni, düşüncenin aydınlık dünyasında günlerce ağırladın. Her biri paha biçilmez değerde olan ibretli öykülerinle, dünyanın dört bucağında gezdirdin. Şimdiye dek bildiklerimin gerçekte bilgisizliğin ta kendisi olduğunu öğrettin. Eğer kabul buyurursan küçücük bir armağan sunmak isterim sana, dedi.

Yaşlı Bilge'nin tatlı bir gülümseme belirdi yüzünde.

– Ben, dedi, kanaat köşemde, yoksulluğun önüme sürdükleriyle daha mutluyum. Hayatıma dünyanın küçücük bir süsünün dahi girmesini istemem. Sadece, anlattıklarımın sizden sonrakilere de ulaşmasıdır arzum. Bu öyküleri, bilgileri bir kitapta toplarsanız, armağanların en büyüğünü vermiş olursunuz bana.

Debşelem Şah, saygıyla elini öptü Bilge'nin.

– Herkesin kalbi hakikat için çarparmış, dedi. Ben de aynı şeyi düşünmüştüm.

Sizi de mutlu etmek için, kitabın derhal hazırlanmasını buyuracağım.

Debşelem Şah, Beydeba'ya verdiği sözü tuttu.

Ve elinizdeki kitap, aylar süren yorucu bir çalışmadan sonra, özenle hazırlandı.

Hikmetin aydınlık bir yolu olarak yüzyıllarca, insanlara ışık tuttu.

Günümüze kadar geldi ışığı.

Kimbilir, bizden sonraki çağları da aydınlatmaya devam edecektir.

timaş yayınları

tel / 0.212 665 35 56 - 57 faks / 0.212 664 77 97

TÛTÎNÂME

süleyman tevfik

Tûtinâme klâsik Şark edebiyatının en seçkin eserlerinden biri. Doğu'nun gizemli hayatından sunulan can alıcı tablolar. Beşeri duyguların olanca samimiyeti ile kendini göstermesi. Engin bir semâ ile engin bir hayal gücünün insan zekâsını okşaması, girift hikâye buketleri halinde sunulan öğütler.

Tûtinâme'yi okurken gönül denizinizin coşmasına engel olamayacaksınız.